Yossi Ghinsberg

DEM DSCHUNGEL ENTKOMMEN

Yossi Ghinsberg

DEM DSCHUNGEL ENTKOMMEN

Überlebenskampf im Urwald Boliviens

Aus dem Englischen von Werner Waldhoff

MALIK NATIONAL GEOGRAPHIC

Mehr Bäume. Weniger CO_2.
www.cpibooks.de/klimaneutral

Mehr über unsere Autoren und Bücher:
www.malik.de

Bibliografische Information der Deutschen Nationalbibliothek
Die Deutsche Nationalbibliothek verzeichnet diese Publikation in der Deutschen Nationalbibliografie; detaillierte bibliografische Daten sind im Internet über http://dnb.d-nb.de abrufbar.

MALIK NATIONAL GEOGRAPHIC

Überarbeitete Taschenbuchausgabe
März 2017

Die englische Originalausgabe erschien 2008 und 2016 bei Summersdale Publishers Ltd., London, unter dem Titel »Jungle. A Harrowing True Story of Survival«.

Die Erweiterung des Kapitels »Der Regenwald wird Teil meines Lebens« wurde übersetzt von Jürgen Neubauer
Umschlaggestaltung: Dorkenwald Grafik-Design, München
Umschlagfotos: Fotolia_Stillfx (vorne), Getty Images (hinten links), mauritius images/imageBROKER Florian Kopp (hinten rechts)
Autorenfoto: Zohar Ron
Satz: Uhl + Massopust, Aalen
Litho: Lorenz & Zeller, Inning a. A.
Papier: Naturoffset ECF
Druck und Bindung: CPI books GmbH, Leck
Printed in Germany ISBN 978-3-492-40624-6

Das Papier wurde aus chlorfrei gebleichtem Zellstoff hergestellt.

Für Marcus

1. Kapitel

Im selben Boot

Wäre ich nicht zufällig in Puno über Marcus gestolpert, hätte ich vielleicht niemals Kevin kennengelernt und wäre auch Karl nie über den Weg gelaufen. Wenn ich Karl an jenem Morgen in La Paz nicht begegnet wäre, hätte Kevin vielleicht Weihnachten mit seiner Familie verbringen können, und der arme alte Marcus würde immer noch mit seiner Freundin Südamerika bereisen. Aber so sind die Dinge nun einmal nicht gelaufen.

Als ich in der peruanischen Stadt Puno ankam, schmerzte mein Knie ziemlich stark. Jeder Schritt tat schrecklich weh. Ein französischer Rucksacktourist, ein *Muchilero*, wie sie hier genannt werden, bot mir Kokablätter zum Kauen an.

»Nimm ein paar«, sagte er. »Dann fühlst du dich besser.« Ich steckte ein paar Blätter in den Mund und zerkaute sie auf dem eigenartigen kleinen Stein, einem weiteren Geschenk des Franzosen. Der Stein fermentiert die Blätter im Mund. Ohne den Stein gibt es keine Fermentation, keinen Effekt, keinen Rausch. Alles was es bei mir bewirkte, war, dass meine Zunge und mein Gaumen taub wurden.

Am nächsten Morgen stand ich früh auf und fühlte mich tatsächlich besser. Das Boot zur Insel Taquile sollte um acht Uhr ablegen. Ich hätte zwar direkt nach Cuzco fahren können, von wo aus alle *Muchileros* ihre Ausflüge zur legendären Stadt Machu Picchu, der einstigen Inkastadt, begannen, aber ich zog es vor, einen kleinen Umweg zu machen und die sagenumwobene Insel zu besuchen.

Taquile erhebt sich aus dem Titicacasee, dem höchstgelegenen schiffbaren See der Welt. Die Ufer des Sees waren zwar schmutzig, doch wenn man seinen Blick auf den Horizont richtete, schaute man über das glänzende Wasser. Bergige Inseln ragten aus dem Dunst, der über dem See lag. Es war ein wundervoller Anblick.

Ich hatte keine Schwierigkeiten, die Fähre zu finden. Das heißt, eigentlich fand sie mich.

»Taquile oder *Los Uros*?«, fragte mich ein kleiner Junge.

»Taquile«, antwortete ich.

Er führte mich zu einem Boot, auf dem bereits mehrere Leute warteten. Es waren einige junge Deutsche und eine Gruppe französischer Jugendlicher, die im selben Hotel wohnten wie ich. Ich suchte mir einen Platz dicht am Heck und schlug ein Buch auf.

Es wurde schnell Zeit, abzulegen. Der Bootsführer, ein Indianer, streckte einen langen Stab hinaus, den er sowohl als Steuerruder als auch als Ruder benutzte, und winkte dem Jungen zu, das Seil loszumachen, das den Bug des Schiffes sicherte, und uns vom Kai abzustoßen.

»Espera, espera«, rief ein vom Laufen atemloser *Muchilero* und kletterte in das Boot. »Fast hätte ich es verpasst«, sagte er auf Spanisch zu dem Indio. *»Gracias.«*

Er setzte sich neben mich, und als ich zur Seite rückte, um ihm Platz zu machen, lächelte er mich an. »Du bist Israeli«, meinte er auf Englisch.

Ich schaute auf das Buch, das ich gerade las. Es war Albert Camus' *Ein glücklicher Tod* in einer englischen Übersetzung. Ich war erstaunt. »Wie hast du das erraten?«

»Ich wusste es sofort. Ihr Israelis seid in Scharen unterwegs.«

»Ich heiße Yossi«, sagte ich.

»Freut mich, dich kennenzulernen. Ich bin Marcus. Ich bin direkt vom Bahnhof hierhergekommen. Ein Glück, dass ich das Boot noch erwischt habe. Ich hätte sonst einen ganzen Tag auf das nächste warten müssen.«

Marcus redete weiter, als wären wir alte Freunde. »Die Zugfahrt war schrecklich. Ich habe Juliaca heute früh verlassen. Es ist unmöglich, im Zug etwas zu essen zu bekommen. Ich habe keinen einzigen Bissen zu mir genommen. Hoffentlich kommen wir schnell zu der Insel. Ich sterbe vor Hunger.«

Ich holte ein Brötchen, etwas Käse und eine Apfelsine aus meinem Rucksack und bot sie ihm an.

»Danke«, sagte Marcus. »Mir ist aufgefallen, dass Israelis alles teilen, was sie haben. Ich weiß das zu schätzen.«

Er bereitete sich aus dem Brötchen und dem Käse ein Sandwich zu und aß es heißhungrig. Die Orange war sein Nachtisch.

»Ich werde es wiedergutmachen, wenn wir die Insel erreicht haben.«

»Vergiss es«, sagte ich ihm. »Ich habe gehört, dass Taquile sehr teuer sein soll. Wenn du einverstanden bist, können wir heute Abend zusammenbleiben und unser Essen teilen.«

»Abgemacht.«

Marcus wandte sich an die Deutschen und unterhielt sich lebhaft mit ihnen in ihrer Sprache. Dann redete er mit den Franzosen, auf Französisch. Er hatte ein einnehmendes Wesen, und im Nu waren wir alle miteinander bekannt, sprachen miteinander und scherzten wie er.

»Bist du ein Deutscher?«, fragte ich.

»Schweizer«, gab er zurück.

Wir hatten die Insel fast erreicht, als das Boot eine Panne hatte. Der Motor starb einfach ab. Der Bootsführer hatte die Ursache des Problems schnell herausgefunden, und in kürzester Zeit bekam er den Motor wieder zum Laufen. Marcus bemerkte jedoch, dass der Mann sich während der Reparatur den Finger verletzt hatte, und holte ein Erste-Hilfe-Set aus seinem Rucksack. Er desinfizierte den Finger des Indios und bat mich, einen Streifen Pflaster abzuschneiden. Doch nein, meine Bemühungen waren nicht präzise genug. Er nahm die Rolle selbst und schnitt einen genaueren Streifen ab – einfach so – und legte dann den Verband weiter an. Der Bootsführer dankte es ihm mit einem breiten Lächeln.

Kurze Zeit später legten wir in Taquile an. Vom Kai stiegen wir einen steilen Weg zum Dorf hinauf, der in den harten Felsen hineingeschlagen war. Je höher wir kamen, desto mehr rang ich nach Luft. Ich machte zwei Schritte und blieb stehen. Ging weiter und blieb stehen.

»Immer mit der Ruhe«, meinte Marcus aufmunternd. »Wir haben keine Eile.«

»Und was ist mit dir?«, wollte ich wissen.

»Ach, die Schweizer Alpen«, erwiderte er lächelnd. »Ich habe dort meinen Dienst abgeleistet.«

In dem Dorf suchten wir uns ein Zimmer. Es hatte Lehmwände und eine hölzerne Plattform als Bett. Wir breiteten unsere Schlafsäcke aus und bereiteten uns eine Mahlzeit zu. Marcus machte auf einem kleinen Kerosinbrenner, den er bei sich trug, Kaffee; ich teilte die Brötchen und belegte sie sorgfältig mit Käse, Zwiebeln und Tomaten. Obwohl wir uns gerade erst kennengelernt hatten und trotz der Tatsache, dass ich eigene Pläne hatte, begann Marcus eine Reise zu planen, die wir zusammen machen könnten.

»Ich habe Machu Picchu noch nicht gesehen«, erklärte ich ihm. »Ich werde deshalb nach Cuzco zurückfahren.«

»Nein, nein, komm mit mir nach La Paz«, meinte er drängend.

»Machu Picchu«, wiederholte ich, »und dann will ich durch Brasilien reisen. Ich habe vor, von Puerto Maldonado aus hinüberzufahren, das ist nicht weit von Cuzco entfernt, über den Río Madre de Dios. Er fließt durch Peru und Bolivien und mündet in den Amazonas.«

Von da aus sah mein Plan vor, dem Amazonas zu seiner Mündung nahe Belém an der Atlantikküste zu folgen. Ich zeigte ihm die Route auf der Landkarte. »Es gibt dort viele interessante Dörfer auf dem Weg, und außerdem liebe ich den Dschungel. Warum kommst du nicht mit?«

»Danke für das Angebot. Der Plan klingt großartig, nach einem richtigen Abenteuer, aber ich bin am Ende meiner Reise. Ich werde noch ein bisschen in La Paz bleiben, vielleicht ein paar kleinere Abstecher machen und möglicherweise ein paar handgemachte Jacken kaufen, die ich mit zurück in die Schweiz nehmen kann. So etwas Anspruchsvolles will ich nicht mehr unternehmen.«

Taquile war für uns anders als andere peruanische Dörfer, und es war sehr leicht, einen taquilanischen Inselbewohner von einem peruanischen Indio zu unterscheiden. Die Insulaner wirkten vornehmer, sauberer, attraktiver und gesünder. Sie kleideten sich auch anders. Sie trugen alle denselben Hut, dieselbe bestickte Weste, eine *Chaleco*, und weite Hosen mit einem bestickten Gürtel. Die Stickereien von Taquile sind wegen ihrer Schönheit und ihrer guten Qualität in ganz Lateinamerika berühmt und werden ausschließlich von den Männern hergestellt. Die Frauen spinnen die Wolle und färben sie.

Die Insel ist eine Art Gemeinde, besteht aus ungefähr fünfzig Familien und wird von einem Gemeinderat verwaltet. Das Leben ist ruhig. Die Männer sitzen da, sticken und tratschen, während die Frauen die Felder bestellen. Der Boden ist felsig und schwer zu bebauen, und es wächst kaum etwas außer Kartoffeln. In dem Dorf selbst gibt es einen kleinen Lebensmittelladen und zwei, drei Restaurants. In einem davon trafen Marcus und ich die Gruppe französischer Jugendlicher von dem Boot.

Sie waren zu fünft. Drei Mädchen, Dede, Annick und Jacqueline, und zwei Jungen, Jacques und Michel. Wir tranken den örtlichen *Mate*, einen Kräutertee, von dem es in ganz Lateinamerika zahlreiche Variationen gibt, und plauderten. Sie zogen es vor, französisch zu sprechen, und ich verstand kein Wort, aber Dede lächelte mich an, und ich lächelte zurück. Sie war ein bisschen mollig, mit einem hübschen Gesicht und kurzem Haar, das ihr ein schelmisches Aussehen verlieh. Sie lächelte wieder, und ich bat sie, sich neben mich zu setzen, und begann, auf Englisch mit ihr zu reden.

Das Abendessen war köstlich. Es gab grobkörniges Brot, für jeden zwei Eier, gebratene Kartoffeln und Yucca. Zum Nachtisch gab es noch eine Tasse Mate. Die Einheimischen glauben, dass er die Wirkung der großen Höhe lindert. Dann gingen wir nach Hause. Ein *Muchilero* schläft zwar beinahe jede Nacht in einem anderen Bett, aber jeder Ort, an dem er haltmacht, ist sein Zuhause.

Marcus und ich gingen zurück in unser Zimmer. Er packte seine *Churango* aus und stimmte sie. Die *Churango* ist ein kleines Musikinstrument, das einer Mandoline ähnelt, aber es wird aus dem Panzer eines Gürteltiers und Holz gemacht. Marcus spielte hervorragend, und ich hörte verzaubert zu.

»Und jetzt hör dir dieses Stück an, Yossi«, meinte er. »Ich habe es für ein Mädchen geschrieben, das ich geliebt habe. Sie hieß Monica. Sie war neun Jahre lang mit mir zusammen, und nun hat sie mich verlassen.«

»Weit, weit weg von meinem Herzen ...«, begann er traurig zu singen.

Ich hatte Marcus erst vor Kurzem kennengelernt, und schon teilte er die intimsten Geheimnisse mit mir. Monica war die Liebe seines Lebens gewesen. Als sie sich kennengelernt hatten, war sie vierzehn gewesen und er fünf Jahre älter. Seitdem waren fast zehn Jahre vergangen. Marcus war Lehrer geworden, und Monica hatte studiert. Sie fand, dass er einen zu engen Horizont hatte, und hatte ihn aufgefordert, ihn zu erweitern, zum Beispiel durch Reisen. Deshalb war er nach Südamerika gereist. Aber ... aus den Augen, aus dem Sinn. Als Marcus weg war, hatte sie sich in einen anderen verliebt. Das Lied war so trübselig und wurde aus einem so gebrochenen Herzen vorgetragen, dass ich selbst ganz traurig wurde.

Wir verbrachten den nächsten Tag auf Taquile mit den Franzosen. Ich mit der lächelnden Dede, Marcus mit Annick. Dann nahmen wir alle das Boot zurück nach Puno.

Der Titicacasee war stürmisch, und wir mussten Schutz in den *Uros* suchen. Das sind schwimmende Inseln aus *Tatora-Schilf.* (Thor Heyerdahl hatte sein Schiff »Ra« aus solchem Schilf gebaut.)

Schließlich schafften wir es bis nach Puno. Wir waren zwar völlig durchnässt, aber bester Laune.

In Puno ging ich wieder in mein altes Hotel, und Marcus zog bei mir ein. Erneut kochte er Tee auf seinem Kerosinbrenner.

»Also, was meinst du, Yossi? Willst du morgen wirklich nach Cuzco reisen?«, fragte er.

»Ja«, antwortete ich. »Ich habe mir schon die Abfahrtszeiten für den Morgenzug geben lassen.«

»Ich verstehe dich nicht«, wandte er ein. »Warum kommst du nicht mit nach La Paz, nur für eine Woche? Du kannst dann doch immer noch nach Peru zurückfahren.«

»Ich würde gern mitkommen, wirklich«, sagte ich. »Aber ich kann meine Pläne nicht ändern. Ich will Machu Picchu nicht verpassen, und ich habe nicht genug Geld, um mir beides anzusehen.«

Marcus wollte nicht aufgeben. »Sieh mal, Yossi. Du hast dein Essen mit mir geteilt, ohne mich überhaupt zu kennen. Jetzt möchte ich dir einen Besuch in La Paz spendieren.« Er steckte zwei Finger in den Saum seines Hosenbeins und förderte ein paar Geldscheine zutage. Er hielt mir dreißig Dollar hin. »Bitte, nimm das Geld, Yossi. Es bedeutet mir nichts. Es ist nur dann etwas wert, wenn du es benutzt, um mitzukommen.«

»Ich kann das nicht annehmen, Marcus«, antwortete ich verlegen. »Ich weiß das zu schätzen. Ehrlich. Aber du besitzt nichts weiter als deinen Rucksack auf dem Rücken, genau wie ich, und es gibt nicht den geringsten Grund, warum ich dein Geld nehmen sollte.«

Marcus begann ein Gedicht aufzusagen. Ich erinnere mich nicht an den Namen des Dichters, aber ich werde niemals den Inhalt noch die Art vergessen, wie er es rezitierte. Es handelte von einem Mann, der von keinem etwas annehmen wollte und deshalb nie lernte, wie man schenkte.

Am nächsten Morgen saßen wir alle im Bus nach La Paz. Marcus, ich und die fünf französischen *Muchileros.*

2. Kapitel

Die Muchileros

La Paz liegt zwar in einem Talkessel, ist aber dennoch die höchstgelegene Hauptstadt der Welt, knapp viertausend Meter über dem Meeresspiegel. Obwohl auch hier die Moderne Einzug gehalten hat, hat es den Charakter einer blühenden Kolonialstadt behalten. Der Bus, in dem wir ankamen, war voll besetzt mit Einheimischen. Ich schaute mir all die monumentalen Sehenswürdigkeiten an. Den Murillo Square, an dem seit den Tagen der Kolonialzeit alle öffentlichen Verwaltungsgebäude liegen, und den San Francisco Square, wo die Jesuiten im siebzehnten Jahrhundert ihr Kloster erbaut haben. In den schmalen Seitengassen, die von diesen Plätzen abgehen, gibt es kleine Läden, die die schönsten Handarbeiten des ganzen Kontinents verkaufen.

Die ganze Sagarnaga-Straße hinauf stehen die hölzernen Buden des geschäftigen Hexenmarktes von *Pachamama*, der Inkagottheit der Erde. Die Frauen verkaufen auf der Straße Glücksbringer und zauberkräftige Kräuter und verraten niemals die Zusammensetzung ihrer Waren.

Auf den Bürgersteigen wimmelt es von Straßenhändlern, die Gebäck und Früchte verkaufen. Bolivianische Musik dröhnt aus Plattenläden. Die Klänge von *Churango*, Flöten und *Samponia*, die Texte teils in Quechua, der Inkasprache, und teils in Spanisch.

Während der warmen Morgenstunden bieten die Frauen der Händler in ihren blauen Kitteln und Hüten *Api* und *Tohori* an, köstliche Getränke aus Korn. Die dampfenden Getränke werden zusammen mit warmen Brötchen oder *Gauchas* serviert, mit Käse gefüllten Teigtaschen.

Entlang der Straße des 16. Juli, die die Einheimischen die Promenade, den *Prado*, nennen, lungern während der Pause die Mädchen der höheren Schule in ihrer weißen Schulkleidung herum. Sie necken jeden *Gringo*, der vorbeigeht, pfeifen ihm nach und rufen: »*Te amo*«, ich liebe dich.

Gegen Mittag bereiten sich die alten Leute, die unter ihren geflochtenen Hüten an der Kirchenmauer lehnen, langsam auf das Mittagessen vor. Wenn sie dann gegessen haben, holen sie ihre Beutel heraus und stecken sich eine frische Prise Kokablätter und den Stein in den Mund.

Am Abend ist der Prado überfüllt. Herumspazierende Jugendliche und Erwachsene bevölkern die Theater, Kinos und Restaurants. Gegen Mitternacht jedoch werden die Straßen wie auf ein Stichwort plötzlich menschenleer.

Marcus, Dede und Annick wohnten im »Rosario«-Hotel. Jacques und Jacqueline fuhren zusammen zurück nach Peru, und Michel fuhr nach Brasilien weiter. Marcus und Annick kamen sich sehr nah. Ich merkte, dass sie sich ineinander verliebt hatten. Dede und ich verbrachten viel Zeit miteinander, aber unsere Beziehung war anders. Sie war ein nettes Mädchen, und ich mochte sie sehr. Aber Liebe? Das war etwas ganz anderes.

Ich hatte ein Zimmer im jüdischen Altersheim. Dort übernachteten viele Israelis, und ich machte viele neue Bekanntschaften. Ich verbrachte einige Nächte mit ihnen, einige in Dedes Zimmer, holte mir meine Mahlzeiten günstig auf dem Markt und genoss das Leben in vollen Zügen.

An einem Nachmittag saßen Marcus und ich in einem kleinen Teehaus, das ich in einer Seitenstraße des Marktes von *Pachamama* entdeckt hatte. Marcus erzählte gerade, wie schön er es im Moment hatte, und versuchte, mich zu einem kleinen Ausflug aufs Land zu überreden.

»Ich bin gern in Bolivien«, sagte er fröhlich. »Selbst mein Hellseher wäre überrascht, wenn er wüsste …«

»Was soll das heißen, Marcus, dein Hellseher? Erzähl mir nicht, dass du an diese Art Unsinn glaubst.«

Marcus lächelte. »Ich glaube nicht nur daran, ich bin selbst ein kleines bisschen hellseherisch begabt.«

»Ich verstehe dich nicht«, erwiderte ich verwirrt.

»Es mag dir komisch vorkommen, Yossi, aber es ist die Wahrheit. Ich bin kein gewöhnlicher Mensch. Ich habe eine besondere Fähigkeit. Ich weiß nicht genau, wie ich es ausdrücken soll, aber manchmal fühle ich etwas in der Luft. Die Dinge passieren mir einfach ... seltsame Dinge. Als ich jünger war, habe ich all meinen Freunden die Zukunft vorausgesagt. Ich habe ihnen gesagt, dass sie heiraten würden und wann und wie viele Kinder sie haben würden. Die Jahre vergingen, und was ich vorausgesagt hatte, traf ein. Schwangere Frauen fragten mich, ob sie ein Mädchen oder einen Jungen bekommen würden. Ich habe eine Nadel auf einem Stück Garn aufgefädelt und ihren Bauch ausgependelt. Wenn die Nadel nach rechts ausschlug, war es ein Junge. Bewegte sie sich nach links, ein Mädchen. Ich habe mich fast nie geirrt.« Er machte eine Pause und trank einen Schluck dampfenden Tees. »Ich habe eine Art Kraft – ich bin so etwas wie ein Medium. Auf diese Weise habe ich auch beschlossen, nach Südamerika zu reisen. Als Monica die Reise vorgeschlagen hat, habe ich die Idee mit Nadel und Faden ausgependelt. Die Antwort war, dass ich gehen sollte. Ich wollte nicht fahren. Ich habe es immer wieder versucht, aber sie schlug immer wieder nach rechts aus und sagte mir: ›Geh!‹

Ich glaube daran, obwohl ich Christ bin und auch bete.

Monica glaubte zwar nicht daran, aber sie liebte mich trotzdem. Ich dachte, ich müsste sterben, als sie mir schrieb, dass sie mich verlassen wollte. Ich bat sie zu kommen und sich mit mir zu treffen. Ich wusste, dass sie sich nicht weigern würde, aber als sie in Peru ankam, war es schrecklich, einfach schrecklich. Ich habe gespürt, dass ich sie verloren hatte. Dann hörte ich von einem *Bruio*, einem Medizinmann, und bin nach Lima gefahren, um ihn aufzusuchen.

Er sagte mir, dass alles vorbei sei. Es gebe keine Zukunft für uns. Bevor ich ging, warnte er mich. Er spürte, dass mir hier in Südamerika irgendeine Gefahr drohte. ›Du oder jemand, der dir nahesteht, wird hier sterben. Sei vorsichtig!‹ Ich wusste, dass er recht hatte, aber ich habe mich nicht darum gekümmert. Es gab für mich keinen Ort, an den ich hätte gehen können. Damals jedenfalls nicht. Nicht, nachdem Monica mich verlassen hatte.«

Später, als ich wieder im Altersheim war, dachte ich, welches Glück ich gehabt hatte, dass ich diese Reise unternommen hatte. Ich hatte so sehnlich vermeiden wollen, mit der Masse zu schwimmen und ausgetretenen Pfaden zu folgen. Vom Kindergarten zur Schule, vom Gymnasium zur Armee und dann auf die Universität. Arbeit, Heirat, Kinder ... Stopp! Ja, ich hatte Glück gehabt, all dem nach meinem Militärdienst entronnen zu sein.

In Südamerika gab es Horden von Rucksacktouristen wie mich. Der *Muchila*, der Rucksack, ist ihr gemeinsames Kennzeichen. Der Rucksack ist alles, was sie haben. Darin findet man gewöhnlich eine geflickte, verschlissene Jeans, einen Pullover, einen Regenmantel, einen Gaskocher, das Südamerika-Handbuch, die Bibel der *Muchileros*, einen Schlafsack, ein paar Toilettenartikel und einen kleinen Erste-Hilfe-Kasten. Das ist alles. Sie bewahren ihr Geld in einem Geldgürtel in der Hose auf. Andere, noch vorsichtigere wie Marcus, schneiden auf der Innenseite einen Schlitz in den Saum ihrer Hose und verstauen zusammengerollte Scheine darin.

Die Idee dabei ist, alles auf dem Rücken zu tragen, die Sorgen zu vergessen und das Morgen sich selbst zu überlassen. Man lernt von den Eingeborenen, im Hier und Jetzt zu leben, sich nicht zu hetzen. Man reist zu atemberaubenden Orten, die Art von Orten, von denen Touristen nur träumen können – doch du bist kein Tourist. Du bist ein *Muchilero*, einer, der sich treiben lässt, und das ist ein großer Unterschied. Du bist heute hier, morgen woanders. Du kannst einen Tag oder auch einen ganzen Monat bleiben. Du machst deine eigenen Pläne, und jeder Tag ist voller Überraschungen. Du triffst viele andere, die auf dieselbe Art herumziehen. Normalerweise findest du sie in den billigsten Hotels der Stadt oder in Restaurants, die als Schnellimbisse gelten können. Du wirst die Einheimischen kennenlernen, die gewöhnlich freundlich zu Fremden sind.

Südamerika ist überlaufen mit *Muchileros* aller Nationalitäten, doch die Israelis sind besonders zahlreich vertreten. Ich weiß nicht, woran es liegt. Vielleicht vermittelt der obligatorische lange Militärdienst in Israel den jungen Leuten das Gefühl, dass sie ausbrechen müssen, und dafür gibt es keinen besseren Weg, als einen *Muchila* zu packen und auf Reisen zu gehen.

Aber wie dem auch sei, wir Israelis sind privilegiert. In beinahe jeder größeren Stadt in Südamerika hat die jüdische Gemeinde eine Art Herberge für Rucksackreisende eingerichtet. Diese kostenlosen Unterkünfte sind ein beliebter Zufluchtsort. Hier werden Freundschaften geschlossen.

Jedes Hotel hat sein »Reisejournal«, ein Buch, in dem Gäste Tipps für einen kleinen Ausflug hinterlassen können, sehenswerte Orte empfehlen, den billigsten Platz nennen, an dem man unterkommen kann, wo man essen sollte, welches Theaterstück sich anzusehen lohnt und den einfachsten Weg, herumzukommen. Mit der Zeit sind diese Journale auf beinahe enzyklopädischen Umfang angewachsen und stecken voller nützlicher Informationen.

Das Altersheim, in dem ich übernachtete, war einmal das jüdische Gemeindezentrum gewesen. Aber man hatte ein moderneres gebaut, und das alte war in ein Seniorenheim umgewandelt worden. Sein Besitzer, Señor Levenstein, ließ die *Muchileros* umsonst übernachten und stellte ihnen einen Kühlschrank, einen Gaskocher und Matratzen zur Verfügung. Seine Sabbat-Festessen mit gebratenen Hühnchen waren zu einer Feiertagsabend-Tradition geworden.

In dem Heim lebten nur wenige alte Menschen. Einige von ihnen waren nicht mehr ganz richtig im Oberstübchen, aber harmlos. Der, den ich am liebsten mochte, klopfte an unsere Tür und fragte schüchtern, ob er eintreten dürfe. War er erst einmal drinnen, veränderte sich sein liebenswürdiger Gesichtsausdruck unvermittelt, und er stieß einen Schwall der schlimmsten Flüche aus, die man sich vorstellen konnte. Das heißt, wenn man Jiddisch verstand. Dann verließ er einen wieder ebenso höflich, wie er gekommen war, und ging seiner Wege. Wenn er die sittsame Zeit für einen Besuch verpasst hatte, klopfte er ans Fenster und machte ein paar obszöne Gesten. Ein anderer Alter war ein bolivianischer Fußballfan und suchte ständig jemanden, mit dem er von seinem Lieblingsteam schwärmen konnte. Einmal kam er um ein Uhr morgens aus seinem Zimmer und bat uns, ihm dabei zu helfen, seinen besten Anzug anzulegen, ihm die Krawatte zu binden und seine Schuhe zuzuschnüren. Als er angezogen war, bedankte er sich freundlich und ging wieder ins Bett zurück.

»Oma« war die Bastion des Hauses. Sie muss ungefähr achtzig Jahre alt gewesen sein und hatte weißes, krauses Haar. Sie lebte in einem Apartment im Erdgeschoss und war dafür verantwortlich, dass die Hausordnung eingehalten wurde. Sie überprüfte auch die Pässe und die Papiere, die einem die israelische Botschaft in La Paz ausgestellt hatte, und gewährte die Erlaubnis zu bleiben. Sie zeigte jedem, wo er schlafen konnte und wo das Bad war. Sie sorgte dafür, dass man nicht viel Lärm machte und weder Wasser noch Strom verschwendete. Weh dem, der ihr in die Quere kam! Sie konnte so laut schreien, dass niemand sie ignorieren konnte, aber hinter ihrem ruppigen Benehmen steckte eine fabelhafte Frau, die von allen bewundert wurde. Sie sprach gebrochen spanisch und nannte jeden *hijito*, mein Sohn. Es war ebenfalls Tradition, ihr freitags Blumen zu bringen.

Das Reisejournal in dem Altersheim war voll von detaillierten Informationen über Bolivien, seine Nachbarstaaten Chile, Peru und Brasilien und über La Paz. Einige Gäste empfahlen, »Pete aus Kanada« zu besuchen, der seine Strafe im San-Pedro-Gefängnis absaß. Ein ganzer Abschnitt war dem San-Pedro-Kaktus gewidmet, der das *Mescal*, das Meskalin, enthält, eines der stärksten Halluzinogene, das in natürlicher Form existiert. Es schien so, als hätten viele Israelis diese Droge ausprobiert.

Ich beschloss, den San-Pedro-Kaktus zu probieren. Es war nicht schwer, Dede dazu zu überreden, mir dabei Gesellschaft zu leisten, und so waren wir eines Morgens unterwegs zum Tal des Mondes, wo er wuchs.

Wir trugen beide unsere Rucksäcke. Wir hatten ein Zelt mitgenommen, einen Gaskocher, einen Topf, zwei Schlafsäcke, zwei Flaschen Coca-Cola, eine große Dose Marmelade, um den Geschmack der Pflanze auszugleichen, und einen Laib Brot. Dede hatte außerdem noch einen großen roten wasserdichten Poncho bei sich.

Das Tal des Mondes war einschüchternd, abgelegen und verlassen. Das ganze Gebiet war felsig, mit grau-weißen Felsspitzen, die aus dem Boden hervorstanden und bedrohliche, zackige Formen bildeten. Es hieß, dass Neil Armstrong dem Tal seinen Namen gegeben habe. Er war darüber hinweggeflogen, und es hatte ihn an den Mond erinnert.

Es hatte auch tatsächlich etwas Unirdisches an sich. Hier wuchs nichts außer verschiedenen Arten vereinzelt herumstehender Kakteen. Mithilfe der Beschreibung im Reiseführer war es nicht schwer, den San-Pedro-Kaktus zu erkennen. In verschiedene Stämme hatten Leute Namen und Daten eingeritzt. Ich sah mich nach einem netten, sauberen Exemplar um und fand eins nach meinem Geschmack. Ich zählte sieben Rippen ab und schätzte den Abstand der Dornen. Alles stimmte ganz genau. Ich schnitt mit meinem Taschenmesser ein Stück von ungefähr fünfzig Zentimeter Länge aus dem Stamm. Dede verstaute es sorgfältig in meinem Rucksack, und weiter ging's.

Wir erklommen einen kleinen Hügel, der mit Eukalyptusbäumen bewachsen war. Dort oben waren wir allein, während sich das unheimliche und doch wunderschöne Tal zu unseren Füßen erstreckte.

»Ich bereite den Kaktus zu«, sagte ich Dede, »während du das Zelt aufbaust.«

Ich setzte mich hin, um die Droge zusammenzubrauen. Ich zog die Dornen mit dem Messer heraus und schälte dann die Rinde ab. Es gab zwei Schichten: Die eine war sehr dünn und grün, die andere weiß und strichninhaltig. Nachdem ich sie fein säuberlich getrennt hatte, hatte ich schließlich zwei große Tassen voll grünem Fruchtfleisch. Ich entzündete den Brenner und legte eine kleine Menge des Kaktus zum Kochen in den Topf. Ungefähr fünfzehn Minuten später leerte ich den Inhalt des Topfes in ein Handtuch und drückte die gesamte Flüssigkeit heraus. Meine Bemühungen wurden mit kaum mehr als dreißig Milliliter Flüssigkeit belohnt. Würde das reichen? Vielleicht hatte ich ja die Instruktion missverstanden.

Es dämmerte bereits, und ich entschied, dass wir keine Wahl hatten. Wir würden den restlichen Kaktus roh essen. Wir fanden einen bequemen Platz am Rand des Hügels. Der Ausblick war fantastisch, als wären wir in einer anderen Welt. Wir nahmen die Cola, den Marmeladentopf und einen großen Löffel mit. Ich nahm ein kleines Stück Kaktus in den Mund. Es schmeckte scheußlich! Wirklich ekelhaft. Ich schob einen Löffel Marmelade hinterher, aber auch die konnte den schrecklichen Geschmack nicht überdecken.

Ich hätte es am liebsten ausgespuckt, zwang mich aber dazu, es nicht zu tun. Doch schlucken konnte ich die zähe Masse auch nicht, sondern musste sie noch ein bisschen länger kauen. Mein ganzer Körper verkrampfte sich. Ich unterdrückte den Brechreiz und nahm einen großen Schluck Cola. Arme Dede. Jetzt war sie an der Reihe. Doch es kam mir so vor, als fiele es ihr leichter, die bittere Pflanze zu schlucken.

Wir wiederholten den Vorgang fünfmal, bis wir das ganze Ding aufgegessen hatten. Nur um sicherzugehen, trank ich noch die kleine Menge Flüssigkeit, die ich aus dem gekochten Kaktus herausgepresst hatte.

Der Sonnenuntergang bildete einen unglaublich schönen Hintergrund für das Tal des Mondes, aber ich war zu nervös, um die Szenerie genießen zu können. Ich zitterte am ganzen Leib und fühlte mich schrecklich angewidert. Ansonsten passierte nichts Ungewöhnliches mit mir. Dede wirkte ebenfalls völlig normal. Sie wollte mir eine Tasse Tee zubereiten, aber der Topf war von dem Rest des gekochten Kaktus noch schmutzig, und wir hatten nicht genug Wasser dabei, um ihn zu reinigen.

Es wurde dunkel, aber ein anderes Licht erfasste mich. Ich lächelte und schaute in den Abgrund hinunter. Er schien mir zuzuwinken, und entsetzt wich ich einige Schritte zurück. Die letzten Strahlen des Sonnenlichts fielen auf die Felsen jenseits des Tals. Ich hielt mich an einem Baum fest, um dem lockenden Abgrund zu widerstehen.

Dede umarmte mich von hinten. »Ich fühle mich wundervoll«, sagte sie. »Ich fliege.«

Ich grinste vor mich hin. Dede drückte ihr Becken gegen mich, und ich brannte lichterloh. Langsam bewegte sie sich vor und zurück. Ich war hingerissen.

»Lass uns ins Zelt gehen«, flüsterte sie.

Aber das Gehen fiel mir schwer, und ich hatte Angst. Es war bereits Nacht, und ich ertastete meinen Weg von Baum zu Baum. Dede fasste mich an der Hand, aber ich traute ihr nicht. Ich wollte die Bäume selbst spüren.

Im Zelt legten wir uns auf einen der Schlafsäcke und deckten uns mit dem anderen zu. Plötzlich fand ich mich rittlings auf einem galoppierenden Pferd wieder. Wohin ich auch blickte, zu meiner Rechten und zu meiner Linken, überall um mich herum waren galoppierende Pferde und Soldaten in grünen Uniformen mit Schirmmützen – und ich gehörte dazu. Wo war ich?

Dede lachte, aber es schien von weit her zu kommen. Ich ritt schnell weiter, ohne zu wissen, wo ich war oder wohin ich ritt. Wir waren ruhig, dann plötzlich wurde der Himmel von Blitzen erhellt, und wir hörten lautes Donnern. Es begann zu regnen.

»Oh«, murmelte Dede. »Es ist so stürmisch.«

Der Regen strömte herab, und das Zelt begann Wasser durchzulassen. »Ich liebe Gewitter. Ich weiß nicht, warum, aber sie erregen mich«, erklärte sie.

In kürzester Zeit waren wir klatschnass. Alles war durchnässt. Die Schlafsäcke waren durchtränkt, und in der Mitte des Zeltes bildete sich eine große Pfütze.

»Lass uns nach draußen gehen«, flüsterte Dede. Sie hatte ihren Poncho aus dem Rucksack geholt. Es war eigentlich nur ein großes Nylontuch. Ich zog ihn über, und Dede kroch darunter. So standen wir da, während der Regen auf uns herabprasselte. Ich fragte mich immer noch, wo ich war und mit wem ich galoppierte. Ich konnte Dede flüstern hören: »Ich liebe es so sehr. Ich weiß nicht, warum. Es ist so aufregend.«

Sie presste ihren Po gegen meine Lenden. Plötzlich wirkte sie sehr klein. Ich strich ihr über das kurze Haar.

»Ich liebe es so sehr«, wiederholte sie. »So sehr.«

Der Regen hörte ebenso plötzlich auf, wie er begonnen hatte. Der Wind ließ bald darauf ebenfalls nach. Ich konnte in weiter Entfernung eine Flöte hören, ihre Melodie war rein und angenehm. Gefesselt hörte ich zu, fast wie in Trance. Der Klang kam näher. Es war eine zauberhafte Flöte aus einer Welt der Legenden.

»Hörst du die Flöte?«, flüsterte ich.

»Natürlich«, erwiderte Dede. »Woher mag sie wohl kommen?«

Wir waren sehr weit vom nächsten Dorf entfernt, die Nacht war stürmisch, und es war schon sehr spät. »Hei, du, komm her!«, schrie ich, aber die Flöte entfernte sich langsam und verklang.

Dede verließ meine Seite und wanderte summend zwischen den Bäumen umher.

›Der Abgrund‹, dachte ich. ›Gott, sie wird abstürzen!‹ Ich schrie hinter ihr her, aber sie antwortete nicht auf mein Rufen. Ich wurde hysterisch. Ich schrie und packte einen Baumstumpf mit beiden Händen. »Geh nicht dahin! Bleib von der Klippe weg! Komm sofort hierher zurück!«

Schließlich kam sie wieder. Sie war nicht im Geringsten verängstigt oder aufgeregt. »Lass uns zurück ins Zelt gehen«, schlug sie ruhig vor.

Sie breitete ihren Poncho über die Schlafsäcke aus, wir legten uns hin und hielten einander fest. Ich merkte, dass mir kalt war, aber es war mir eigenartig gleichgültig. Die Kälte war nicht wichtig, sie war mir fremd. Ich schwebte in anderen Welten.

»Willst du?«, fragte sie murmelnd.

»Ich bin nicht sicher, ob ich kann«, sagte ich.

Dede lachte. Sie öffnete meinen Gürtel und legte sich auf mich. Ich glaube, ich war in einer anderen Welt. Alles fühlte sich anders an, neu, unbekannt. Es war endlos. Als ich endlich kam, schien es unendlich zu dauern. Ich wusste nicht, wie lange. Anschließend lagen wir einfach nur da. Ich versuchte immer noch, Dede dazu zu bringen, mir zu verraten, in welcher Armee ich mich verpflichtet hatte und wo wir waren. Sie versuchte nicht einmal, meine Fragen zu beantworten. Sie lachte nur. Die Pferde galoppierten mit mir davon bis zum Tagesanbruch.

Dede zog mich nach draußen, aber meine Beine gehorchten mir nicht. Ich stand da und schaute ihr zu, während sie das Zelt abbaute und unsere nassen Sachen zusammenräumte. Sie rollte alles zusammen und stopfte es in die Rucksäcke. Dann gingen wir langsam wieder zum Dorf zurück.

»Bist du wieder runtergekommen?«, fragte ich sie.

»Ich glaube schon.«

»Glaubst du, ich auch?«, fragte ich sie.

»Ich weiß nicht. Du bist wirklich komisch.«

Ich hatte zwar keine Halluzinationen mehr, aber nichts war so, wie es sein sollte. Ich hatte Schwierigkeiten beim Gehen, und alles, was ich sah, Klippen, Steine, Bäume, wirkte fremd.

Der Bus, den wir erwischten, war voll von Indioarbeitern. Ich fühlte, wie sie uns anstarrten, doch dann muss ich eingedöst sein. Bevor ich wusste, wie uns geschah, waren wir mitten in La Paz.

»Soll ich dir helfen, nach Hause zu kommen?«, fragte Dede.

»Nein, ich nehme mir ein Taxi«, gab ich zurück.

»Wirst du mich später besuchen kommen?«

»Ja, sicher.«

Ich winkte einem Taxi und gab dem Fahrer meine Adresse. Am Eingang des Altersheimes traf ich meine Freunde Eitan, Raviv und Schukrun. Sie brachen bei meinem Anblick in Gelächter aus.

»Wie war's denn?«, fragte Raviv.

»Ich habe Angst«, erwiderte ich. »Wirklich. Ich komme nicht mehr von dem Trip runter.«

Sie lachten nur noch mehr.

»Komm und frühstück mit uns. Danach wirst du dich besser fühlen«, schlug Eitan vor.

Ich ließ meinen Rucksack in der Eingangshalle stehen und gesellte mich zu ihnen. Das Gehen fiel mir schwer, und ich hatte Angst, die Straße zu überqueren. Eitan half mir.

»Werde ich jetzt so bleiben?«, fragte ich entsetzt.

»Nein, nein, mach dir keine Sorgen«, versicherte mir Eitan. »Es wird alles gut werden. Du wirst ein bisschen schlafen, und wenn du aufstehst, wird alles wieder in Ordnung sein.«

»Du bist ein fröhlicher Mensch, Yossi«, sagte Schukrun. »Du solltest nur so bleiben, das ist der springende Punkt.«

3. Kapitel

Karl und Kevin

Ich wachte gegen Mittag auf und starrte an die Wände. Der einzige Schmuck in dem Zimmer war ein verblichenes Poster von La Paz mit dem Titel: »Das Jerusalem Boliviens«. Ich sah alles klar, nicht mehr so verschwommen wie vorher, und seufzte erleichtert auf. Ich war wieder der Alte.

Ich ging hinab, duschte, rasierte mich und ging hinaus. Es war ein wundervoller Tag, vor allem nach dem düsteren Wetter der Nacht zuvor. Große Fahnen am Fußballstadion der Stadt kündeten das bevorstehende Spiel zwischen den Strongest und Bolivar an. An einer nahe gelegenen Ecke gab es einen Hamburgerstand, den ein junger Amerikaner betrieb. Dort versammelten sich die *Muchileros*. Ich ging in Richtung Vergnügungspark. Kleine Kinder, die vor Freude schrien, rutschten auf Plastikmatten eine gigantische Rutsche hinunter.

Ich hatte keine Lust, Dede wiederzusehen. Es war schlimm. Freunde hatten mich davor gewarnt, dass der Trip einen gewalttätig werden lassen könnte, dass einer von uns sogar verletzt werden könnte, aber so war es überhaupt nicht gewesen. Ich hatte Dede gebraucht und sogar Angst davor gehabt, allein und hilflos zurückzubleiben, wenn ihr etwas zustoßen würde. Ich war froh gewesen, dass sie dort so nah bei mir gewesen war, aber jetzt hatte ich einfach keine Lust mehr, sie zu sehen. Und ich glaubte nicht, dass ich es über mich bringen könnte, sie noch einmal zu berühren.

Ich mochte La Paz, aber ich wollte am nächsten Tag nach Peru zurückkehren. Ich sah mich schon auf dem Machu Picchu. Jeder

Nomade kennt das Gefühl: die Sehnsucht nach dem Ort, den man verlassen muss, gemischt mit der Vorfreude auf ein neues Ziel. Und jedes Mal ist man sicher, dass der neue Ort noch besser, noch schöner sein wird.

Ich ging in die Richtung des »Rosario«-Hotels in der Hoffnung, Marcus dort zu treffen. Ich wollte ihm sagen, dass ich abreisen würde.

»Der Schweizer ist noch nicht zurückgekommen«, sagte der Angestellte an der Rezeption. Marcus und Annick hatten einen Ausflug nach Coriocho in den Yungabergen gemacht. Ich bat den Mann um ein Stück Papier und einen Bleistift. Ich sollte Lisette, ein bolivianisches Mädchen, um halb sechs an der Universität treffen, um mir ein brasilianisches Jazzkonzert anzuhören. Ich bat Marcus, mich um fünf dort zu treffen.

Als ich das Hotel verließ, folgte mir ein europäisch aussehender Mann. Ich hatte ihn schon vorher in der Nähe des Hotels gesehen.

»*Hola*«, grüßte er mich. »Du kennst doch diesen Schweizer, nicht wahr?« Er sprach mit einem deutschen Akzent, war Ende dreißig, groß, ungefähr eins achtzig, breitschultrig, kräftig gebaut und hatte braunes Haar, das über den Schläfen leicht zurückging. Er hatte blaue Augen und einen leichten Silberblick. Seine Kleidung war abgetragen, aber nicht fadenscheinig und verlieh ihm einen leicht abenteuerlichen Anstrich.

»Er müsste eigentlich bald zurück sein. Er ist für zwei Tage ins Yungagebirge gefahren«, antwortete ich und ging schnell die Straße entlang.

»Bist du Amerikaner?«, fragte er und ging schneller, um mit mir Schritt zu halten. Aus irgendeinem Grund wird jeder Fremde auf diesem Kontinent, vor allem wenn er zufällig groß und blond ist, für einen Amerikaner gehalten. Das Problem ist, dass viele Einheimische Amerikaner nicht besonders gut leiden können.

»Israeli«, gab ich knapp zurück.

»Ich bin Karl Ruchprecter. Ich bin Österreicher, aber ich lebe schon beinahe zehn Jahre hier in Bolivien.«

»Yossi Ghinsberg«, sagte ich und schüttelte seine große, kräftige Hand.

»Ich bin Geologe und arbeite meistens im Dschungel. Wir suchen nach Gold, Uran und Altertümern.«

»Das ist aber eine ziemlich ungewöhnliche Art, seinen Lebensunterhalt zu verdienen.«

Er hatte meine Neugier geweckt.

»Sicher. Es ist sehr interessant. Ich habe Fotos von meiner letzten Expedition da, wenn du sie sehen möchtest.«

»Ja, gern.«

Wir gingen den Comercio Boulevard hinauf, bis wir zum Murillo Square kamen. Ein paar ältere Leute dort blätterten gelangweilt in den Nachmittagszeitungen oder ließen sich von der Sonne wärmen. Andere warfen den fetten Tauben Kerne zu, während ihre Enkelkinder herumrannten und vergeblich versuchten, die Vögel zu fangen. Ein Eisverkäufer veranstaltete ein Höllenspektakel. Wir setzten uns auf eine Holzbank, und ein junger Schuhputzer erbot sich, meine Tennisschuhe aus Segeltuch zu polieren.

Karls Fotos überraschten mich. Der ordentliche Europäer neben mir sah darauf völlig anders aus. Er trug Khakishorts, einen breitkrempigen Hut und Stiefel, und von seiner Schulter baumelte ein Jagdgewehr. Auf einem Foto häutete er gerade einen wilden Keiler ab, und auf einem anderen räucherte er einen Affen, den er über einem offenen Feuer aufgehängt hatte. Auf wieder einem anderen hockte er am Flussufer und nahm einen großen Fisch aus.

Karl sah, dass ich fasziniert war, und erklärte, dass er in der kommenden Woche auf eine dreimonatige Expedition in unerforschte Gebiete des Dschungels aufbrechen würde, um nach Edelmetallen zu suchen. Er würde mich und einen oder zwei meiner Freunde gern mitnehmen. Nach einem harten Arbeitstag sei es immer sehr nett, zusammen am Lagerfeuer zu sitzen. Er habe keine Gemeinsamkeiten mit seinen eingeborenen Helfern, und deshalb sei er immer sehr froh, ein paar »Gringos« dabeizuhaben.

»Du kannst so lange bleiben, wie du willst«, sagte er. »Wenn du zurückkehren willst, schicke ich dich mit einem Führer zum nächsten Dorf. Du isst das Wild, das wir jagen, schläfst im Freien unter dem großartigen Dach des Dschungels, und das Ganze kostet dich nur das Rückflugticket.«

Er war unterwegs zum Mittagessen. Ich war müde, und mein Magen war noch immer empfindlich. Deshalb ging ich lieber ins Bett. Wir verabredeten uns für den nächsten Nachmittag, und ich versprach, ein paar Freunde mitzubringen.

Ich ging in heller Aufregung zum Altersheim zurück. Ich würde noch an diesem Nachmittag mit Marcus reden! Endlich bot sich eine Chance, den richtigen Dschungel zu erforschen!

Um fünf Uhr sah ich Marcus, der die Straße zur Universität überquerte. Wie immer trug er sein grobes schwarzbraunes Baumwollhemd und seine John-Lennon-Brille. Er strahlte, als er mir von den Tagen erzählte, die er allein mit Annick verbracht hatte. Sie liebe ihn, erklärte er verzückt. Danach fragte er mich nach dem San-Pedro-Kaktus-Trip. Ich erzählte ihm, was passiert war, und er hörte aufmerksam zu. Schließlich wollte er wissen, wozu ich mich entschieden hatte. Würde ich mit ihm durchs Land reisen? Ich begann, die Gründe darzulegen, warum ich nicht mit ihm durch Bolivien reisen wollte.

»Ich nehme an, die Antwort lautet also nein«, unterbrach er mich enttäuscht.

»Warte eine Sekunde«, antwortete ich. »Du hast das Beste noch nicht gehört.« Dann erzählte ich ihm von dem österreichischen Geologen.

Marcus war nicht so begeistert wie ich, aber er versprach, am nächsten Tag mitzukommen, um ihn kennenzulernen.

Nach dem Konzert ging ich in das Altersheim zurück. Ich erzählte meinen Freunden dort von der Expedition. Einige reagierten begeistert, aber die anderen nahmen den Plan nicht ernst. Nur Itzik äußerte echtes Interesse an den Einzelheiten und fragte mich, ob er an dem

Treffen teilnehmen dürfte. Ich war sehr erfreut. Alle mochten Itzik. Mit vierunddreißig war er der älteste *Muchilero* und wurde oft gebeten, unsere gemeinsamen Interessen zu vertreten. Er hatte einen wundervollen Sinn für Humor, eine ansteckende Begeisterungsfähigkeit und war hilfsbereit und gutmütig.

Am nächsten Tag gingen wir beide zum Murillo Square. Auf dem Weg trafen wir Marcus, der auch einen Begleiter hatte, Kevin Gale. Es war das erste Mal, dass ich ihn traf, aber ich hatte schon viel von ihm gehört. Jeder Reisende hatte das. Unter den *Muchileros* war er eine Legende. Kevin Gale hatte schon alles gemacht. Es hieß, er habe den schwersten Rucksack in ganz Südamerika und könne die Berge schneller besteigen als ein Lama. Er war ein begeisterter Naturforscher und Fotograf, und er war außerdem noch etwas: Er war Marcus' bester Freund.

»Willst du auch in den Dschungel gehen?«, fragte ich ihn.

»Eigentlich bin ich nur nach La Paz gekommen, um von hier aus nach Hause zu fliegen«, erwiderte er. »Ich bin seit fast zwei Jahren in Lateinamerika, und ich habe mich entschieden, Thanksgiving zu Hause zu feiern. Aber die Idee fasziniert mich. Ich bin noch nie so richtig im Dschungel gewesen.«

Karl wartete auf dem Platz auf uns. Er holte erneut seine Fotos hervor und erzählte uns von seinen früheren Expeditionen. Kevin bombardierte ihn mit Fragen, während Marcus ständig vom Englischen ins Deutsche und wieder zurück übersetzte, weil Kevin anscheinend Schwierigkeiten hatte, Karls eigentümliches Spanisch zu verstehen. Kevin interessierte sich vor allem für einen wilden Indianerstamm, und Karl versprach, dass wir ihn sehen würden. Ich sog das alles aufmerksam in mich auf.

»Ist es möglich, einen Teil des Weges auf dem Fluss zurückzulegen?«, wollte Kevin wissen.

»Das ist meine Arbeit, keine Vergnügungsreise«, antwortete Karl, »aber wenn ihr wollt, könnt ihr den Rückweg vielleicht über den Fluss nehmen.«

Karl zeichnete eine Landkarte in ein Notizbuch, das er aus seinem Rucksack gezogen hatte. Er zeichnete Flüsse, Berge, Dörfer, Städte und Bergarbeiterlager ein. Wir waren von seinen Kenntnissen beeindruckt. Kevin schien zufriedengestellt, aber er wollte trotzdem noch eine offizielle Landkarte dieser Gegend sehen. Karl versprach, ihm eine zu besorgen.

»Gut, ich bin dabei«, erklärte Kevin. »Ich werde meinen Eltern sagen, dass ich erst Weihnachten nach Hause komme.«

»Ich mache auch mit«, sagte ich. Ich hatte sowieso nie daran gezweifelt, dass ich mitgehen würde.

»Ich wollte eigentlich noch ein bisschen mit Annick herumreisen«, sagte Marcus bedauernd, »aber ich glaube, das hier ist eine einmalige Chance. Ich komme auch mit.«

Nur Itzik hielt sich zurück.

Karl lächelte uns alle an, und wir verabredeten, dass wir ihn am Abend im »Rosario« treffen wollten. Marcus ging weg, um Annick zu suchen, und Kevin, Itzik und ich verließen den Platz. In einer Seitenstraße fanden wir eine Eisverkäuferin. Eine kleine Waffel kostete fünf Bolivianos und eine große sieben. Ich bestellte für uns alle große Waffeln.

Wir schauten uns nach einem Platz um, wo wir uns hinsetzen konnten, und entschieden uns für die Treppenstufen eines nahe gelegenen Geschäfts. Dann mussten wir jedoch feststellen, dass es ein Bestattungsunternehmen war. Es gab Särge jeder Art einschließlich eines Sarges, der mit blauem Vinyl ausgeschlagen und mit Goldknöpfen verziert war. Es gab sogar einen Babysarg. Wir setzten uns auf die Stufen und leckten unser Eis.

Kevin war aufgeregt. »Ich muss noch viel erledigen«, erklärte er. »Ich muss meinen Flug absagen und meine Eltern anrufen. Sie werden bestimmt enttäuscht sein, aber ich träume schon von so einer Reise, seit ich hier bin. Der richtige Dschungel, ein echtes Indianerdorf und nicht so eine Touristenfalle. Ich werde eine Menge Filme mitnehmen und ein Stativ. Ich muss eine Möglichkeit finden, die Kamera in eine wasserdichte Dose oder einen Plastikbehälter zu verpacken. Es muss etwas sein, das das Wasser abhält und schwimmt. Und ich muss mein Visum verlängern lassen. Wir werden bestimmt länger als einen Monat unterwegs sein, nicht wahr? Es wird bestimmt großartig.«

»Ich glaube, ich komme nicht mit«, verkündete Itzik.

»Warum nicht, Itzik?«, fragte ich überrascht. »Die Reise wird fantastisch werden.«

»Wenn ich in den Dschungel gehe, habe ich keine Zeit mehr, um noch nach Chile zu reisen. Die Regenzeit fängt bald an, und dann werde ich diese Möglichkeit verpassen.«

»Chile, *schmili*. Findest du nicht, dass ein Ausflug in den Dschungel viel interessanter klingt?«

Kevin verstand nichts, weil wir hebräisch sprachen, und holte noch eine Runde Eis. Ich hörte, wie er zu der Verkäuferin sagte: *»Mas grande, por favor.«*

»Was ist das Problem?«, fragte er, als er uns die Waffeln reichte.

»Itzik will nicht mitkommen«, erklärte ich. »Er will nach Chile reisen.«

»Keine Sorge, er wird mitkommen«, sagte Kevin lächelnd. »Ich werde schon dafür sorgen. Mein Wort darauf.«

Kevin versuchte, Itzik zu überreden. Er versprach ihm, eine fantastische Route durch Chile für ihn aufzuzeichnen. Er erklärte, dass das Wetter dort im Moment lausig sei und dass er besser wegkäme, wenn er noch wartete. Itzik lächelte und versprach, es noch einmal zu überdenken.

Wir gingen zwischendurch immer wieder zu der Eisverkäuferin. »Ich weiß, ich weiß«, sagte sie. *»Grande, grande.«*

Der Bestattungsunternehmer sah ein bisschen traurig aus. Er sagte nichts zu uns, obwohl wir die Treppe zu seinem Geschäft versperrten. Es starben ohnehin nicht so viele Menschen, dass er hätte reich werden können.

Um fünf Uhr nachmittags warteten wir in Marcus' Zimmer im »Rosario«-Hotel auf Karl. Es war ein neues Hotel mit sauberen, geräumigen Zimmern, aber das Beste daran war der Preis: zwei Dollar pro Nacht. Kevin wohnte ebenfalls hier. Ich musste in sein Zimmer gehen, um ihn zu holen. Großer Gott, wie sah es dort aus! Überall lagen Kleidungsstücke herum, Kameras, Landkarten, Zigaretten, ein Klappmesser, ein halber Brotlaib, Käse, geschmolzene Butter... Alles war auf dem Boden angehäuft, in der Spüle und auf der Kommode gestapelt. Kevin lag zufrieden auf dem Bett; ihn schien diese Unordnung nicht sonderlich zu stören. Obwohl ich ihn erst kurze Zeit kannte, zog ich ihn damit auf. Er strahlte etwas aus, wodurch ich mich in seiner Gegenwart besonders wohlfühlte.

Karl traf gegen sechs Uhr ein. Er entschuldigte sich nicht für die Verspätung, aber schließlich ist Lateinamerika ja nicht gerade wegen seiner Pünktlichkeit berühmt. Er hatte eine Liste mit Dingen vorbereitet, die wir noch kaufen mussten. Er hatte alles genau in großen, runden Buchstaben aufgeschrieben. Gewürze, Salz, Zucker, Alkohol, Tee und Medikamente. Koch- und Essutensilien, Tassen, wasserdichte Gummibeutel und eine Machete, um sich den Weg durch den Dschungel zu bahnen. Ein Serum gegen Schlangenbisse und ein Mittel gegen Moskitos waren besonders wichtig, aber das Wichtigste von allem waren Netze, um die stechenden Insekten fernzuhalten, und große Plastikbahnen, um nachts darunter Schutz zu suchen.

Was die Route betraf, versprach Karl uns erneut, dass er uns eine Landkarte besorgen würde, aber für den Moment werde er uns eine aus dem Gedächtnis aufzeichnen. Wir würden nach Apolo fliegen und dort mit seinen Leuten zusammentreffen. Das waren vier Indianer, die in einer Siedlung am Ufer des Tuichi lebten. Von dort aus würden wir eine Woche zu dem Ort marschieren, wo wir arbeiten würden. Die Indianer hatten Karl auf all seinen Expeditionen begleitet und waren mit Grabwerkzeugen, Waffen und Munition ausgerüstet. Er meinte, es sei nicht notwendig, dass wir uns eigene

Gewehre kauften, es sei denn, wir hätten das Gefühl, dass wir sie für den Rückweg brauchten.

Der Plan klang vollkommen akzeptabel. Kevin versuchte, so viele Einzelheiten wie möglich über den Fluss zu erfahren, und erinnerte Karl daran, dass wir unbedingt eine genaue Karte brauchten. Wir kamen überein, uns am nächsten Morgen zu treffen, um gemeinsam einzukaufen und zu versuchen, bei dieser Gelegenheit eine Landkarte zu finden.

Karl schüttelte jedem von uns die Hand, bevor er ging.

Entgegen unserer Abmachung waren Karl und ich am nächsten Morgen allein. Marcus war mit Annick und Dede zum Skifahren zum Illimani gefahren, und Kevin musste Besorgungen machen. Ich schlug Karl vor, nach einer Landkarte zu suchen. Aber in keinem Buchladen war eine zu finden. Auf einer großen Wandkarte zeigte Karl einigen Verkäufern das relativ kleine Gebiet, in das wir reisen wollten; aber wir verließen die Geschäfte mit leeren Händen.

»Macht nichts. Ich brauche keine Karte. Ich kenne dieses Gebiet wie meine Westentasche«, beruhigte Karl mich. »Aber ihr solltet euch eine Übersichtskarte kaufen. Das ist besser als nichts.« Da wir keine andere Wahl hatten, kauften wir eine im Maßstab 1:500 000.

Karl kannte sich in La Paz gut aus. Wir sahen ein paar Mäntel aus Jaguarfell im Schaufenster eines Ladens. Sie erinnerten Karl an eine Jaguarjagd, bei der er dabei gewesen war, und er beschrieb mir, wie er zwei Jaguare zur Strecke gebracht und was er für die Felle bekommen hatte.

»Jaguare sind Gewohnheitstiere«, erklärte er. »Wenn du einige Zeit in seinem Revier verbracht hast, dann merkst du, dass er bestimmte Pfade regelmäßig benutzt. Du musst nichts weiter tun, als seine Wege zu studieren, dich gut zu verstecken, sicherzugehen, dass du den Wind nicht im Rücken hast, und auf deine Chance warten.«

»Glaubst du, dass wir auf unserer Reise einen Jaguar erlegen können?«, fragte ich eifrig.

»Vielleicht. Klar, es spricht nichts dagegen«, sagte Karl. »An einem Jaguarfell kann man viel Geld verdienen.«

Auf unserem Rückweg zum Hotel machte Karl noch an einem Postamt halt, während ich draußen wartete. Als er herauskam, wirkte er aufgeregt. In der Hand hielt er einen geöffneten Brief.

»Yossi, es tut mir leid, aber ich muss die Reise absagen«, erklärte er mir.

Ich war verblüfft. »Absagen? Aber warum denn?«

»Sieh mal, ich habe einen Eilbrief von meinem Onkel erhalten. Er hat eine große Rinderfarm drüben in Reyes Province. Er schreibt mir, dass er einen ausgemusterten Laster der chilenischen Armee gekauft hat. Er wird Anfang Dezember in La Paz ankommen, und ich muss ihn sofort auf seine Ranch bringen.«

Ich war bitter enttäuscht.

»Es tut mir leid, aber ich kann meinen Onkel nicht im Stich lassen. Ich bin sein einziger Verwandter hier. Verstehst du das? Er hat zwar noch Angehörige drüben in Österreich, hat aber keinerlei Kontakt mehr zu ihnen. Er weiß, dass sie die Farm nach seinem Tod verkaufen würden, ohne überhaupt erst herüberzukommen und sie sich anzusehen. Ich bin der Einzige, der seine Ranch leiten könnte, aber er hat mir ziemlich deutlich gesagt, dass ich seinen Anordnungen folgen sollte, wenn ich sie erben will. Das Problem ist nur, dass ich ihn nicht ertragen kann. Ich halte diesen einsamen alten Geizhals nicht länger als einen oder zwei Tage aus. Deshalb verbringe ich meine Zeit damit, im Dschungel zu arbeiten. Wenn er abgekratzt ist, werde ich mich vielleicht hier niederlassen, heiraten und die Ranch selbst führen.«

Karls Familienprobleme interessierten mich nicht im Geringsten. »Gibt es denn überhaupt keine Möglichkeit, dass du dennoch mit uns kommen kannst, Karl?«, flehte ich ihn an. »Vielleicht nur einen Monat. Bis Dezember ist es noch mehr als einen Monat.«

»Nein, nein. Was könnte ich denn in einem Monat schaffen? Es dauert eine Woche, um in den Dschungel zu gelangen, und eine weitere, um wieder herauszukommen. Das ist lächerlich. Ich brauche mindestens drei Monate, damit es überhaupt sinnvoll ist.«

»Und warum kommst du dann nicht einen Monat mit, nur aus Spaß? Nicht um zu arbeiten. Du hast selbst gesagt, dass du das Leben im Dschungel dem Leben in der Stadt vorziehst.«

»Nein, Yossi. Ich bin kein Tourist wie du. Ich kenne den Dschungel gut genug und habe nicht das Bedürfnis, einfach so darin herumzuspazieren. Außerdem ist es auch teuer. Das Flugticket hin und zurück, die Lebensmittel und die Ausrüstung. Wofür? Für mich springt dabei nichts heraus.«

›Er hat recht‹, dachte ich. Zu schade.

Was sollten wir jetzt machen? Vielleicht konnten wir ja auch auf eigene Faust in den Dschungel gehen. Wir würden auch ohne ihn zurechtkommen. Ich fing gerade an, von dieser Idee mitgerissen zu werden, als Karl meine Gedanken unterbrach.

»Sieh mal, Yossi, es gibt noch eine Möglichkeit. Wenn du wirklich einen Eindruck vom Dschungel bekommen willst, dann könnte ich eure Strecke planen und euer Führer sein. Ich kenne den Dschungel wie meine Westentasche. Du wirst schon sehen. Aber das kann ich nicht umsonst machen.«

Sein Vorschlag war eine schreckliche Enttäuschung. Bis jetzt hatte ich ihn bewundert, ihn in einem romantischen Licht gesehen. Ich hatte ihn für den letzten der »großen weißen Abenteurer« gehalten, der sein Leben im urtümlichen Regenwald riskierte, nach Schätzen suchte – Gold und Uran –, sich gegen wilde Tiere und Eingeborene wehrte und seinen Lebensunterhalt damit verdiente, Jaguare zu jagen. Und nun stand er hier, ein Erbsenzähler, der Rucksacktouren und Führungen anbot.

»Wie viel willst du?«, fragte ich kühl.

»Nun, sechstausend Bolivianos würden reichen. Natürlich würde ich meinen Anteil an allen Kosten selbst bezahlen: die Flugtickets, Lebensmittel und so weiter. Es ist wirklich nicht so viel. Was meinst du?«

»Das muss ich zuerst mit Kevin und Marcus besprechen«, antwortete ich barsch.

»Ich werde um sechs ins Hotel kommen. Unterbreite ihnen meinen Vorschlag, und du wirst sehen, dass du nicht enttäuscht sein wirst.«

Er streckte herzlich die Hand aus, und ich schüttelte sie, ohne ihm dabei in die Augen zu sehen.

Ich traf Kevin und Marcus am Nachmittag im Hotel.

»Wir werden ihn bezahlen!«, sagte Kevin, bevor ich überhaupt eine Chance hatte, meine Idee, ohne Karl in den Dschungel zu gehen, zu äußern.

»Wie viel sind sechstausend Bolivianos? Einhundertfünfzig Dollar. Fünfzig Dollar für jeden für einen Führer für einen Monat. Er kann uns eine große Hilfe sein. Und wir haben dabei auch noch einen Vorteil. So müssen wir ihm nicht überallhin folgen. Wir können die Route selbst festlegen und gehen, wohin wir wollen. Wir werden eine schöne Tour über den Fluss planen, und er wird unser Führer sein und uns bringen, wohin wir wollen.«

Nach einiger Überlegung stimmte ich mit Kevin überein. Marcus dachte wie Kevin, dass es so das Beste wäre.

Diesmal kam Karl pünktlich, und wir erklärten ihm, dass wir eine Route durch den richtigen Dschungel nehmen wollten: Wildnis, wilde Tiere, Vögel, wilde Indianer und – natürlich – mit einem Floß einen der Flüsse hinunterfahren. Karl schaute auf die Landkarte und machte einen anderen Vorschlag. Wir könnten wie geplant nach Apolo fliegen, das der entfernteste Punkt war, den man mit einem Flugzeug erreichen konnte. Von dort aus würden wir einen Zweitagemarsch zu dem Dorf Asriamas machen. Und das war tatsächlich der Eingang zum Dschungel, die letzte Siedlung. Von dort war es ein Sechstagemarsch zu dem Dorf der Toromonas-Indianer. Das würde ein echtes Erlebnis werden, weil wir den völlig unerschlossenen Dschungel durchqueren würden.

»Dieses Indianerdorf ist doch nicht voll von Souvenirläden, nicht wahr?«, fragte ich. Ich hatte schon von solchen Dörfern gehört. Der Führer stieß einen Warnpfiff aus, bevor er mit den Touristen ankam, und die Indianer versteckten rasch ihre Zeitungen, stellten ihre Kassettenrekorder ab und vertauschten Jeans mit Lendenschurzen. Dann gingen sie hinaus und begrüßten ihre Besucher jubelnd und tanzend.

»Nein, natürlich nicht«, sagte Karl. »Es ist ein großes Dorf, in dem ungefähr sechshundert Indianer leben. Ich bin zweimal dort gewesen. Sie sind nicht feindselig. Aber außer mir, einem anderen *Gringo* und vielleicht ein paar Missionaren haben diese Indianer noch niemals einen Weißen gesehen. Wir können fünf Tage in dem Dorf verbringen, uns erholen und uns nach Belieben die Gegend anschauen. Kevin kann so viele Fotos machen, wie er will, wir können unseren Proviant auffrischen, und dann können wir uns zum Tuichi aufmachen. Das ist ein Zweitagemarsch bergab. Wir werden zu einem Ort namens Curiplaya kommen, das ist ein Goldgräberlager. Es wird immer noch benutzt, aber wenn wir dorthin kommen, wird es verlassen sein. Sie arbeiten dort nur vom Juni bis zum Oktober. In Curiplaya können wir ein bisschen Gold waschen«, fuhr Karl fort. »Wir werden uns dort fünf Tage aufhalten, ein Floß bauen und den Rest der Zeit im Fluss nach Gold suchen. Ich kann euch ein Gramm Gold für jeden Tag Arbeit garantieren. Das sind fünf Gramm Gold für jeden.« Er rechnete den Goldpreis aus und kam zu dem Ergebnis, dass wir bei der Reise noch Geld verdienen würden.

Karl bemerkte anscheinend, dass wir alle ein bisschen skeptisch waren. »Wisst ihr was? Ich werde euer Gold kaufen!« erklärte er. »Ihr müsst mir jetzt nur dreitausend Bolivianos geben, und die andere Hälfte könnt ihr mir in Gold geben.«

»Und was ist, wenn wir gar nichts finden?«, wollte ich wissen.

»Es gibt nicht die geringste Chance, dass ihr kein Gold findet«, antwortete Karl. »Ich habe zwei Jahre dort gearbeitet und Gold gefunden.«

Kevin und Marcus lächelten nur nachsichtig, aber ich war im Goldfieber. Ich war begeistert und voller Erwartungen.

»Das Floß müsste in fünf Tagen fertig sein«, fuhr Karl fort und plante die Route weiter. »Wir werden etwa hundertzwanzig Meilen den Tuichi hinunterfahren, bis wir zur Mündung des Río Beni kommen.« Er deutete auf die Landkarte. »Hier, nahe der Mündung, liegt die Stadt Rurrenabaque. Von dort aus können wir ein Flugzeug zurück nach La Paz nehmen oder, wenn ihr wollt, ein bisschen weiterfahren in die Gegend von Reyes und ein paar Tage die Ranch meines Onkels besuchen.«

Wir stimmten diesem Plan alle drei begeistert zu. Karl setzte noch eine Jagdflinte und Munition auf die Liste der Dinge, die wir kaufen mussten. Er erklärte uns, dass seine Mannschaft nicht mit uns kommen würde, also würden wir ein gutes Gewehr für unseren Schutz und zur Jagd brauchen. »Es ist zwar eine große Ausgabe, aber wir werden es am Ende unserer Reise in Rurrenabaque mit Gewinn wieder verkaufen können.«

»Aber das hier ist doch eine Militärdiktatur«, wandte ich ein. »Ist es nicht gefährlich, Gewehre zu kaufen?«

»Du hast recht, es ist riskant. Aber im Dschungel kommt man ohne Gewehr nicht aus. Und da draußen belästigt die Armee keinen. Ich habe einen Freund in einem Gefängnis hier in La Paz. Er ist Kanadier und kann uns sagen, woher wir eine Waffe bekommen. Außerdem freut sich Pete immer über Besuch, vor allem, wenn man ihn gut bezahlt.«

»Pete?« Der Name kam mir bekannt vor. »Er wird in dem Reisejournal der Israelis erwähnt«, sagte ich. »Er ist ein netter Kerl und mag Besucher, vor allem solche, die ihm ein Hühnchen mitbringen«, zitierte ich aus dem Buch. »Karl, wie wäre es, wenn ich ihm einen Besuch abstatten würde, um die Informationen zu bekommen?«

4. Kapitel

Pete

Auf dem Weg zum San-Pedro-Gefängnis machten Kevin und ich halt auf dem Marktplatz und suchten ein schönes, fettes Hühnchen aus. Wir baten den Schlachter, es zu säubern und zu zerteilen.

Vor dem Tor des Gefängnisses patrouillierten Polizisten. »Wen wollen Sie besuchen?«, wollten sie wissen.

»Pete, den Kanadier.«

»Und was ist in der Tasche?«

»Pollo.«

Sie führten uns ins Wartezimmer, und nachdem sie uns einer raschen Leibesvisitation unterzogen hatten, sagte einer von ihnen: »Sie können jetzt reingehen.«

Die Gefangenen strömten auf dem Hof um uns zusammen. »Wen wollt ihr besuchen?«

»Pete, den Kanadier.«

»Schon wieder Pete?«, murrte einer von ihnen ungläubig. »Hei Pete!«, rief er dann. »Du bekommst Gesellschaft!«

Pete kam schnell vom zweiten Stock herunter und winkte uns energisch zu.

»Du Scheißkerl hast schon Glück«, knurrte ein ausländischer Gefangener. »Das ist der dritte Besuch, den du diese Woche gehabt hast. Schau dir nur deinen Bauch an!«

»Seid ihr Israelis?«, fragte Pete lächelnd.

»Ich bin Amerikaner«, sagte Kevin. »Mein Freund hier ist Israeli.«

Wir schüttelten uns die Hand, und Pete lud uns in seine Zelle ein.

Das Gefängnis war ein eigenartiges Gebäude. Es war zweistöckig und sehr alt. Man hatte willkürlich Nebengebäude hinzugefügt. Sie waren aus Holz, Wellblech und sogar Segeltuch, aus jedem Material, das den Leuten zufällig in die Hände geraten war. Wir stiegen eine Leiter am Ende des Korridors hinauf, die zu Petes Zelle führte. Die geometrische Form des Raums war undefinierbar. Er war aus hölzernen Balken, Blechplatten, Asbestmatten und Sperrholz erbaut. Die Decke war niedrig und schräg und bestand zum größten Teil aus straff gespannten Nylonbahnen.

»Home, sweet home«, meinte Pete liebenswürdig.

Das Bett stand an der Seite der Zelle, an der die Decke am niedrigsten war. Kevin und ich setzten uns dorthin und duckten uns leicht. Pete setzte sich auf eine Matte auf die andere Seite des Raums, ungefähr eins fünfzig von uns entfernt. In einer Ecke neben der Tür stand eine elektrische Kochplatte.

»Oh, das hier ist für Sie«, sagte ich und reichte Pete den schweren Beutel.

»Hühnchen!«, rief er. »Mein Lieblingsessen. Danke, Kumpel.«

In dem Raum war es stickig, denn er hatte keine Fenster, aber die Nylondecke ließ Licht herein. Pete zauberte irgendwoher ein zerknittertes Notizbuch und einen Stift und fragte uns, ob es uns etwas ausmachen würde, unsere Namen und Adressen aufzuschreiben.

»Irgendwann, wenn ich aus dieser Spelunke herauskomme, werde ich mir einen Rucksack auf den Rücken schnallen und all die großartigen Leute besuchen, die mich hier aufgesucht haben.«

Kevin öffnete das Notizbuch. »Sie haben ja den halben Staat Israel hier aufgelistet«, meinte er, während er die langen Reihen der Adressen betrachtete.

»Ja, die meisten meiner Besucher sind Israelis«, bestätigte Pete. »Sie haben so eine Art Buch, das einen Besuch bei mir empfiehlt. Und sie bringen mir alle immer Hühnchen mit.«

Pete begann uns zu erzählen, wie er in diesem Gefängnis gelandet war. Man hatte ihn dabei erwischt, wie er ein Kilo Kokain geschmuggelt hatte, und ihn daraufhin zu acht Jahren Gefängnis verurteilt. Nachdem er seine Geschichte erzählt hatte, schlug er einen Rundgang vor.

Wir gingen hinunter in den Hof. Es war ein übler Ort. Irgendwie ähnelte er dem türkischen Gefängnis in dem Film *Midnight Express.* Eine äußere und eine innere Mauer umgaben einen großen Hof. Das alte Gebäude war um den inneren Wall herum gebaut worden. Es gab weder Zellen noch Gitter. Das Ganze wirkte mehr wie ein Markt als wie ein Gefängnis. Die Gefangenen konnten herumlaufen, als wären sie in Freiheit. Verkäufer boten Früchte, Eis, Kuchen und andere Süßigkeiten an. Es gab sogar ein Restaurant, eine Billardhalle und ein Kino.

»Das gehört alles den Gefangenen«, erklärte Pete. »Wenn du genug Knete hast, kannst du ein Geschäft aufmachen und ziemlich gut hier leben. Einem der Gefangenen gehört das Restaurant, ein anderer hat einen Gemüsestand, und ein weiterer verkauft sogar Marihuana. Geld regiert alles hier. Man gibt einem hier noch nicht einmal eine Zelle oder einen Raum. Du musst dir einen kaufen. Als ich hierhergebracht wurde, habe ich am Anfang ein paar Nächte auf dem Badezimmerboden geschlafen, bis das Geld ankam, das meine Mutter mir aus Kanada geschickt hat. Dann habe ich diesen kleinen Raum gekauft und ihn zu meinem Zimmer gemacht.

Für das Essen muss man hier auch bezahlen. Und Kleider bekommt man hier auch nicht. Du musst dir welche kaufen. Den reichen Gefangenen geht es hier drin recht gut. Schaut dort hinten, auf den zweiten Stock. Dort lebt ein ziemlich wohlhabender politischer Gefangener. Er hat ein möbliertes Apartment. Mit Fernsehen und überhaupt allem, was ihr euch vorstellen könnt. Aber ihr werdet hier keine der wirklich großen Drogendealer finden, weil die nämlich erst gar nicht verhaftet werden. Sie lochen nur die kleinen Fische wie mich ein.«

Das Leben auf dem Hof spielte sich rund um das Wasserloch in der Mitte ab. Die Gefangenen wuschen dort ihre Wäsche und erfrischten sich, wenn es heiß wurde. Duschen kostete Geld. Ein Gefangener, der Erfrischungsgetränke verkaufte, kam vorbei. Ich bot Pete an, ihm eins zu kaufen. Er lehnte höflich ab.

»Kommt mit, und ich zeige euch den Slum des Gefängnisses«, schlug er vor. Dicht an einer Mauer waren ein paar Zellen, die aus Holz und Blech gemacht waren. Es waren kleine Zellen, die mehr wie Schweinekoben als wie menschliche Behausungen aussahen. Dort musste man leben, wenn man arm war, und es war kein erfreulicher Anblick.

»Als ich frisch hier ankam, machten sie gerade einen Aufstand. Das Militär übernahm die Macht. Die Rebellen durchbrachen die Gefängnismauern, und fast alle Insassen entkamen. Ich wurde bei meinem sprichwörtlichen Glück damals natürlich in dem Flügel festgehalten, in dem die Jungs saßen, die noch auf ihren Prozess warteten, und konnte nicht fliehen.«

Wir vervollständigten den Rundgang mit der Besichtigung von einigen anderen Zellen und dem Restaurant. Pete blieb stehen und schaute uns an.

»Ich bin so tief gesunken, wie ein Mann nur sinken kann«, sagte er. »Ich bin sogar schon so weit, dass ich euch um eine kleine Spende bitte. Ihr habt ja gesehen, wie die Dinge hier laufen, und meine arme Mutter hat nicht viel Geld. Ich weiß alles zu schätzen, was ihr mir geben könnt.«

»Du kannst dir dein Geld selbst verdienen, Pete«, sagte ich. »Wir werden dich gut bezahlen, wenn du etwas für uns machst.«

»Hm, verstehe. Wollt ihr ein bisschen Gras? Das ist sehr guter Stoff.«

»Nein, wir wollen etwas anderes. Eine Information. Wo können wir ein gutes Jagdgewehr kaufen?«

Pete sah uns ernst an. »Wenn ihr Jungs eine neue Revolution plant, schließt mich diesmal nicht aus.«

Wir lachten und verrieten ihm den wahren Grund, warum wir das Gewehr wollten.

Pete verließ uns und kam ein paar Minuten später mit einer Adresse wieder, die auf einen Fetzen Papier gekritzelt war.

»Ich weiß nichts davon. Denkt daran«, warnte er uns.

Kevin und ich griffen in unsere Brieftaschen und entlohnten Pete großzügig. »Danke, Jungs«, meinte der Kanadier. »Ich werde davon ins Kino gehen und mir heute Abend ein bisschen Gras leisten.«

Wir gingen alle zusammen zu dem libanesischen Waffenhändler, dessen Adresse Pete uns gegeben hatte. Er besaß eine Nudelfabrik und verkaufte nebenbei Waffen. Er zeigte uns eine brandneue, glänzende 12-Millimeter-Winchester. Karl prüfte sie eingehend und verhandelte lange über den Preis. Schließlich einigte er sich darauf, sechstausend Bolivianos zu zahlen. Wir kauften zwei Arten von Schrot, eine, die ein enges Muster schoss und mit der man größere Tiere jagen konnte, und eine, die weit streute, für die Jagd auf Vögel.

Als Nächstes machten wir in einem Hutgeschäft halt. Karl empfahl uns, breitkrempige Hüte zu kaufen, und verabschiedete sich dann. Eine sehr nette Bolivianerin lächelte uns geduldig an, obwohl wir jeder Dutzende von Hüten probierten, bis Kevin schließlich die Idee hatte, dass wir unterschiedliche Hüte tragen sollten. Das würde uns fotogener machen.

Als wir endlich den Laden verließen, sah ich aus wie ein Gangster aus den dreißiger Jahren. Ich trug einen steifen, hellen Filzhut, den ich keck über ein Auge heruntergezogen hatte. Marcus hatte sich für einen Sombrero entschieden, während Kevin mit seinem breitkrempigen Strohhut wie ein Kibbuznik aussah.

Kevin und Marcus kehrten ins »Rosario« zurück, und ich ging zur israelischen Botschaft, um sie von unserem geplanten Abenteuer zu unterrichten. Aber sie hatten zu viel zu tun, um sich um mich zu kümmern. Ich hinterließ eine Nachricht, auf der ich ausführlich die Strecke beschrieb, die wir nehmen würden, und die genauen Daten anführte, die Karl uns genannt hatte. Ich schrieb Kevins, Marcus' und Karls Namen zusammen mit ihrem Alter und ihren Adressen auf und schloss mit der Bitte, dass sie etwas unternehmen sollten, falls wir bis zum fünfzehnten Dezember nicht zurückgekehrt waren.

Die Sekretärin riet mir, die Nachricht im Register der israelischen Touristen zu hinterlassen, die Bolivien besuchten. Diese Nachricht war außerordentlich wichtig für mich. Auf diese Art fühlte ich mich sicher. Wenn mir etwas zustoßen sollte, würde mir die Botschaft zu Hilfe kommen. Doch das war ein Irrtum. Die Nachricht sollte verloren gehen und nie jemanden alarmieren.

Als ich in das Altersheim zurückkehrte, herrschte dort das übliche Treiben. Die Leute kochten, wuschen ihre Wäsche, machten Handarbeiten, um etwas Geld zu verdienen, und »Oma« schrie mit allen herum. Ich packte meine Sachen und verstaute sie in zwei Beuteln. Mit einer Sicherheitsnadel befestigte ich einen Zettel daran: »Eigentum von Yossi Ghinsberg. Ich werde am fünfzehnten Dezember zurückkehren.« Ich schob die Taschen unter ein Bett. Dann nahm ich meinen Rucksack. Er enthielt nur das Notwendigste, Dedes roten Poncho eingeschlossen. Er war seit unserem Ausflug in meinem Rucksack gewesen.

Obwohl ich erst in zwei Tagen abreisen würde, wollte ich mich schon jetzt verabschieden. Dann war ich wenigstens von allen Verpflichtungen befreit. Also ging ich früh am Abend los und sagte Lisette und ihrer Familie auf Wiedersehen. Sie waren nette Leute, und ich hatte sie während meines Aufenthalts in La Paz lieb gewonnen. Ihr Haus lag in der wohlhabendsten Gegend der Stadt. Ich hatte viele erfreuliche Abende dort verbracht, wundervoller bolivianischer Musik gelauscht, faszinierende Gespräche geführt und köstliches Essen genossen. Besonders zu ihrer Mutter hatte ich ein herzliches Verhältnis, und am Ende dieser Abende hatte mich ihr Vater jedes Mal in seinem schicken Wagen zu dem Altersheim zurückgefahren. Die Jungs dort machten sich über mich lustig und verspotteten mich wegen meines Glücks.

Lisette und ihre Eltern hörten sich meine Pläne für die Reise an und machten sich Sorgen.

»Das ist zu gefährlich, Yossi. Geh nicht. Bleib hier. Dort könnten dir schreckliche Dinge zustoßen.«

Ich versprach, vorsichtig zu sein. Ich ließ meine Papiere und mein restliches Geld, zweihundert Dollar in bar, bei ihnen.

»Wenn ich bis zum fünfzehnten Dezember nicht zurück bin, rufen Sie bitte die israelische Botschaft an und informieren Sie sie, dass Sie meine Papiere haben. Und bitten Sie die Angestellten, die Nachricht zu lesen, die ich im Register hinterlassen habe.«

Am nächsten Tag waren wir alle sehr beschäftigt. Wir kauften noch in letzter Minute ein paar Dinge ein, dann gingen Marcus und Kevin zu ihren Botschaften, um sie zu benachrichtigen. Sie packten ihre Habseligkeiten und deponierten sie bei einem kanadischen Freund. Ich legte meine Armbanduhr zu Kevins Sachen. Es war nicht nötig, sich im Dschungel nach Terminplänen und Daten zu richten, hatte Karl uns gesagt.

Die französischen Mädchen reisten an diesem Tag ab, und wir gingen rasch wieder zurück, um uns von ihnen zu verabschieden. Dede bat mich, ihr nach Frankreich zu schreiben und ihr alles über die Reise zu erzählen. Annicks Augen waren rot geweint. Sie hatte die ganze Nacht nicht geschlafen, denn sie war sehr in Marcus verliebt.

Wir gingen essen, kehrten aber früh zurück. Karl kam mit einem großen Gummisack vorbei.

»Das ist mein Rucksack«, sagte er. »Er ist besser als eure, weil er aus Gummi und deshalb wasserdicht ist.«

»Das ist doch lächerlich«, meinte Kevin. »Wie willst du ihn tragen?«

»Keine Sorge«, meinte Karl lächelnd. »Ich werde Riemen daran befestigen, und dann wird daraus ein großartiger Rucksack. Du wirst schon sehen.« Er war genauso aufgeregt wie wir anderen. Morgen war der große Tag.

Wir beschlossen, erst am Morgen endgültig zu packen. Kevin ging auf sein Zimmer, um zu schlafen. Ich blieb und verbrachte die

Nacht in Marcus' Zimmer. Er schrieb einen Brief nach Hause, und ich schrieb ebenfalls an meinen Bruder. In dem Brief erzählte ich ihm von unserer Reise in den Dschungel.

La Paz, 3. November 1981

Hallo Moischele,
Was gibt's Neues, großer Bruder? Ich weiß, dass ich eine ganze Weile nicht geschrieben habe, und hoffe, dass Du nicht verärgert bist. Aber die Wahrheit ist, dass es mir mehr Sorgen macht, dass ich in den ganzen drei Monaten keinen Brief von Dir oder Mom und Dad erhalten habe.
Diese Reise ist eine Erfahrung, die man nur einmal im Leben macht. Es ist etwas wirklich Besonderes, Außergewöhnliches. Was ich zu sagen versuche, ist, dass ich es anders mache als die normalen Jugendlichen, die mit dem Rucksack in Südamerika herumreisen; das gilt auch für die anderen Israelis. Die meisten von ihnen reisen von einer Touristenattraktion zur nächsten, von einem Museum zum anderen. Sie scheinen zu glauben, dass sie auf jeden Berg klettern müssen, den sie sehen, und dass sie jede Aussicht bewundern müssen. Ich habe ein paar Museen besucht, einige nette Orte besichtigt und bin auch auf ein paar Berge gestiegen. Die Berge sind wirklich beeindruckend. Man steigt und steigt, und hier in Südamerika ist alles so hoch, dass man unter Sauerstoffmangel zu leiden beginnt und glaubt, dass einem die Lungen platzen. Und dann schließlich, nach all dem, stehst Du auf dem Gipfel und blickst Dich um. Und mindestens fünf Minuten lang fühlst Du Dich, als wärst Du auf dem höchsten Punkt der Welt. Aber ich mach das lieber nur ein- oder zweimal im Monat, weil es sonst zur Routine wird.
Ich suche hier in Südamerika nach dem Außergewöhnlichen. Ich liebe das Ungewöhnliche. Mystische religiöse Zeremo-

nien, heidnische Riten, einheimische indianische Zaubereien. Ungewöhnliche Menschen, Orte, die ihre besondere Atmosphäre haben, neue Freunde und all solche Dinge. Es gibt ein paar ganz besondere Sachen hier, die ich probieren musste. Und erst kürzlich habe ich eine der fantastischsten Erfahrungen meines Lebens gemacht. Ich bin mit einer Französin auf einen Berg gestiegen, habe ein Stück Kaktus genommen und ihn zubereitet, um seinen Saft zu trinken. Das Mädchen hat nur wenig davon getrunken, und die Wirkung auf sie war nicht besonders stark. Aber ich habe viel davon genommen und war siebzehn Stunden lang high. Zum Schluss hatte ich Angst, dass ich nie wieder von dem Trip runterkommen würde.

Aber die Hauptsache, die ich Euch erzählen will, ist eine andere Reise, auf die ich morgen gehen werde. Ich will nicht, dass es so klingt, als würde ich überdramatisieren, aber es könnte sehr gefährlich werden. Vielleicht riskiere ich sogar mein Leben. Ich werde ungefähr vier bis sechs Wochen unterwegs sein, und ich werde in dieser Zeit nicht nach Hause schreiben. Denk Dir etwas aus, was Du Mom und Dad erzählen kannst, damit sie sich keine Sorgen machen. Ich werde morgen mit drei anderen Jungs einen Flug von La Paz nach Apolo nehmen.

– Kevin Gale, 29, Amerikaner.

– Marcus Stamm, 28, Schweizer.

– Karl Ruchprecter, ungefähr 35, Österreicher.

Der Amerikaner und der Schweizer sind sehr gute Freunde von mir. Der Österreicher ist ein Geologe. Er hat während der letzten neun Jahre hier in Bolivien gearbeitet und nach Edelmetallen wie Gold und Uran gesucht. Er begleitet uns als unser bezahlter Führer. Er hat einen Onkel mit einer Ranch in Bolivien. Der Name des Onkels ist Josef Ruchprecter, und seine Adresse ist Santa Rosa Ranch, El Progreso, Reyes Beni.

Von Apolo aus werden wir zu einem Dorf namens Asriamas am Río Tuichi marschieren ...
Ich habe vor, von Riberaita, dem letzten Ort auf unserer Route, nach La Paz zurückzufliegen und von dort mit dem Zug und mit Bussen zu Onkel Nello nach São Paulo zu fahren. Wenn ich bis Anfang Januar noch nicht zu Hause angerufen habe, ist mir etwas zugestoßen.
Ich bin sicher, dass alles klappen wird und dass es keinen Grund gibt, sich über irgendetwas Sorgen zu machen.
Ich klinge wohl etwas melodramatisch, aber ich wollte, dass Du die Einzelheiten kennst, sicherheitshalber. Erzähl Mom und Dad, dass ich für einen Monat zu einer kleinen Insel oder einem kleinen Dorf auf einem Berg gefahren bin. Versuch Dir etwas auszudenken, was sie nicht beunruhigt, weil ich überhaupt nicht mehr schreiben werde. Sag ihnen, dass Du einen Brief von mir bekommen hast, dass es mir gut geht und dass ich bald bei unserem Onkel sein werde.

Bis wir uns wiedersehen
Dein Bruder Yossi

5. Kapitel

Gold und Schweine

In Calle Illampu hielten wir ein Taxi an und verstauten unser Gepäck im Kofferraum und auf dem Dach. Das Taxi schlängelte sich durch den Verkehr und fuhr dann zum Flughafen. Nach zehnminütiger Fahrt waren wir da. Ich hatte ein seltsames Gefühl: Das war nicht nur ein Plan oder eine Geschichte, die man jemandem erzählte. Wir waren wirklich auf dem Weg.

Der Flug nach Apolo dauerte weniger als eine Stunde. Das Flugzeug war klein, und die Passagiere saßen Seite an Seite auf langen Bänken aus Segeltuch, die an den Wänden der Maschine entlangliefen. Mit dem Rücken lehnte man sich gegen straff gespannte Stoffstreifen. Das ganze Gepäck war im Heck des Flugzeuges zu einem Haufen aufgetürmt.

Die meisten anderen Passagiere waren Einwohner von Apolo. Die Männer hatten kurzes, stoppeliges Haar, und die Frauen hatten wie die Männer hohe Wangenknochen. Sie trugen ihr Haar in dicken schwarzen Zöpfen, die mit Garn zu schmuckvollen Quasten geflochten waren. Es war auch ein Europäer dabei, ein Priester in einer braunen Soutane.

Der Flug über die Anden war herrlich: Es gab schneebedeckte Gipfel und atemberaubende Panoramen. Ab und an gerieten wir in ein Luftloch. Dann verlor die Maschine mit einem Beben an Höhe und stabilisierte sich danach wieder. Immer wenn das geschah, wurden die Frauen hysterisch, schrien und bekreuzigten sich wie verrückt. Eine von ihnen, sie hatte dunkle Augen und sah verängstigt aus, packte die Hand des Priesters und ließ sie den Rest des Fluges nicht mehr los.

Dann änderte sich das Bild unter uns. Plötzlich blickten wir auf Flüsse herab, die sich durch den unermesslichen Dschungel schlängelten. Kurz darauf landeten wir in Apolo, und dann wurde mir schnell klar, warum diese Frau während des Flugs so hysterisch geworden war. In den Bäumen rechts und links neben der Landebahn hingen die zerbrochenen, verbrannten und rostigen Wracks früherer Flüge.

Wir warteten auf unsere Rucksäcke und waren bald unterwegs in die Stadt zusammen mit der Menge, die auf das Flugzeug gewartet hatte. Zwei Polizisten auf Motorrädern hielten uns an, um uns zu fragen, was wir uns hier machten. Als wir es ihnen mitteilten, sagten sie, dass wir uns auf der Polizeiwache registrieren lassen sollten.

»Unsinn«, meinte Karl, der ihnen abfällig hinterherwinkte, nachdem sie weitergefahren waren. »Das ist nur eine unnötige Verschwendung von Farbband.«

Wir gingen weiter. Karl ging vorweg, Kevin und ich waren direkt hinter ihm, und Marcus bildete die Nachhut. Ich konnte ihn leise singen hören.

Freight train, freight train, run so fast,
Freight train, freight train, run so fast,
Please don't tell what train I'm on,
So they won't know where I've gone.

Die Hitze war drückend, und wir stiegen eine steile Anhöhe hinauf. Karl hatte sich seinen Gummibeutel mit zwei Stoffbändern auf den Rücken gebunden, aber wir konnten alle sehen, dass die Riemen ungemütlich in seine Schultern schnitten. Wir kamen nur langsam voran, machten häufig halt, um uns zu erholen, und verschwendeten unseren Atem nicht mit Reden. Wir hatten kein Wasser dabei, also waren wir froh, als wir zu einer kleinen Ranch kamen, wo man uns *Chicha* gab. Das ist ein gesüßtes, fermentiertes Getränk aus Korn oder Yucca. Wir tranken es gierig.

Am späten Nachmittag erreichten wir ein flaches, bewaldetes Gebiet. Wir kamen jetzt leichter voran. Wir hatten gehofft, dass wir eine Ranch finden würden, wo wir unsere erste Nacht verbringen konnten, aber da es schon dunkel geworden war, entschieden wir uns, an Ort und Stelle ein Zeltlager aufzuschlagen. Marcus holte das Zelt heraus, aber Karl zog es vor, einen Schutz aus Nylonplanen zu improvisieren. Er schnitt ein paar dicke, gerade Bambusstämme ab und entfernte ihre blättrigen Spitzen mit ein paar Schlägen der Machete. Er band zwei Stämme zu einem asymmetrischen X zusammen. Der untere Teil stand doppelt so weit auseinander wie die Spitzen. Dasselbe machte er mit einem zweiten Paar Stäbe und rammte die unteren Enden in die weiche Erde. Zwischen die beiden Stützen legte er einen langen Stab, den er sorgfältig festband. Jedes Ende stützte er mit einem dritten Stab, den er in der Kreuzung der beiden Stützen befestigte, und steckte das untere Ende fest in den Boden. Er band das alles mit *Panchos* zusammen, das sind die Fasern zwischen der Schale eines Baums und seinem Holz. Balsabäume lieferten gute, feste *Panchos*, obwohl auch Kletterwein, den es überall im Überfluss gab, überraschend widerstandsfähig ist. Man kann ihn in mehrere Knoten binden, ohne dass er bricht. Dann legte Karl die Nylonplanen über die Bambusstöcke, zog die Enden fest herunter und beschwerte sie mit schweren Steinen. Den Boden des Zeltes legte er mit einer dicken Blätterschicht aus, damit wir gegen die Kälte und die Feuchtigkeit geschützt waren.

Wir machten ein kleines Feuer, setzten uns darum herum und bereiteten mit Quellwasser Reis und Tee zu. Das Essen machte zwar nicht satt, aber Karl sagte uns, dass wir uns keine Sorgen zu machen brauchten. Hier gab es zwar noch nicht viel Wild, weil wir zu dicht an besiedelten Gebieten waren, aber er versprach uns, dass wir so viel Fleisch bekommen würden, wie wir essen konnten, wenn wir erst Asriamas hinter uns gelassen hätten.

Nachts ist der Lärm im Dschungel unglaublich. Es gab Momente, in denen es schien, als wären wir im Zentrum eines Industriegebietes. Karl erklärte uns, dass das nichts weiter als Insekten und Vögel waren. Wir waren alle erschöpft, vor allem der arme Kevin. Ich hätte seinen Rucksack mit der Kameraausrüstung noch nicht einmal anheben können. Deshalb legten wir uns alle hin und schliefen bald ein.

Mitten in der Nacht wurde ich von einem schrecklichen Schrei geweckt. Es war Marcus. Kevin war aufgestanden, um sich zu erleichtern, und als er über Marcus gestiegen war, war der schreiend aufgewacht. Er hatte geglaubt, er würde von einem wilden Tier angegriffen. Karl lachte, und wir legten uns wieder hin, um weiterzuschlafen.

Bevor wir am nächsten Morgen aufbrachen, teilten wir das Gepäck gerechter unter uns auf. Kevin bestand aber trotzdem darauf, mehr als seinen Teil zu tragen.

Nach einem leichten zweistündigen Marsch kamen wir an eine Ranch. Der Besitzer und seine Frau begrüßten uns gastfreundlich, ließen uns an einem hölzernen Tisch im Garten Platz nehmen und brachten uns Papayas und *Mocachinchi*, ein Getränk aus Zuckerrohr und Zitrone. Wir ruhten uns eine Weile aus und brachen dann wieder auf, nachdem wir uns höflich bei unseren Gastgebern bedankt hatten.

Gegen Mittag erreichten wir eine weitere Ranch. Während Karl die Vorbereitungen für den Lunch mit dem Rancher besprach, schaute ich mich ein wenig auf dem Hof um. Ich ging an Obstbäumen vorbei, sah Hühner, einige Schweine und ein paar hagere Hunde, die im Schatten dösten. Sie waren sogar zu faul, um die Anwesenheit eines Fremden zur Kenntnis zu nehmen.

Durch die geöffnete Tür des Kochhauses konnte ich die Frau des Ranchers und ihre Tochter sehen, die gerade ein Huhn schlachten wollten. Der arme Vogel lag auf dem Boden, den Hals unter einem Besenstiel eingeklemmt, und schlug hilflos mit den Flügeln. Die Frau bemerkte mich, errötete und floh in den hinteren Teil der

Hütte. Das Huhn ergriff kreischend die Chance zur Flucht. Ich ging amüsiert weiter.

Zum Lunch wurden uns eine schmackhafte Suppe und – trotz allem – das unglückliche Hühnchen serviert, zusammen mit gekochtem Reis. Während wir aßen, scharten sich die Hunde um uns und bettelten um Abfälle. »*Que flaca*, wie dünn!«, bemerkte Karl verwundert über einen dürren Köter, der einem Deutschen Schäferhund ähnelte. Die Hündin bestand nur aus Knochen und verfilztem Fell und schaute uns mit trüben, leblosen Augen an.

»Was haltet ihr davon, wenn wir den Hund kaufen?«, meinte Karl.

»Was? Bist du übergeschnappt?«, rief Kevin. »Was sollen wir mit dieser räudigen Töle anfangen?«

»Das darfst du nicht so sehen«, erwiderte Karl. »Du weißt nicht, wie wichtig ein Hund im Dschungel sein kann.« Dann erzählte er uns eine Geschichte, die er noch mindestens ein Dutzend Mal wiederholen sollte. »Ich bin einmal allein nur mit einem Hund durch den Dschungel gewandert. Nach drei Tagen tauchte ein Jaguar auf, der mich gerade anspringen wollte, doch der Hund sah ihn und bellte warnend. Der Jaguar kam näher, aber der treue Hund stürzte sich auf ihn und versuchte, ihn zu vertreiben. Ich habe ihn nicht mehr wiedergesehen, sondern nur noch das Bellen und Fauchen gehört.« Karl begann, die Kampfgeräusche zwischen dem Hund und einem Jaguar nachzumachen. Es endete mit den Todesschreien des Hundes, der von dem Jaguar gefressen wurde.

Wir fragten ihn, ob die Moral von der Geschichte war, dass wir den Hund als Köder für einen Jaguar mitnehmen sollten.

»Lacht nicht«, meinte Karl. »Sie kann mit uns kommen und von dem frischen Wild essen, das wir bald erlegen werden. Sie wird kräftiger werden und sich in eine wunderschöne, lebhafte Hündin verwandeln.« Und als wollte er seine Einschätzung beweisen, begann er, »Flaca« Knochen zuzuwerfen. Ärgerlich vertrieb er einen anderen Hund, der einige der Knochen wegschnappen wollte, und tatsächlich wurde die Hündin auch ein wenig munterer.

Es war nicht besonders schwierig, den Rancher dazu zu bringen, uns die Hündin zu verkaufen. Karl befestigte ein Seil an ihrem Hals. »Nein, nein, du wirst nicht nach Hause zurücklaufen«, sagte er zu ihr. »Ich werde sie ein paar Tage an der Leine führen, bis sie sich an mich gewöhnt hat, dann wird sie uns von allein folgen.«

Kevin machte ein paar Fotos von dem neuesten Mitglied unserer Crew, und dann brachen wir wieder auf.

Der verdammte Hund hielt uns schrecklich auf. Sie weigerte sich, schneller zu gehen, legte sich zwischendurch immer wieder hin und rührte sich nicht von der Stelle. Karl versuchte alles. Erst redete er ihr gut zu und versprach ihr, dass alles besser würde. Dann verfluchte er sie, bedrohte sie und schlug sie mit einem dünnen Zweig.

Wir hatten noch ein gutes Stück zu klettern, und der Hund war entschlossen, sich keinen Zentimeter mehr zu bewegen. Karl zerrte sie rücksichtslos über jede Wurzel, jeden trockenen Ast oder Stein in seinem Weg, bis Kevin das arme Tier schließlich leidtat. Er band sie los, hob sie hoch und legte sie sich über die Schultern. Ihre Beine hingen rechts und links von seinem Nacken herunter, als trüge er ein Lamm. Er schleppte sie zusätzlich zu dem Gewicht der Ausrüstung, das er ohnehin schon tragen musste.

Der Weg abwärts war genauso steil wie der Weg hinauf. Wir mussten darauf achten, dass wir nicht ausrutschten und mit unseren unhandlichen Rucksäcken stürzten. Nur Karl stürmte vorwärts, zog Flaca hinter sich her und redete laut mit ihr. Plötzlich hatten Kevin, Marcus und ich ihn aus den Augen verloren. Marcus bekam Angst. Er wollte, dass wir gleichzeitig laut nach ihm riefen, damit Karl uns hörte und wartete.

»Was macht das für einen Unterschied?«, wollte Kevin wissen. »Wir gehen sowieso alle in die gleiche Richtung. Früher oder später werden wir ihn wieder einholen.«

Marcus sagte nichts, aber er konnte nicht verbergen, wie besorgt er war. Ungefähr eine halbe Stunde später kamen wir an eine Weggabelung. Eine Richtung schien die direkte Fortsetzung des Weges zu sein, auf dem wir gingen, und der andere bog zur Seite ab. Kevin ging entschlossen in der Hauptrichtung weiter.

»Warte!«, rief Marcus. »Woher weißt du, dass das der richtige Weg ist? Er könnte auch den anderen Weg genommen haben.«

»Reg dich nicht so auf, Marcus. Das hier ist offensichtlich der richtige Weg. Wenn Karl abgebogen wäre, hätte er gewartet, um es uns zu sagen. Komm, lass uns weitergehen.«

»Nein«, beharrte Marcus zitternd. »Lasst uns hier warten und rufen, bis er zurückkommt. Es könnte wirklich sehr gefährlich sein, wenn wir ihn verlieren. Wir könnten uns alle hier in diesem Dschungel verirren.«

»Marcus, warum drehst du dich nicht einfach um und gehst zurück?«, fragte Kevin gereizt.

»Was meinst du damit?«, wollte Marcus wissen. »Wohin zurückgehen?«

»Das hier macht dir doch offensichtlich keinen Spaß. Du bist nicht dafür geschaffen. Warum vergisst du es nicht einfach und gehst in die Stadt zurück? Es ist noch nicht zu spät. Auf dem Rückweg gibt es viele Ranches. Du könntest sogar einen Esel mieten und es bis morgen nach Apolo zurück schaffen.«

»Scheiße!« Marcus kochte. »Natürlich macht es mir Spaß. Für wen hältst du dich eigentlich? Woher willst du wissen, ob es mir gefällt oder nicht?«

»Okay, vergiss es! Vergiss es einfach«, beendete Kevin das Thema und ging weiter.

Wir folgten ihm schweigend. Die Stimmung war angespannt. Nach einer Weile erblickten wir Karl und Flaca. Sie ruhten sich aus und saßen neben einem kleinen Flusslauf.

»Seht mal, was ich gefunden habe!«, rief Karl und winkte uns zu.

Er hielt einen großen Frosch in der Hand. Ich hätte nie geglaubt, dass Frösche so groß werden können. Er muss mindestens vier Pfund gewogen haben.

»Sie schmecken wie Hühnchen«, erklärte Karl. »Ich esse sie manchmal, aber diesmal lasse ich Flaca das Vergnügen.«

Er häutete den Frosch ab und warf Flaca ein Stück Fleisch hin. Zu unserer Verblüffung wollte der Hund nichts damit zu tun haben. Alle Ermunterungen und Bitten von Karl halfen nichts. Flaca war einfach nicht interessiert.

Nach ein paar Stunden mühsamen Marsches kamen wir an einen breiten Fluss.

»Großartig«, sagte Karl glücklich. »Das ist der Río Machariapo. Jetzt ist es nicht mehr weit.«

Der Fluss war tief. Das Wasser reichte mir bis zur Brust. Wir hatten unsere Schuhe um den Hals gehängt. Karl hatte ein paar dicke Äste von den Bäumen geschnitten und zeigte uns, wie wir den Strom durchwaten konnten, indem wir die Stöcke in den steinigen Boden steckten, um uns gegen die Strömung abzustützen. Kevin ging als Erster, und Karl folgte hinter ihm. Er hatte den Stock in der einen und Flacas Leine in der anderen Hand. Der Hund paddelte schwächlich im Wasser und versuchte, seinen Kopf über Wasser zu halten. Marcus und ich waren die Letzten, die den Fluss überqueren mussten. Wir schwankten ziemlich und hätten fast das Gleichgewicht verloren, aber schließlich erreichten auch wir das andere Ufer.

Karl schlug vor, ein Lager aufzuschlagen. Wir waren so müde, dass wir bereitwillig zustimmten. Erneut errichteten wir ein Zelt aus Bambusstäben und Nylonbahnen. Karl begann das Abendessen zuzubereiten, und wir anderen zogen uns aus und liefen zum Fluss zurück.

Wir planschten im kühlen Wasser herum, ließen uns mit der Strömung treiben und schwammen dann gegen sie an. Marcus hatte Seife mitgebracht, und wir reichten sie herum.

Am nächsten Morgen hatten wir unsere Rucksäcke geschultert und waren guter Dinge. Wir waren gerade losgegangen, als wir auf zwei *Campesinos* trafen, die einen großen weißen Bullen an einem Seil mit sich führten, das sie ihm um die Hörner gebunden hatten. Wir wollten von ihnen erfahren, wie weit es noch bis Asriamas war, aber wir verstanden kein Wort ihres Spanischs. Eine Weile später traten wir aus dem Dschungel heraus auf eine große Grasfläche, die mit Stacheldraht eingezäunt war. Es wirkte ein bisschen wie das Paradies. Der Fluss floss mittendurch, und Kühe grasten zufrieden darauf. Auf der anderen Seite des Zauns konnte ich Papayabäume sehen. Ohne eine Sekunde nachzudenken, kroch ich unter dem Zaun durch, schüttelte einen der Bäume kräftig und kam mit vier reifen Früchten wieder zurück. In den letzten beiden Tagen hatten wir kaum eine anständige Mahlzeit am Tag gehabt. Die saftigen Früchte waren eine wahre Freude.

Wir fanden bald das Tor der Ranch und gingen hinein. Die Siedlung bestand aus verschiedenen Lehmhütten und einem zweistöckigen Steinhaus. Die Menschen, die wir sahen, beachteten uns überhaupt nicht. Als wir jedoch näher kamen, zogen die Frauen die Kinder in die Hütten. Wir wurden mit neugierigen Blicken betrachtet. Ein einzelner Mann näherte sich uns lächelnd. Er streckte lebhaft eine Hand aus und bedeutete uns durch Gesten, dass er eine Zigarette wollte. Er trug einen mitgenommenen schwarzen Hut, und seine Kleidung war immer wieder geflickt worden. Seine Finger waren schmutzverkrustet. Er war kleinwüchsig, und seine Gesichtszüge machten deutlich, dass er geistig zurückgeblieben war.

»*Esclavos*, Sklaven«, murmelte Karl finster.

Eine junge Frau kam aus dem Steinhaus. Sie war zwar einfach gekleidet, trug aber keine Lumpen.

»*Hola, Gringos*«, begrüßte sie uns. »Sucht ihr nach Gold?«

Sie hörte zu, während Karl ihr erklärte, wohin wir wollten, und schüttelte dann zweifelnd den Kopf. Dann schenkte sie uns ein wenig *Chicha* ein und erklärte, dass sie mit dem Vormann der Ranch verheiratet war. Ihr Ehemann war für ein paar Tage nach Apolo gefahren und hatte sie hier allein zurückgelassen.

Karl fragte sie nach der Richtung zu Don Cuancas Ranch, und sie antwortete, dass sie nicht weit entfernt war. Sie rief einen Namen, und ein Junge erschien wie aus dem Nichts.

»Er wird euch den Weg zeigen«, sagte sie und gab ihm einen Befehl auf Quechua.

Der Junge hielt den Blick auf den Boden gerichtet und führte uns. Wir folgten ihm auf einem Pfad den Fluss entlang.

»Was ist das hier für eine Geschichte, Karl?«, wollte Kevin wissen.

»Auch wenn es schwer zu glauben ist, diese Menschen sind Sklaven«, erklärte Karl.

»Sklaven?«, fragte ich skeptisch.

»Nun, man kann sie vielleicht nicht so nennen, aber eigentlich sind es Sklaven. Sie werden nicht bezahlt. Und man behandelt sie grob. Sie haben keinen Platz, wo sie sonst hingehen könnten.«

»Und was ist mit der Regierung? Hilft sie ihnen nicht?«, wollte Marcus wissen.

»Die Regierung?« Karl lachte. »Die Regierung, lächerlich! Diese Generäle sind einige Jahre lang an der Macht, machen ein Vermögen mit dem Drogenhandel, und wenn sie Millionäre sind, ziehen sie sich zurück. Andere miese Generäle übernehmen die Macht, und die Geschichte beginnt wieder von vorn. Glaubt ihr wirklich, dass sie sich auch nur im Geringsten für ein paar elende Indianer interessieren?«

Wir kamen zu einer ebenen Fläche und einer Herde von mindestens dreißig Pferden. Ein Mann stand dicht daneben. Der Junge ging zu ihm. Karl rief ihm nach und wollte wissen, welchen Weg wir gehen sollten. Dabei zeigte er in die Richtung, von der er annahm, dass es die richtige war. Der Junge nickte nur, ohne zu uns zurückzuschauen. Wir verließen ihn und gingen weiter.

Nachdem wir zwei weitere Stunden gegangen waren und Flaca hinter uns hergezerrt hatten, kamen wir zu einer Ranch. Auch sie bestand aus Lehmhütten und einem Steinhaus, genau wie die andere. Noch mehr Gras und weidende Kühe. Es wirkte alles sehr ähnlich und doch anders.

Wir hatten den Hof noch nicht betreten, als wir auf einen kleinen Mann trafen, der in Lumpen gekleidet war, seine Hand ausstreckte und um eine Zigarette bat. Er war recht lebhaft: Zur Hölle! Es war derselbe Kleinwüchsige. Konnte er nach uns losgegangen und dennoch vor uns hier angekommen sein?

Die junge Frau kam erneut aus dem zweistöckigen Gebäude. Wir schauten Karl an. Wir hatten uns zwei Stunden lang vergebens abgemüht, waren im Kreis gegangen und zu derselben Ranch zurückgekommen, nur dass wir sie diesmal durch ein anderes Tor betreten hatten.

Die *Señora* lachte amüsiert auf. Sie bot uns an, die Nacht auf der Ranch zu verbringen, und lud uns sogar zum Abendessen ein. Sie zeigte uns ein Zimmer mit zwei wackeligen Betten. Wir stimmten überein, dass Karl eins nehmen sollte, weil er der Älteste war. Um das andere losten wir. Marcus gewann.

Bei Kerzenlicht aßen wir in dem dunklen Kochhaus Hühnchen, Reis und gebratene Kartoffeln. Der verfluchte Junge schaute die ganze Zeit, während wir aßen, durchs Fenster. Er lachte nicht, sondern betrachtete uns nur.

Als wir das Kochhaus verließen, trafen wir den Vater des Jungen. Es war der Mann, der die Pferde auf der Weide hatte grasen lassen. Er wartete auf uns. Er wollte jemandem von seinen Schwierigkeiten erzählen. Er schaute sich wachsam um, als fürchtete er, dass die *Señora* ihn belauschen könnte.

»Schauen Sie mich an«, sagte er. »Ich weiß nicht einmal, wie alt ich bin. Als ich jung war, brachte der *Señor* mich hierher. Er versprach, mich zu bezahlen und mir ein eigenes Stück Land zu geben. Sehen Sie nur meine Kleidung an«, fuhr er fort und deutete auf die Lumpen, die er am Körper trug. »Ich kann mich nicht einmal daran erinnern, wie lange ich sie schon trage. Ich habe keine andern. Ich lebe mit meiner Frau und zwei Söhnen in diesem Schmutz. Sie arbeiten alle für den *Señor*, wie ich. Sie gehen nicht zur Schule. Sie können weder lesen noch schreiben, sie sprechen nicht einmal Spanisch. Wir arbeiten für den Herrn, bewachen seine Rinder und arbeiten auf den Feldern. Wir bekommen nur Reis und Bananen zu essen. Keiner kümmert sich um uns, wenn wir krank sind. Die Frauen bekommen ihre Kinder in diesen schmutzigen Hütten.«

»Warum essen Sie kein Fleisch oder melken wenigstens die Kühe?«, fragte ich.

»Es ist uns nicht erlaubt, eine Kuh zu schlachten. Und die Milch bekommen die Kälber. Wir dürfen noch nicht einmal Hühnchen oder Schweinefleisch essen. Nur, wenn ein Tier krank wird und stirbt. Ich habe einmal ein Schwein in meinem Garten großgezogen«, fuhr er fort. »Sie hatte drei Junge bekommen. Als der *Señor* zurückgekommen ist, hat er dem Vormann befohlen, sie zu erschießen. Das war das einzige Mal, dass wir gutes Fleisch gegessen haben. Es macht mir nichts aus, für den *Señor* zu arbeiten, aber ich will, dass er sein Versprechen hält. Ich möchte ein Stück Land für mich selbst haben, damit ich Reis und Yucca anbauen und ein paar Hühner oder Schweine halten kann. Das ist alles.«

»Bezahlt er Ihnen denn nichts?«, fragte Kevin.

»Er sagt, dass er uns bezahlt, aber er kauft von unserem Geld unser Essen. Wir bekommen niemals Bargeld. Liebe Herren, vielleicht könnten Sie mir helfen, den Herrn zu überreden. Ich will nichts weiter als ein kleines Fleckchen Erde. Und der Herr hat Land, so viel Land.«

Wir waren schockiert. Marcus nahm ein Notizbuch und seinen Stift heraus. »Wie heißt der Mann?« Er schrieb den Namen auf. Der Mann kannte jedoch die Adresse nicht. Er wusste nur, dass der *Señor* in La Paz lebte.

Marcus war außer sich. »Wenn ich den Besitzer der Ranch ausfindig mache, dann werde ich ihm ins Gesicht spucken! Was für ein mieser Schuft! Ich meine, das ist doch wirklich unglaublich!«

»So sind die Dinge eben«, sagte Karl. »Es ist traurig, aber wir können nichts dagegen tun.«

»Ich werde mir die Adresse des Besitzers von der *Señora* geben lassen«, sagte Marcus.

»Lass das lieber, das wird ihr gar nicht gefallen. Außerdem wird sie dir die Adresse niemals geben.«

»Wisst ihr«, sagte Karl, »als ich mein Diplom in Agrarwissenschaft gemacht habe ...«

»Agrarwissenschaft?«, fragte ich verwirrt. »Ich dachte, du hättest gesagt, dass du Geologie studiert hast.«

»Nun, eigentlich nicht. Ich habe mein Examen in Agrarwissenschaft gemacht, aber ich habe hier einige Jahre bei einem berühmten Geologen gearbeitet. Ich habe von ihm Geologie gelernt. Aber das ist nicht wichtig«, meinte er und schwelgte weiter in Erinnerungen. »Als Student war ich ziemlich radikal, ein Kommunist. Die Partei hat mich zu einem zweimonatigen Besuch nach Russland geschickt. Das war eine große Enttäuschung, und ich wandte mich vom Kommunismus ab. Ich habe mich daraufhin einer anderen Bewegung angeschlossen, die noch radikaler war. Es klang sehr gut – sehr idealistisch und anspruchsvoll –, aber meine Freunde sind Terroristen geworden. Einige von ihnen werden jetzt international gesucht. Das war nichts für mich. Das ist nicht der Weg, seine Ideale zu verwirklichen. Glücklicherweise bin ich noch rechtzeitig ausgestiegen.

Ich habe ein Stipendium bekommen«, fuhr er fort, »um mein Examen in einem tropischen Klima zu beenden, und wurde nach Brasilien geschickt. So bin ich nach Südamerika gekommen, und seitdem lebe ich im Dschungel. Ich habe jeden Zentimeter dieses Kontinents bereist«, erzählte er. »Ich habe Armut, Ungerechtigkeit, Korruption und die ausbeuterischen Regimes gesehen. Ich habe mich gefragt, wie man die Welt ändern könnte. Kommunismus ist nicht die Antwort. Und auch keine gewaltsame Revolution. Ich habe viel über diese Sache nachgedacht und bin bei einer neuen sozialen

Theorie angekommen. Der einzige Weg, die Probleme der Welt zu ändern, ist mathematische Kosmopolitik.«

»Was meinst du damit, Karl?«, wollte Marcus wissen.

»Sieh dir die Welt doch an. Die ganzen Probleme würden über Nacht verschwinden, wenn es die Politiker nicht gäbe. Es gibt genug Essen überall, genug Land, genug Ressourcen. Warum bekämpfen die Menschen sich gegenseitig? Nur wegen der Politiker. Die kümmern sich nicht um die Menschen, sondern sind nur hinter Geld und Macht her.

Die Welt ist technologisch sehr weit fortgeschritten. Warum sollen egoistische Politiker die Kontrolle haben und alle wichtigen Entscheidungen treffen? Überlassen wir doch den Computern die Verantwortung. Dann wären die Minister der Regierungen nichts anderes als Programmierer und würden Daten ohne Egotrip entwickeln. Es gäbe keinen dummen Stolz, keinen Neid und kein übersteigertes Nationalgefühl. Alles würde im Interesse des Gemeinwohls geschehen.«

Wir verbargen unser nachsichtiges Lächeln, während er seine naive Theorie entfaltete, aber Karl selbst war ungeheuer begeistert.

»Natürlich ist dieser Plan schwierig umzusetzen, also ist es wohl am ratsamsten, wenn sich eine Nation als Erste revolutioniert. Dann werden die Nachbarstaaten schon folgen, bis auch die übrige Welt das neue System angenommen hat. Ein Zentralcomputer wird die gesamte Welt kontrollieren, und das ist dann mathematische Kosmopolitik.«

Kurz darauf legten Marcus und Karl sich wie zwei ordentliche Durchschnittsbürger in ihre weichen Federbetten schlafen. Kevin und ich blieben noch auf und redeten.

Wir verließen die Ranch am nächsten Morgen mit gemischten Gefühlen, nachdem wir der *Señora* Lebewohl gesagt hatten. In einiger Entfernung konnten wir die Leute auf den Feldern arbeiten sehen. Erneut kamen wir an einer Herde scheuer Pferde vorbei. Wir waren entschlossen, diesmal nicht im Kreis zu gehen. Karl schlug einen anderen Weg ein.

Flaca hielt den ganzen Morgen ein vernünftiges Tempo bei. Am Abend vorher hatte sie alle Hühnchenknochen und eine große Portion Reis bekommen. »Was habe ich euch gesagt?« Karl strahlte vor Stolz.

Wir erreichten Don Cuancas Ranch wenige Stunden später. Sie bestand auch aus einem zweistöckigen Gebäude aus Backstein und Holz, aber hier standen nur zwei Lehmhütten daneben. Eine Sau und ihr Ferkel wälzten sich in einer Schlammpfütze. Und auch hier wurden wir wieder von einem behindert aussehenden Kleinwüchsigen begrüßt. Zuerst waren wir verblüfft, doch nein, es war nicht derselbe.

Don Cuanca kam selbst, um uns zu begrüßen. Er und Karl waren Freunde. Sie schüttelten sich herzlich die Hand, und Karl stellte uns vor.

Wir setzten uns alle an einen groben Holztisch. Der Behinderte brachte uns Kaffee, eine große Schüssel gekochten Yucca und eine kleine Schüssel mit Salz. Wir tunkten den Yucca in das Salz und aßen hungrig. Nach einer kurzen Pause führte uns Don Cuanca über die Ranch. Sie war schlimm vernachlässigt. Das meiste Land war von Unkraut und Brombeersträuchern überwuchert, und die Felder waren unbestellt.

»Ich bin zu alt. Ich habe nicht mehr die Kraft, eine Ranch zu führen«, sagte er. »Wenn einer von euch gern hierbleiben würde, würde ich ihn zu meinem Partner machen, wenn er mir hilft. Ich sage euch, dieser Ort hier könnte aufblühen wie der Himmel auf Erden.«

Er führte uns zu dem Tor auf der anderen Seite der Ranch. »Ihr werdet gegen Abend in Asriamas ankommen. Denkt darüber nach. Vielleicht hat einer von euch ja Lust, sich hier bei mir niederzulassen, wenn ihr von eurem Ausflug zurückkommt. Fürs Erste auf Wiedersehen.«

Es war der vierte Tag unserer Wanderung, und unsere schweren Rucksäcke schienen endlich den richtigen Platz auf unseren Rücken gefunden zu haben. Obwohl wir jetzt an unsere Last gewöhnt waren, waren wir müde und beeilten uns, Asriamas zu erreichen.

Wir überquerten einige Hügel im Dschungel und hörten das schwache Geräusch von fließendem Wasser.

»Hört!«, rief Karl fröhlich. »Das ist der Tuichi.«

Wir gingen rasch weiter, bis wir ans Flussufer kamen. Es war ein verblüffender Anblick. Der Fluss war breit, mindestens hundert Meter. Das Wasser war klar und ruhig, und die Strömung war sanft.

Auf der anderen Seite konnten wir strohgedeckte Dächer sehen. Bald würden wir da sein.

»Wie kommen wir über den Fluss, Karl?«, fragte ich.

»Seht ihr die hölzernen Plattformen auf der anderen Seite? Das sind Balsaholzflöße. Wir werden bald jemanden sehen und rufen, damit er uns hinüberbringt.«

Wir warteten ungefähr eine halbe Stunde.

»Vielleicht sollten wir einen Schuss abfeuern«, schlug Karl vor. »Irgendjemand wird ihn bestimmt hören.«

Das Gewehr hing an seinem Riemen über meiner Schulter. Ich feuerte lässig, den Griff des Gewehrs auf die Hüfte gestützt. Der Rückschlag war unglaublich und der Knall ohrenbetäubend. Es war das erste Mal, dass ich ein Jagdgewehr abgefeuert hatte. Ich rieb mir die Seite, die von dem mächtigen Rückschlag der Waffe schmerzte.

Karl lachte. »Du hast gerade dein Image von dem großen, harten Israeli zerstört«, meinte er.

Da keiner den Schuss gehört zu haben schien, verlor Kevin die Geduld und beschloss, ans andere Ufer zu schwimmen. Er schwamm mit kräftigen Zügen, aber die Unterströmung war stark, sodass er nicht gerade herüberschwimmen konnte, sondern ein Stück flussabwärts ans andere Ufer kam. Er verschwand in Richtung der Strohhütten und tauchte ein paar Minuten später wieder auf, umgeben von schwarzhaarigen Köpfen. Aus der Entfernung war das ein komisches Bild. Ein blonder Hüne, umgeben von einer Traube kleiner, dunkelhaariger Menschen.

Im Nu waren sie herübergerudert und transportierten uns zusammen mit unserer Ausrüstung und dem Hund ans andere Ufer. Dort wartete schon eine große Menge neugierig auf unsere Ankunft. Ihr Auftreten war ganz anders als das der Menschen, die wir auf den Ranches getroffen hatten. Die hier sahen gesund, stark und widerstandsfähig aus.

Ein kleiner Bach leitete Wasser in das Dorf. Wir zogen alle vier unsere Schuhe aus, um ihn zu überqueren. Als wir die andere Seite erreicht hatten, brachen die Eingeborenen, die uns beobachtet hatten, in Gelächter aus.

Was fanden sie so komisch? Sie starrten auf die andere Seite des Bachs. Ich drehte mich um und schaute zurück. Das Jagdgewehr lag dort auf den Kieselsteinen. Ich hatte es abgelegt, während ich mir die Schuhe ausgezogen hatte, und es dann vergessen.

»Was für eine Art Soldat bist du eigentlich, Yossi?«, neckte Karl mich erneut. Er wandte sich an die Gruppe Jugendlicher und sagte: »Fünf Pesos für den, der das Gewehr holt.« Ein kleiner Junge war schneller als alle anderen, kam mit dem Gewehr zurück und kassierte seine Belohnung.

Die Leute waren sehr freundlich. Sie kamen zu uns und redeten mit uns. Die Frauen und Kinder beobachteten uns neugierig, aber ohne Angst im Blick. Sie hatten keinen Zweifel daran, dass wir gekommen waren, um nach Gold zu schürfen.

Nachdem sie uns süße Bananen und reife Papayas angeboten hatten, fragte Karl, ob sein Freund Don Jorge immer noch in dem Dorf lebte. Der Bruder des Mannes war in der Menge, und er führte uns direkt ans Ufer des Tuichi zu Don Jorges Hütte.

Asriamas ist eine kleine, relativ neue Ansiedlung. Ungefähr zehn Jahre zuvor hatte die Regierung das Land den *Campesinos* von Altiplano zugewiesen. Sie waren in den Dschungel gegangen und hatten mit großem Aufwand Pfade durch das Dickicht geschnitten, Felder gerodet, Hütten gebaut und Bananenwälder hochgezogen. Sie hatten Vieh, Schafe und Pferde hergebracht, Gemüse gepflanzt und große Reisfelder angelegt. Don Jorges Familie war die älteste und wohlhabendste unter den Familien hier in Asriamas. Seine Familie genoss den Status von Gründervätern.

Nachdem wir ungefähr eine Stunde am Tuichi entlanggegangen waren, kamen wir zu einer ausgedehnten Lichtung im Dschungel, auf der grünes Gras wuchs. Papayabäume, schwer mit Früchten beladen, waren überall angepflanzt, und Hütten aus Bambus und Lehm standen über die ganze Lichtung verteilt. Karl kannte Don Jorge schon länger, aber es war sein erster Besuch im Haus des Mannes.

Don Jorge kam heraus, um uns zu begrüßen. Er war sehr freundlich, führte uns in ein geräumiges Zimmer und bat seine Frau, uns ein Essen zuzubereiten. Er zeigte uns den Pfad zum Asriamas, von dem das Dorf den Namen hatte. Es war ein kleiner, flacher Bach, der in den Tuichi mündete. Wir entschlossen uns, ein Bad zu nehmen, seiften uns ein, schamponierten unsere Haare und tauchten unter, um uns abzuwaschen. Auf dem Rückweg rannten wir wie verrückt, als Moskitoschwärme uns verfolgten und uns in die nackte Haut stachen.

Don Jorges Frau war entschlossen, das ganze Spektrum ihrer Kochkünste vorzuführen, und wir aßen wie die Könige. Es gab eine köstliche Suppe, gut gewürzten Salat, Hühnchen und geröstete Yucca. Wir dankten ihr überschwänglich, und sie errötete vor Verlegenheit.

Wir wachten früh von einem Hahnenschrei auf, und es schien ein strahlender, sonniger Tag zu werden. Draußen herrschte eine wahre Idylle. Zehn oder mehr kraftvolle Pferde grasten zwischen den Hütten, Schafe lagen faul unter den Obstbäumen, und eine Schar Hühner stritt mit zwei Schweinen um die Körner, die die *Señora* auf dem Hof verstreut hatte.

Nachdem wir gebratene Eier, Reis und heißen Zuckerrohrsaft gefrühstückt hatten, kam Don Jorge zu uns. Er war außerordentlich besorgt. Sein ältester Sohn hatte sich in der vergangenen Woche den großen Zeh verletzt, und die Wunde wollte nicht heilen. Er litt unter unerträglichen Schmerzen und hatte in den letzten Nächten überhaupt nicht geschlafen.

Marcus holte seinen Erste-Hilfe-Kasten heraus.

»Lass uns nach dem Kind sehen«, sagte er zu mir.

Der Junge war barfuß. Sein Zeh war geschwollen und schwarz angelaufen. Die Wunde war vereitert, und die Infektion hatte bereits angefangen, sich auszubreiten. Es sah schrecklich aus. Marcus bat um eine Schüssel mit heißem Wasser. Er tauchte den Fuß des Jungen behutsam ins Wasser, tunkte dann einen Baumwollverband in Alkohol und entfernte damit den getrockneten Eiter. Dann strich er Desinfektionsmittel auf die Wunde und bandagierte den Zeh ordentlich. Schließlich gab er dem Jungen noch Antibiotikatabletten.

Die Nachricht verbreitete sich wie ein Lauffeuer. Ein Doktor war im Dorf. Von allen Seiten strömten die Menschen zu der kleinen Hütte. Sie beteten eine ganze Litanei von Wehwehchen, Schmerzen, Verletzungen und Erkrankungen herunter. Marcus wollte einen Blick auf die Wunden werfen, aber keiner von ihnen zeigte sie ihm. Sie wollten alle nur ein Medikament.

Wir lachten. Die *Campesinos* waren verrückt nach Medikamenten und zögerten nicht, sich alle Arten von Leiden auszudenken, um ihrer habhaft zu werden. Der gutmütige Marcus nahm eine Tube Handcreme hervor, und gab jedem, der wollte, ein bisschen davon.

Karl sprach unterdessen mit Don Jorge über Geschäftliches. Er kaufte eine große Menge Reis und Schweinefleisch. Die Preise waren lächerlich niedrig.

Ich war etwas verärgert über Karl. »Warum Schweinefleisch und kein Lammfleisch?«, wollte ich wissen.

»Schwein hält sich besser. Wir räuchern es und nehmen es mit. Lamm schmeckt zwar gut, aber es verdirbt zu schnell.«

Wir schlachteten das Schwein selbst. Karl sprang über den Zaun in den Koben, wo eine schwere Sau und vier fette Ferkel herumliefen. Er suchte eines aus, und es begann eine unterhaltsame Verfolgungsjagd. Die Schreie der Schweine waren ohrenbetäubend. Schließlich fing er eins, hob es an den Hinterbeinen hoch und reichte es Kevin. Karl kletterte aus dem Koben heraus und zog ein scharfes Messer. »Ihr haltet alle seine Hinterbeine fest, während ich ihm die Kehle aufschlitze.«

»Wie kannst du das hier machen, vor seiner Mutter und seinen Brüdern?«, protestierte Marcus.

»Schwachsinn«, gab Karl zurück. »Sie werden auch bald drankommen.«

Marcus weigerte sich mitzumachen. Er wollte noch nicht einmal zuschauen. Kevin und ich packten die zappelnden Beine. Karl hielt das Schwein an den Ohren fest und schnitt ihm fachmännisch die Kehle durch. Eine Pfütze von Blut ergoss sich auf den Boden dicht am Zaun. Karl trug das Schwein zum Räucherofen, der unter einem strohgedeckten Dach mitten auf der Lichtung stand. Dort band er das Schwein mit den Vorderbeinen an einen Pfahl. Ich schaute zu den überlebenden Mitgliedern der Familie zurück. Zwei Schweine waren zu der Blutpfütze gegangen und schleckten das Blut durstig auf. Im Koben versuchte gerade ein fettes kleines Jungtier, seine Mutter zu besteigen.

›Was für eine Welt!‹, dachte ich.

Kevin ging los, um Holz für den Ofen zu sammeln, und ich half Karl, das Ferkel auszunehmen. Wir legten die Innereien in große Bratpfannen. Der Ofen war aus Lehm und hatte die Form eines kleinen Iglus. Nach einer halben Stunde drang der Duft von geräuchertem Schweinefleisch durch das ganze Dorf, und als es fertig war, mussten wir es mit Don Jorges ganzer Familie und den Nachbarn teilen.

Wir bereiteten ein Festessen aus frischem Salat, scharfer Sauce, gerösteten Bananen und Yucca zu. Das Schweinefleisch wurde mit Reis und Bohnen serviert. Wir tranken heißen *Caña* und aßen süße Bananen und Papayas zum Nachtisch. Nachdem wir gegessen hatten, legten wir uns ins Gras. Don Jorge und ein paar andere Männer leisteten uns Gesellschaft. Karl brach generös den Schnaps an, den wir für die Indianer gekauft hatten. Er machte ein Loch in die Dose und füllte großzügig den *Caña*-Krug auf. Die Drinks wurden überall herumgereicht. Wir tranken und genossen den Augenblick. Don Jorge stand auf, ging in sein Haus und kam einen Moment später wieder zurück. Er trug etwas bei sich, das wie eine Bibel aussah.

»Jetzt wird er ein Dankgebet sprechen«, meinte Marcus lächelnd und fügte hinzu: »Wer hätte gedacht, dass sie lesen können?«

Don Jorge nahm eine Tabakrolle aus seiner Tasche. Er schnitt mit seinem Taschenmesser einen Strang ab, riss eine Seite aus dem Buch und rollte eine Zigarette. Kevin und ich brachen in lautes Gelächter aus, aber Marcus war beleidigt.

Am nächsten Morgen machten wir uns fertig für die Abreise. Karl kaufte etwas frischen, selbst angebauten Kaffee von Don Jorges Frau. Marcus und ich wollten noch einen Blick auf den verletzten Zeh seines Sohnes werfen. Seine Mutter sagte, dass er in dieser Nacht fest geschlafen hätte, und sie war Marcus außerordentlich dankbar. Marcus entfernte den Verband und sah, dass die Wunde nicht besser geworden war. Der Zeh war schwarz und eiterte immer noch.

»Ich fürchte, dass die Infektion sich auf den ganzen Fuß ausdehnen wird«, warnte er Don Jorge. »Er muss zu einem Arzt gehen, sonst könnte er seinen Fuß verlieren.«

Don Jorge hörte zu, während Marcus es ihm in allen Einzelheiten erklärte. Er zeigte ihm, wie er den Zeh mit Alkohol reinigen konnte, und warnte davor, den Alkohol zu trinken, den wir ihm dalassen würden. Er gab ihm auch die antibiotische Salbe, zusammen mit den Verbänden und den Antibiotikatabletten.

»Wenn es in ein paar Tagen nicht besser wird, müssen Sie Ihren Sohn nach Apolo bringen«, ermahnte Marcus ihn erneut eindringlich.

»Ich werde tun, was Sie sagen«, versprach Don Jorge.

»Und lassen Sie ihn nicht barfuß herumlaufen. Er muss wenigstens einen Strumpf tragen. Der Verband darf nicht schmutzig werden.«

Kevin hatte im Dorf ein paar Fotos gemacht und kam jetzt zurück. Wir schulterten unsere Rucksäcke. Sie waren schwerer geworden, weil wir nun Reis, fünf Pfund Kaffee, geräuchertes Schweinefleisch, Bananen, die Don Jorges Schwiegervater uns gegeben hatte, und ein wenig *Chancaca* trugen. Das ist ein Klumpen brauner Zucker, den man aus Zuckerrohr gewinnt.

Es tat mir leid, dass ich mich von Don Jorge, seiner Frau und seinen Nachbarn verabschieden musste. Sie waren gute, liebenswürdige Menschen, und ich hoffte, dass ich sie wiedersehen würde.

Flaca hatte irrtümlicherweise angenommen, dass sie hierbleiben und im Dorf herumtoben könnte, aber Karl machte ihr mit unmissverständlichen Ausdrücken klar, dass sie mit ihm kommen würde, wohin auch immer er ging. Der Widerwillen des Hundes war offensichtlich, und Kevin versuchte, Karl zu überreden, sie hierzulassen.

»Sie wird es hier im Schatten schon schaffen«, sagte er. »Und sie ist nur eine Belastung für uns.«

»Du weißt ja nicht, wovon du redest«, antwortete Karl verärgert. »Sieh doch, wie munter sie jetzt ist, nachdem sie wieder bei Kräften ist. Ihr werdet sehen, dass wir sie nicht mehr hinterherzuziehen brauchen, wenn wir erst einmal unterwegs sind.«

Wir hatten vor, dem Asriamas stromaufwärts zu folgen und eine Bergkette zum Cocus zu überqueren. Dann wollten wir dem Cocus flussabwärts folgen und weitere Berge überqueren, bis wir den Colorado-Chico erreichten. Von dort war es nur noch eine kurze Strecke bis zum Indianerdorf.

Der Asriamas ist weder besonders breit noch tief, aber seine Strömung ist sehr stark. Auf beiden Seiten reicht der Dschungel direkt bis an seinen Rand. Es gibt kaum ein Ufer. Und auch keinen Pfad, sodass wir, statt uns den Weg durch den Dschungel zu bahnen, durch den Fluss wateten und gelegentlich im Zickzack gehen mussten. Am Anfang kamen wir nur langsam voran. Jedes Mal wenn wir den Fluss durchqueren wollten, zogen wir Strümpfe und Schuhe aus. Kevin war der Erste, der die Geduld verlor und anfing, mit Schuhen durch das Wasser zu gehen. Bald folgten wir seinem Beispiel. Es war ohnehin schwierig gewesen, barfuß durch den Fluss zu waten. Das Wasser war sehr kalt, und glatte, scharfe Steine schnitten in unsere Fußsohlen. Es war wesentlich bequemer, mit Schuhen durch den Fluss zu gehen, aber wir hatten bald Blasen an den Füßen, weil wir mit nassen Socken gingen.

Es war für uns alle ein schwerer Tag. Ärgerlicherweise regnete es seit dem Morgen, und wir zitterten vor Kälte. Flaca war die Bemitleidenswerteste. Ab und zu blieb sie stehen, nass, kalt und elend, und weigerte sich weiterzugehen. Karl musste sie treten, damit sie weiterlief. Einmal, als wir den Fluss überquerten, wurde sie von der Strömung gepackt und beinahe außer Sicht getrieben. Ich schwamm hinter ihr her und ließ mich ebenfalls von der Strömung treiben. Ich fand sie zusammengekauert auf einem kleinen Uferstück. Ich ging zu ihr hinüber, aber sie versuchte verzweifelt, von mir wegzukommen. Sie wollte keine Hilfe. Sie wollte nur in Ruhe gelassen werden. Ich zog sie ein ganzes Stück hinter mir her, hob sie schließlich hoch und ging mit ihr gegen die Strömung wieder zu den anderen zurück.

Es wurde schon spät. Karl entschied, dass es Zeit wurde, sich für die Nacht einzurichten. Wir schlugen nahe dem Flussufer ein Nachtlager auf. Glücklicherweise hatte es aufgehört zu regnen, sodass wir ein Feuer machen konnten. Karl kochte einen großen Topf Reissuppe mit großen Stücken geräuchertem Schweinefleisch.

Marcus und Kevin hatten Kleidung zum Wechseln dabei und hängten ihre nassen Sachen zum Trocknen ans Lagerfeuer. Karl und ich mussten unsere Kleider am Körper trocknen.

»Legt eure Sachen nicht zu dicht ans Feuer«, meinte Karl. »Sonst werden die Fäden morsch, und die Sachen fangen an, an den Nähten auseinanderzufallen.«

Bevor wir einschliefen, versprach Karl uns noch, dass er morgen bestimmt ein Stück Wild erjagen würde.

»Das ist gut, Papa«, meinte Marcus lachend. »Du musst deine hungrigen Kinder versorgen.«

Ich wachte sehr früh am Morgen auf und stellte fest, dass Karl bereits aufgestanden und nach draußen gegangen war. Er hackte mit der Machete Holzspäne von einem trockenen Ast ab. Dann häufte er die Späne auf die Asche des Lagerfeuers, beugte sich vor und blies auf eines der noch glühenden Holzscheite. Das Feuer flammte wieder auf. Karl legte trockene Zweige nach, und bald loderten die Flammen wieder hell. Ich kroch aus dem Zelt und wärmte mich am Feuer auf. Kevin war ebenfalls aufgestanden und zerteilte einen großen Ast. Ich nahm Topf und Geschirr mit zum Fluss, um abzuwaschen.

Das Wetter war besser als am Tag zuvor. Es hatte aufgehört zu regnen, und unsere Kleidung war trocken. Bald waren wir wieder auf dem Weg und wateten in dem eiskalten Wasser des Flusses.

Gegen Mittag wies uns Karl auf die dunklen Wolken hin, die sich am Himmel zusammenzogen. Kurz darauf strömte ein heftiger Regen auf uns herab. Entschlossen gingen wir weiter, nass bis auf die Knochen.

Flaca, die am Strick um ihren Nacken hinterhergezogen wurde, rebellierte schließlich. Ihre Beine gaben unter ihr nach, und sie legte sich hin. Karls Schreien und Treten nutzte nichts. Er zog sie eine lange Strecke über den schlammigen Boden hinterher, aber sie jaulte noch nicht einmal. Schließlich wurde Karl richtig wütend, nahm den Strick von ihrem Hals und schrie: »Du willst nicht mitkommen? Gut, wie du willst! Bleib doch hier!«

Wir gingen weiter und schauten traurig zu dem armen Hund zurück, sicher, dass wir sie nie wiedersehen würden. Was für ein schlechtes Geschäft sie doch gemacht hat, dachte ich. Wir hatten sie ihren armen Besitzern abgekauft, weil wir gedacht hatten, dass sie es bei uns besser hätte. Aber wir hatten ihr nichts als Mühsal gebracht. Und jetzt überließen wir sie ihrem Schicksal. Allein im Dschungel würde sie entweder an der Kälte oder hungers sterben. Ich blickte noch einmal zurück. Flaca lag ausgestreckt im Schlamm und beobachtete uns apathisch, als hätte sie sich in ihr baldiges Ende ergeben.

»Seht mal, Rinder!«, rief Karl. »Sie gehören den Leuten von Asriamas. Sie lassen sie frei im Dschungel herumlaufen, wo sie grasen und sich vermehren.«

Ungefähr zwanzig Stück standen an dem schmalen Ufer. Die Kälber tollten zwischen den Beinen ihrer Mütter herum. Ein ganz weiches und weißes nuckelte am Euter seiner Mutter.

»Sie gibt Milch«, sagte ich. »Vielleicht sollten wir sie fangen und ein bisschen melken.«

»Wozu die Mühe«, meinte Karl. »Wir sollten lieber ein junges Kalb schießen und über dem Lagerfeuer braten. Das ist sogar legal«, fügte er hinzu. »Es gibt ein ungeschriebenes Gesetz, dass jeder hungrige Mann, der durch den Dschungel wandert, eine ganze Kuh schlachten kann, wenn er etwas zu essen braucht.«

Wir hatten alle Hunger, und Karl musste sich nicht anstrengen, um uns davon zu überzeugen, dass wir nichts Unmoralisches taten, wenn wir ein Kalb schlachteten, das den Menschen gehörte, die uns in Asriamas so gastlich aufgenommen hatten. Also war die Jagd eröffnet. Karl und Kevin schlichen sich an die Herde an. Sie hatten Seile in den Händen. Aber das Vieh nahm ihre Witterung auf und floh.

»Ich habe eine großartige Idee«, verkündete Karl. »Wir werden sie einfach weiter in die Richtung treiben, in die wir gehen, bis es Zeit wird, ein Lager aufzuschlagen. Dann werden wir eins schießen. So brauchen wir es noch nicht einmal zu tragen.«

Wir gingen begeistert weiter und trieben das Vieh mit lautem Geschrei vorwärts. Die Tiere versuchten auszubrechen, aber wir schafften es, sie zusammenzuhalten. Nur ein oder zwei entkamen.

Die anderen waren alle vor uns, und der Moment der Wahrheit war gekommen.

Plötzlich entdeckte ich einen schwarzen Vogel ungefähr fünfzig Meter vor uns.

»Schh«, brachte ich alle zum Schweigen. »Seht mal!«

Karl bewegte sich vorsichtig vor, und obwohl er noch ziemlich weit von dem Vogel entfernt war, nahm er das Gewehr hoch, zielte und schoss. Er traf den Vogel am Kopf. Dann lief er zum Fluss und zog ihn aus dem Wasser. Es war eine fette schwarze Wildgans. Karl grinste über das ganze Gesicht. Ich war genauso stolz auf meine Entdeckung wie er auf seine bewundernswerte Zielsicherheit.

Plötzlich rief Marcus aus: »Sie lebt! Sie lebt ja noch!« Tatsächlich schlug die Gans in Karls Griff mit den Flügeln. Ich schaute Marcus misstrauisch an, weil ich fast erwartete, dass er seinen Erste-Hilfe-Kasten hervorholen würde. Aber Karl dachte nicht an so etwas. Er packte die Gans und drehte ihn den Hals um, damit Marcus sich wieder beruhigte. Der stöhnte auf und hielt sich die Augen zu.

»Gut gemacht, Karl«, sagte ich und klopfte ihm auf den Rücken, während er die Gans an meinem Rucksack befestigte. »Jetzt brauchen wir kein Kalb mehr zu erschießen.«

»Das Kalb ist noch nicht gerettet«, antwortete er. »Eine lausige Gans reicht nicht als Mahlzeit für uns vier, und das Kalb wird uns auch genug Essen für morgen liefern.«

Keiner von uns widersprach. Karl zielte mit dem Gewehr auf das weiße Kalb. Ich legte die Hände über die Ohren, und Marcus presste die Augen zu. Kevin schaute aufmerksam zu. Die Rettung des Kalbs erfolgte aus verschiedenen Gründen. Der Bolzen klemmte, und Karl konnte ihn nicht freibekommen. Während er noch mit dem Gewehr hantierte, benutzte die ganze Herde die Gelegenheit zur Flucht und lief zurück ans Ufer.

Es gibt doch einen Gott im Himmel, dachte ich erleichtert. Karl war nicht ärgerlich. »Dann sind sie eben entkommen«, meinte er gleichmütig. »Wir werden morgen genug Wild zum Jagen finden. Denkt nur an die Wildgans, die wir heute geschossen haben.«

Wir errichteten schnell das Lager. Karl nahm die Gans aus, setzte einen Topf mit Reis auf und legte die Gans hinein. Wir setzten uns um das Feuer, um uns aufzuwärmen. Jeder hielt eine tiefe Schüssel in der Hand und konzentrierte sich auf den leckeren Eintopf.

»Die arme Flaca«, sagte ich.

»Dieser dumme, sture, dickköpfige Hund!«, fluchte Karl.

»Erzähl uns etwas über das Indianerdorf«, schlug Kevin vor, um das Thema zu wechseln.

Karl mochte nichts lieber, als wenn man ihn bat, eine Geschichte zu erzählen.

»Wir wuschen Gold in Curiplaya«, begann er. »Das ist das Lager, zu dem wir später kommen werden. Es gab dort Siedler aus San José und einen Schweizer Freund von mir, Don Matías, der eine Ranch weiter unten am Tuichi besitzt. Die *Campesinos* hatten das Dorf zusammen mit Don Matías schon einmal besucht. Sie behaupteten, dass die Indianer wüssten, wo ein großer Goldschatz in der Gegend läge. Das machte mich neugierig, und ich wollte dorthin gehen.«

Es war ein schwieriger dreitägiger Marsch bergauf gewesen. Unterwegs gab es kein Wasser, und sie mussten welches mitnehmen, aber schließlich schafften sie es. Es war ein großes Dorf mit etwa sechshundert Einwohnern. Die Frauen trugen kurze Grasröcke, waren barfuß und barbusig. Sie waren kräftig gebaut, mit hohen Wangenknochen und schräg geschnittenen Augen. Alles in allem, erklärte Karl, hätten sie nicht schlecht ausgesehen. Die Männer trugen Lendenschurze und die meisten von ihnen Gürtel, von denen die Schrumpfköpfe ihrer getöteten Feinde herabbaumelten. Jeder Mann hatte zwei oder drei Frauen. Neben Kochen und Saubermachen mussten die Frauen auch auf den Feldern arbeiten. Sie hielten Bananenstauden und bauten Yucca und Korn an. Sie hatten lange Messer, die aus einem sehr harten Holz gemacht wurden, das sie *Chonta* nannten. Ihre Bögen, Speere und Blasrohre waren aus demselben Material. Die Männer machten die Waffen und verbrachten die meiste Zeit damit, zu jagen oder zu spielen. Richtige Dschungeljungs.

Nicht weit vom Dorf, ungefähr einen Dreitagemarsch entfernt, fast an der Grenze zu Peru, lebte ein anderer Stamm, der für seine Wildheit bekannt war. Dieser Stamm hatte das Dorf angegriffen und alle Frauen geraubt. Die Dorfbewohner verteidigten ihre Frauen jedoch, und wenn sie einen ihrer Feinde getötet hatten, schnitten sie ihm den Kopf ab und schrumpften ihn. Das geschah, indem sie den Kopf im Sand am Fluss vergruben. Über der Stelle, an der der Kopf vergraben war, wurde ein heißes Feuer angezündet. Nach ein paar Stunden wurde der Kopf wieder ausgegraben und die Schädelknochen durch den ausgefransten Nacken herausgeholt. Dann wurde der Kopf erneut viele Stunden lang unter einem heißen Feuer vergraben, bis er zu der Größe einer geballten Faust zusammengeschrumpft war. Der Schrumpfkopf sah dem des lebenden Mannes sehr ähnlich. Gesichtszüge, Lippen, Augenlider, Wimpern, Augenbrauen – alles war noch genauso.

Schließlich wurde der Kopf mit Sand gefüllt, damit er fest war, wenn er als Schmuck am Gürtel herunterhing. Nach der Überlieferung der Indianer ging die Stärke des toten Feindes auf den Krieger über, der ihn getötet hatte, und der Krieger wurde doppelt so stark. Je mehr Köpfe ein Indianer an seinem Gürtel hat, desto stärker ist er angeblich.

Wenn ein Stammesmitglied starb, feierte das Dorf eine große Beerdigungszeremonie. Karl war bei einer dabei gewesen und erinnerte sich begeistert daran. Der Verstorbene war ein alter Mann gewesen, der eines natürlichen Todes gestorben war. Die durchschnittliche Lebenserwartung im Stamm lag bei fünfundvierzig Jahren. Die Männer errichteten einen großen Scheiterhaufen in der Mitte des Dorfes. Die Frauen brachten Krüge mit *Chicha* und sangen Klagelieder. Der Tote wurde mitsamt seinem Gürtel, an dem fünf Schrumpfköpfe hingen, auf den Scheiterhaufen gelegt.

»Der Geruch der verbrennenden Leiche ekelte mich an«, berichtete Karl mit einer Grimasse, »aber ich habe es geschafft, ein unbeteiligtes Gesichtzu machen. Ich wollte nicht, dass sie bemerkten, wie angewidert ich war.«

Die Frauen sangen unverständliche, jammernde Klagelieder, während die Männer zu den Schlägen einer Trommel tanzten und tierähnliche Schreie ausstießen. Ab und zu legten sie mehr Holz ins Feuer. Dann schleppten die Frauen Mühlsteine heran. Ein paar Männer erstickten das Feuer mit breiten Blättern und holten die glühend heißen Knochen heraus. Dann verteilten sie die Knochen unter den Frauen, die sie auf ihren *Metates*, den Mühlsteinen, zermahlten. Das so gewonnene Pulver wurde in die Krüge mit dem *Chicha* geschüttet. Anschließend bekamen alle Teilnehmer an der Beerdigung Kürbisschüsseln, in die der gelbe *Chicha* gefüllt wurde.

»›Ich werde nichts davon trinken‹, sagte ich zu mir«, erzählte Karl, »aber Don Matías, der geahnt haben musste, was ich dachte, sagte zu mir: ›Trink es, Karl, wenn du hier lebend wegkommen willst. Achte nur darauf, dass du deine Zähne zusammenpresst.‹ Ich habe schnell gemerkt, was er meinte. Unzermahlene Stücke Fleisch hingen noch an den Knochen.

Die Männer saßen danach zusammen und rauchten etwas. Ich weiß nicht, was es war. Es war in trockene Blätter eingewickelt und hatte einen stechenden Duft. Sie luden mich ein mitzurauchen. Natürlich konnte ich mich nicht weigern. Don Matías warnte mich davor, dass die Droge sehr gefährlich sei und dass ihre Wirkung von Dauer sein könnte. Er sagte mir, ich sollte so rauchen, wie er es tat, indem er den Rauch im Mund behielt, ohne ihn zu inhalieren.

Der Rauch verbrannte meine Mundhöhle, und mir traten die Tränen in die Augen. Ich keuchte laut, aber keiner lachte oder schenkte mir auch nur die geringste Beachtung. Sie starrten alle nur ins Leere. Sie sagten kein Wort, nur ab und zu schrie einer von ihnen auf. Don Matías und ich verließen sie nach ungefähr einer halben Stunde, und keiner von ihnen reagierte, als wir gingen.«

Nachdem Karl seine Geschichte beendet hatte, überlief mich eine Gänsehaut am ganzen Körper, aber ich war trotzdem entschlossen, selbst ähnliche Erfahrungen zu machen und zu genießen. Es verwirrte mich, dass Kevin und Marcus eingeschlafen waren, ohne das Ende der Geschichte gehört zu haben.

Als ich am nächsten Morgen die Augen öffnete, sah ich Karl, der wie an jedem Morgen zuvor das Feuer wieder anfachte und einen Topf für den Kaffee daraufstellte. Karl weckte uns nie, um ihm zu helfen. Er sorgte für uns, als wären wir seine Kinder. Es gab einen guten Grund dafür, dass Marcus angefangen hatte, ihn Papa zu nennen.

Nach ein paar Minuten waren wir alle aufgestanden und hinausgegangen. Wir frühstückten unser traditionelles Frühstück, süßen Reisbrei. Kevin beschwerte sich, dass er diesen Pansch hasste, aber das hinderte ihn nicht daran, eine zweite Portion zu nehmen oder den Topf auszulecken. Er wusste, dass wir bis zum Abend nur noch eine Tasse Tee bekommen würden und dass es besser war, seinen Bauch jetzt so gut wie möglich zu füllen.

Wir brachen auf. Karl schlug ein schnelles Tempo an. Ich bewunderte ihn für seine Härte. Er trug Cowboystiefel, die eigentlich nicht für lange Wanderungen geeignet waren. Sie fielen von dem ständigen Eintauchen ins Wasser schon auseinander. An diesem Tag fiel von einem die Sohle ab, und Karl musste sie mit einem Stück Schnur festbinden. Ich war sicher, dass es quälend war, in solchen Stiefeln gehen zu müssen, aber er beschwerte sich nie und verlangsamte auch nicht das Tempo.

Ohne es beabsichtigt zu haben, gingen wir jetzt in Paaren. Karl und Marcus gingen zusammen vorn, Kevin und ich dicht hinter ihnen. Unsere Marschordnung beeinflusste auch unsere sozialen Beziehungen. Karl und Marcus sprachen miteinander deutsch, Kevin und ich englisch. Abgesehen davon war ich froh, in Kevins Gesellschaft zu sein. Meine Gefühle für Marcus waren nicht mehr so herzlich. Irgendwie hatte er sich verändert. Er war so freundlich, überempfindlich und höflich, dass es einen fast schon zur Raserei treiben konnte. Wir waren im Dschungel, trugen schwere Rucksäcke und marschierten mindestens zehn Stunden am Tag durch unwegsames Gelände. Wir durchwateten Flüsse, mühten uns durch Schlamm und kämpften uns durch das Dickicht. Es war nur natürlich, dass wir alle härter wurden. Nur Marcus nicht. Wenn er einen Brombeerbusch sah, blieb er stehen und hielt die Zweige zurück, bis wir alle daran vorbeigegangen waren, oder er rief: »Achtung, hier ist ein dorniger Busch!« oder »Vorsicht, dass euch die Dornen nicht stechen!« Es wurde langsam lächerlich. Ging er zufällig hinter uns und wurde von einem Ast getroffen oder gekratzt, war er beleidigt, dass wir ihn nicht gewarnt hatten. Kevin und ich konnten nicht anders, als ihn im Stillen auszulachen. Unter uns nannten wir ihn die »Pfadfinderin«.

Ich spürte die Kluft, die sich zwischen Marcus und mir auftat, seit wir in La Paz aufgebrochen waren. Wir konnten den immer größer werdenden Graben nicht überbrücken, und wir unterhielten uns ausschließlich über praktische Dinge. Keiner von uns fühlte sich mit dieser Veränderung wohl.

Kevin, der Marcus schließlich länger kannte als ich, machte sich ebenfalls Sorgen.

»Marcus kommt mir verändert vor«, sagte ich eines Morgens zu ihm. »Er ist die ganze Zeit traurig. Findest du nicht auch?«

»Ich habe es auch bemerkt, aber er ist nicht erst seit Kurzem so, sondern schon seit Monaten. Er hat dir doch bestimmt von Monica erzählt.«

»Ja, er hat mir von ihr erzählt. Er muss sie wirklich sehr geliebt haben.«

»Ich war bei ihm, als sie ihn hier besucht hat, und als sie ihn verließ, ist er zerbrochen. Es war, als hätte er die Lust am Leben verloren.«

»Marcus und ich waren wie Brüder«, fuhr er dann fort. »Ich liebte ihn, und das tue ich immer noch, aber er hat sich verändert.

Ich dachte zuerst, dass es wegen Monica wäre, aber jetzt bin ich mir nicht mehr so sicher.

Marcus ist ein eigenartiger Mensch. Er will die ganze Welt retten. Er will jeder bedürftigen Person helfen, der er über den Weg läuft, und er lässt sich von den Menschen einfach ausnehmen. Ich habe ein schlechtes Gefühl, was ihn betrifft. Er hätte niemals hierher in den Dschungel kommen sollen. Er fühlt sich in der Wildnis nicht wohl. Sie ist zu wild für ihn. Sieh nur, wie er sich verhält. Er ist verängstigt und unsicher. Es geht ihm wirklich elend. Es tut mir schon weh, wenn ich ihn nur anschaue. Ich bedaure aus vielen Gründen, diese Reise unternommen zu haben, aber der wichtigste ist, dass ich einen Freund wie ihn verloren habe.«

»Hast du jemals versucht, mit ihm darüber zu reden?«, wollte ich wissen.

»Ein paar Tage nachdem wir Apolo verlassen hatten. Karl war verschwunden, um zu sehen, ob eine Farm in der Nähe war, und du hast dich um Flaca gekümmert. Ich war mit Marcus allein. Ich habe ihm gesagt, was ich empfinde, ihm gesagt, dass mir seine Freundschaft sehr wichtig ist und dass ich Angst hätte, sie zu verlieren. Ich sagte ihm, dass ich mich elend fühlte, fast so, als könnte er meine Nähe nicht mehr ertragen. Ich sagte ihm, dass wir vielleicht ein wenig Abstand zwischen uns lassen sollten, dass das unsere Freundschaft vielleicht retten würde. Ich schlug vor zu versuchen, nur über Dinge zu reden, die die Reise betrafen. Es hat nichts geholfen, außer dass wir so den Schein wahren.

Ich sehe, dass es mit dir auch jeden Tag schlechter geht, Yossi. Ich weiß, wie sehr er dir auf die Nerven geht. Er benimmt sich wie ein Kind und hängt den ganzen Tag an Karl. Er hat mir neulich auf den Fuß getreten und sich eine halbe Stunde lang dafür entschuldigt. Er wollte sogar nachsehen, um sicherzugehen, dass er mich nicht verletzt hatte. Vielleicht solltest du mal mit ihm reden.«

Karl hielt später an diesem Morgen an, um sich um seinen auseinanderfallenden Stiefel zu kümmern, und befahl uns weiterzugehen. Er würde uns schon einholen. Plötzlich ging ich neben Marcus und war überrascht, als er mir enthüllte, dass er die Kluft zwischen uns ebenfalls bemerkt hatte und sie bedauerte.

»Yossi, glaubst du, dass sich unsere Beziehung verändert hat, seit wir auf diese Reise gegangen sind?«, fragte er unvermittelt. »Wir sind nicht mehr so gute Freunde, wie wir einmal waren. Hast du das nicht bemerkt?«

Er redete ruhig, und seine Stimme klang traurig.

Ich wusste nicht, was ich sagen sollte. »Ich glaube nicht, dass sich etwas geändert hat, Marcus«, antwortete ich ihm. »Du scheinst einfach sehr unglücklich zu sein, als würde dir etwas Kummer machen. Ich weiß nicht. Vielleicht kannst du nicht aufhören, an Monica zu denken. Vielleicht vermisst du ja auch Annick. Du verschließt das alles in dir drin. Aber ich bin sicher, dass zwischen uns alles noch genauso wie früher ist«, sagte ich, obwohl ich wusste, dass er recht hatte.

Während wir an diesem Tag dahinmarschierten, wurde der Asriamas immer schmaler und schmaler. Als wir schließlich ein hügeliges Gebiet erreichten, war er kaum mehr als ein Bach. Es war ein heißer, sonniger Tag. Tausende von strahlend bunten Schmetterlingen – gelb, orange, blau, grün und rot – ruhten auf dem Sand oder schwebten darüber. Ihre Schwingen flatterten. Auf Kevins Bitte hin ging Karl mitten unter sie, während Kevin bei jedem Schritt, den Karl machte, Fotos schoss. Die Schmetterlinge flogen hoch, und Karl war in Farben eingehüllt. Es war ein überwältigend schöner Anblick. Marcus entdeckte einen einzelnen Schmetterling, der sich auf einem Stein aufwärmte. Kevin beugte sich lautlos über ihn und machte eine Nahaufnahme. Die Flügel des Insekts waren durchsichtig mit gelben Streifen.

Karl beugte sich im Gehen vor und hielt den Blick fest auf den Boden gerichtet. Ich dachte, dass er nach Schmetterlingen suchte. »Seht mal, Tapirspuren«, sagte er dann jedoch. »Eine Mutter und ihr Junges. Das erklärt die Schmetterlinge. Die Kuh und das Junge müssen zum Trinken an den Fluss gekommen sein. Dann haben sie in den Sand gepinkelt. Und die Schmetterlinge suchen in dem Urin nach Mineralien.«

Karl bestimmte unsere Position auf der behelfsmäßigen Skizze, die uns als Landkarte diente, und beschloss, sich vom Fluss abzuwenden und eine Bergkette zu überqueren. »Der Río Cocus ist auf der anderen Seite«, erklärte er. »Wenn wir den ersten Gebirgskamm überwunden haben, wird uns jedes Rinnsal, auf das wir stoßen, hinführen. Deshalb brauchen wir keine genauere Landkarte.«

Wir begannen den Aufstieg, und bald waren wir schweißüberströmt. Als ich eine große grüne Frucht neben meinem Fuß erblickte, rief ich nach Karl. Er war sehr erfreut über den Fund. Er nannte die Frucht *Manzana de monte*, Bergapfel, und zeigte mir, wie sie sich ganz leicht in vier Teile zerbrechen ließ. Dann verteilte er sie.

»Lasst uns nach dem Baum suchen«, schlug Kevin vor. Nach wenigen Augenblicken hatten wir ihn gefunden und entdeckten, dass die Früchte zu hoch über unseren Köpfen hingen und der Stamm zu glatt zum Hinaufklettern war. »Kommt, wir fällen ihn«, sagte er entschlossen.

Marcus widersprach sofort. Es wäre nicht richtig, meinte er, einen Baum zu töten, nur um an seine Früchte zu kommen. »Und was ist mit den anderen Menschen, die hier vielleicht vorbeikommen und Nahrung brauchen?«

»Jetzt sind wir hier«, konterte Kevin, »und wir haben Hunger.«

Wir fällten den Baum mit der Machete und wechselten uns dabei ab. Kevin arbeitete länger als wir anderen, und nach kurzer Zeit stürzte der Baum mit einem Krachen um und brach bei seinem Sturz Äste der danebenstehenden Bäume mit ab. Wir stürzten uns darauf und sammelten eine Menge Früchte auf, bis wir entdeckten, dass keine einzige essbar war. Sie waren alle grün und im Inneren noch hart. Ich schlug vor, dass wir sie mitnehmen und essen könnten, wenn sie reif waren, aber die anderen stimmten dagegen. Die Last lohnte die Mühe nicht.

Es dauerte fünf lange, erschöpfende Stunden, den steilen Berg zu erklimmen. Karl zeigte uns, wie man Wasser aus den Bambustrieben gewinnen konnte, die in großer Zahl auf dem Berg wuchsen. Zwischen Gelenken und Stengeln bilden sich kleine Wasserreservoire. Karl hackte einen Schößling mit der Machete auf, und das Wasser floss heraus.

Wir brauchten eine Pause, bevor wir weitergingen. Ich lehnte mich müde mit dem Rücken gegen einen Stamm, aber er bot keinen Halt, und ich fiel hintenüber. Lange, dicke Dornen ragten zwischen den Stämmen empor, und als ich stürzte, grub sich einer mehr als einen Zentimeter tief in mein Handgelenk.

Marcus hatte bei dem Sturz angefangen zu lachen, doch als er meinen Gesichtsausdruck sah, bekam er Angst und verstummte. Ich hatte heftige Schmerzen, zog den Dorn heraus, und überraschenderweise blutete die Wunde nicht sehr stark. Marcus desinfizierte sie, und Kevin verband sie mit einem großen Tuch. Meine Hand war von den Fingerspitzen bis zum Handgelenk gefühllos.

Wir stiegen rasch den Berg herab. Der Weg abwärts war genauso steil wie der hinauf. Karl hatte anscheinend gewusst, wovon er sprach, denn als wir auf die Ebene kamen, stießen wir auf einen schmalen Bach. Wir wateten darin weiter, und seine Strömung wurde schnell stärker. Die Umgebung war wundervoll, und Kevin konnte nicht aufhören, Fotos zu machen.

Als wir um eine Flussbiegung kamen, überraschten wir ein träges kleines Faultier. Es trank aus dem Fluss und war zu langsam, um uns entkommen zu können. Karl erblickte es als Erster und lief darauf zu. »*A la olla! A la olla!*«, rief er fröhlich. »Ab in den Kochtopf mit dir!« Er packte das Faultier furchtlos beim Genick und hob es hoch. Das Tier kämpfte ungeschickt gegen Karls Hände, aber vergeblich.

»Es wäre eine Schande, eine Kugel dafür zu verschwenden«, meinte Karl, während Kevin es für die Nachwelt fotografierte.

Karl warf das Tier zu Boden, nahm die Machete aus seinem Gürtel und schwang sie über den Kopf. Marcus schaute entsetzt weg. Mit einem Hieb durchtrennte Karl den Hals des Tieres, und es tat seinen letzten Schnaufer.

»Endlich haben wir Wild erlegt«, bemerkte Karl stolz und band das Faultier an meinen Rucksack.

Noch bevor eine weitere Stunde vergangen war, hörten wir durchdringende Schreie.

»Sch, sch«, scheuchte Karl uns zurück. »Affen kommen hier lang.«

Eine Horde schwarzer Affen tauchte in den Baumwipfeln auf. Sie schwangen sich wie Akrobaten von Ast zu Ast. Bumm, Bumm. Karl feuerte, und ein Affe stürzte zu Boden. Karl lief zu ihm hin und feuerte noch einmal von Nahem. Der Affe stieß ein Gurgeln aus, und Karl rammte ihm den Griff des Gewehrs gegen den Schädel, bis er still war. »Ein verwundeter Affe kann sehr gefährlich sein«, erklärte er. Der Affe war ziemlich klein, er wog etwa zwanzig Pfund.

Karl schlug vor, ein Lager aufzuschlagen. Es war zwar noch nicht dunkel, aber wir hatten eine Menge Arbeit zu erledigen. Wir mussten die Tiere ausnehmen und sie zum Kochen vorbereiten. Wir suchten uns ein hochgelegenes, trockenes Fleckchen Erde aus, wie Karl uns angewiesen hatte, und begannen unsere üblichen Vorbereitungen. Ich konnte mit meiner verletzten Hand nicht arbeiten, saß nur da und schaute zu, wie Karl und Kevin das Lager aufbauten, während Marcus mit Steinen, die er gefunden hatte, Gewürze zermahlte. Nachdem das Zelt aufgebaut war, begann Karl, das Faultier abzuhäuten. Das war eine schwierige Aufgabe, weil sein Messer nicht scharf genug war. Bei dem Affen ging es einfacher. Karl warf das Tier einfach ins Feuer, und sein Fell brannte sofort weg. Es war ein ekelhafter Anblick. Sein Gesicht schrumpfte zusammen, Zähne und Nasenknochen wurden schneeweiß, die Augenhöhlen wirkten gespenstisch, und Hände und Füße sahen sehr menschlich aus. Ich konnte es kaum mit ansehen. Karl hockte bald darauf am Fluss, wusch die Innereien heraus und reinigte das ganze Tier gründlich. Ich half ihm, es in Stücke zu zerlegen. Dann spießte er das Fleisch des Faultiers auf grüne spitze Zweige und stellte sie dicht beim Feuer auf.

»Das ist unser Abendessen. Den Affen werden wir räuchern und mitnehmen«, sagte er.

Zusätzlich zu dem gewürzten Faultierfleisch machte Karl noch Reis statt der sonst üblichen Suppe.

Nach dem Essen errichtete er eine kleine Kuppel aus grünen Zweigen über dem Feuer und legte das zerteilte Affenfleisch hinein: Beine, Arme, Körper und Schwanz.

»Wir werden es die ganze Nacht räuchern lassen. Morgen früh ist es fertig und getrocknet.«

Zum Frühstück gab es Suppe und Affenfleisch. Es war das erste Mal, dass wir drei Affenfleisch aßen. Ich war davon angewidert, aber der Hunger war stärker als mein Ekel. Marcus und ich versuchten, nicht so deutlich erkennbare Teile des Fleisches aus der Brust oder den Lenden auszusuchen. Kevin war weniger empfindlich und saß schmatzend da.

»Ich will verdammt sein, aber das schmeckt wirklich gut.«

Karl genoss jeden Bissen. Er nahm sich einen Schenkel und riss das Fleisch mit den Zähnen ab.

Nach kurzer Zeit kamen wir zum Cocus. Es war wundervoll, an ihm entlangzumarschieren. Der Cocus war ganz anders als der Asriamas. Je weiter flussabwärts wir kamen, desto mehr Flüsse mündeten hinein und desto breiter, tiefer und mächtiger wurde er. Es war sehr schwierig, im Fluss zu gehen, besonders für mich, weil die Wunde an meiner Hand noch immer schmerzte und mich schwächte. Wir achteten sorgfältig auf jeden Schritt und kamen nur langsam voran. An tiefen Stellen und Wasserfällen hatten wir keine andere Wahl, als in den Dschungel zu klettern und uns einen Weg durch das Dickicht zu schlagen, bis wir an eine Stelle kamen, wo der Fluss wieder seichter wurde.

Karls Stiefel waren völlig aus der Form und hatten riesige Löcher. Er packte sie in Nylonbeutel, die er mit Schnur um die Knöchel befestigte. Seine Füße waren mit Blasen übersät, aber er beklagte sich nicht. Er machte nur ab und zu einmal halt, um die Schnur neu festzuzurren. Und gelegentlich hielt er an, um die Steine am Ufer auf Spuren von Gold und anderen Mineralien zu untersuchen.

Am Nachmittag waren wir erschöpft. Wir hielten an, um eine Pause zu machen, und Karl gab jedem von uns eine Scheibe Affenfleisch. Diesmal verspeisten Marcus und ich es hungrig. Als Nachschlag holte Karl den Affenschwanz heraus und schnitt ihn in Stücke. Marcus und ich lehnten ab, aber Kevin und Karl knabberten den Schwanz ab, so wie man Maiskolben knabberte, und ließen bloß den weißen Knorpel übrig.

Wir machten etwas länger Rast, um die Karte zu studieren.

»Wir müssen weiter den Cocus hinunter bis hierher gehen«, sagte Karl und deutete auf die Stelle. »Dann gehen wir über die Berge zurück und kommen am Colorado-Chico herunter. Man hat mir gesagt, dass man in diesem Fluss viel Gold findet«, fügte er hinzu. »Sollten wir etwas finden, können wir ja vielleicht unsere Pläne ändern und statt in Curiplaya dort ein Lager aufschlagen. Meiner Meinung nach müssten wir Gold im Wert von mehreren Hundert Dollar finden.«

Kevin und Marcus waren nicht besonders beeindruckt. Sie nahmen Karl nicht richtig ernst, aber ich war von seiner Begeisterung angesteckt und wollte gern glauben, dass wir möglicherweise reich nach Hause zurückkehren würden.

Nach ein paar Stunden Marsch über zerklüftetes Gelände schlugen wir ein Lager auf. Karl gab das restliche Affenfleisch in die Suppe. Er brach sogar den verschrumpelten Schädel auf und warf das Gehirn hinein. Marcus war vollkommen angewidert und weigerte sich, auch nur einen Bissen von der Suppe zu essen. Ich zögerte zunächst ebenfalls, überwand dann aber meinen Widerwillen und löffelte sie mit den anderen.

An diesem Tag wanderten wir wieder mühsam im Fluss. Wir hatten Asriamas vor fünf Tagen verlassen. Karl zufolge mussten wir heute auf das Indianerdorf stoßen. Ich konnte meine Hand fast vollständig wieder benutzen. Kevin hörte nicht auf, Fotos zu machen. Die Gegend war wirklich üppig. Die reine Wildnis, ohne eine Spur von Zivilisation. Es gab weder rostende Dosen noch Zigarettenkippen. Vor uns war noch nie jemand hier gewesen. Alles war sauber und natürlich.

Über unseren Köpfen strich eine Wildgans hinweg. Karl schoss auf sie, verfehlte sie aber. Wir waren alle enttäuscht. Zum ersten Mal seit unserem Aufbruch blieb Marcus zurück, um neben Kevin und mir zu gehen. Er gab zu, dass er besorgt war. Er wollte sich nicht auf Karl verlassen und hatte Angst weiterzugehen.

»Wir haben nicht genug Lebensmittel«, gab er zu bedenken.

Kevin versuchte, ihn zu beruhigen. »Heute Abend werden wir überprüfen, wie viel Reis wir noch haben«, schlug er besänftigend vor. Aber trotzdem merkte ich, dass er Marcus gegenüber weniger freundlich schien.

Am Abend saßen wir alle um das Lagerfeuer herum. Die Wolken, die den ganzen Tag über unseren Köpfen gehangen hatten, brachen auf, und das Mondlicht schimmerte auf dem Cocus. Die Strömung warf ein glitzerndes Spiegelbild zurück. Der Dschungel selbst war auch nicht dunkel. Hunderte von Glühwürmchen schwirrten durch die Luft. Es war ein wundervoller Abend, aber Marcus war von Angst besessen.

»Seht mal, wir sind seit fünf Tagen unterwegs, und wer weiß, wie weit wir wirklich gegangen sind, wie genau wir unserem Plan gefolgt sind«, sagte er. »In der Zwischenzeit gehen uns die Lebensmittel aus. Vielleicht sollten wir lieber zurückgehen. Wir wissen ja gar nicht genau, ob wir das Indianerdorf überhaupt finden. Wir haben noch nicht einmal eine vernünftige Landkarte.«

»Es gibt keinen Grund, sich deswegen aufzuregen«, erwiderte Karl. »Wir werden uns nicht im Dschungel verirren. Auf keinen

Fall. Ich kenne den Dschungel viel zu gut, und ich habe einen großartigen Orientierungssinn. Es dauert vielleicht einen oder zwei Tage länger, aber wir werden hinkommen.«

Wir studierten die Karte. Karl hatte die ungefähre Lage der Siedlung eingezeichnet. Wir schienen erst die halbe Strecke zurückgelegt zu haben, und wir kamen langsamer voran, weil wir schmerzhafte Blasen an den Füßen hatten. Marcus war außerdem schwach und hatte viel Gewicht verloren.

Kevin und Marcus maßen den Reis in Tassen nach. Vorausgesetzt, dass wir zum Frühstück und zum Abendessen davon aßen, würde die übrig gebliebene Menge nur knapp für vier Tage reichen.

»Es hat keinen Sinn weiterzugehen«, entschied Marcus. »Lasst uns umdrehen und zurückkehren.«

Karl versuchte, ihn umzustimmen. »Wir sind nicht mehr weit von dem Dorf entfernt. Spätestens übermorgen werden wir am Río Colorado-Chico sein. Wir schießen in die Luft, und die Dorfbewohner, die auf der Jagd sind, werden die Schüsse bestimmt hören. Sie mögen es nicht, wenn jemand in ihrem Gebiet schießt, weil der Lärm die Tiere verscheucht. Sie werden kommen, um herauszufinden, wer da schießt. Dann geben wir ihnen die Geschenke und den Schnaps. Das wird sie freundlich stimmen. Vermutlich werden sie sogar unsere Rucksäcke für uns tragen und uns helfen, den Berg zu ihrem Dorf zu erklettern. Dort können wir uns ausruhen. Kevin kann fotografieren, und du kannst wieder zu Kräften kommen. Bevor wir aufbrechen, werden wir uns mit Yucca, Korn, Früchten und viel Fleisch versorgen. Dieser Vorrat wird für den Rest der Reise reichen. Ich werde herausfinden, ob sie wissen, wo man am Colorado-Chico Gold finden kann. Wir sollten weitermachen. Wir wollen doch nicht denselben Weg zurückgehen, nicht wahr?«

Ich war überzeugt. »Vorwärts!«, rief ich. »Wo ist deine Abenteuerlust geblieben, Marcus? Was auch immer passiert, wir werden es schaffen. Wenn uns der Reis ausgeht, werden wir Wild jagen.«

»Das ist die richtige Einstellung«, fuhr Karl fort. »Keiner ist jemals im Dschungel hungers gestorben. Wir werden Nahrung finden.«

Aber Marcus war keineswegs überzeugt. »Ich will umkehren«, sagte er eigensinnig.

Kevin wirkte nachdenklich. Er beugte sich lange über die Landkarte. »Vielleicht sollten wir dem Cocus bis zur Mündung des Lansa folgen«, schlug er vor. »Das ist an der Grenze zu Peru. Auf der Karte sind die Siedlungen eingezeichnet. Wir könnten dort unsere Vorräte auffrischen und dann weitergehen.«

»Nein, ich will keinen so großen Umweg machen«, widersprach ich. »Wenn wir so weit gehen, bin ich sicher, dass wir niemals wieder umkehren und zum Indianerdorf zurückgehen. Entweder gehen wir weiter wie geplant, oder wir kehren um. Ich habe keine Lust, den ganzen Weg bis nach Peru zu marschieren.«

Wir beschlossen, die Entscheidung auf den nächsten Morgen zu vertagen.

6. Kapitel

Zurück nach Asriamas

Man konnte seine Uhr nach Karl stellen. Als ich morgens aufwachte, war er schon wieder munter und geschäftig. Sobald er sah, dass ich aufgestanden war, winkte er mich aufgeregt heran. Er zeigte auf frische Spuren am Flussufer, keine fünfzehn Meter vom Zelt entfernt. »Das ist ein Jaguar. Ein großer. Guck dir bloß diese Klauen an. Und so dicht an unserem Lager. Ein Glück, dass das Feuer während der Nacht nicht ausgegangen ist.«

Eine ganze Reihe von Entscheidungen stand an, und beim Frühstück besprachen wir gemeinsam die sich bietenden Möglichkeiten.

Karl sagte: »Seht euch mal meine Stiefel an. Die sind mit Sicherheit reif, um nach Asriamas zurückzukehren, aber ich bin bereit weiterzumachen, komme, was wolle – notfalls auch barfuß –, wenn wir nur das Indianerdorf erreichen. Verlasst euch auf mich.«

Aber tatsächlich kam es auf Karls Ansicht gar nicht an. Er war ja nur unser Führer und hatte das zu tun, was wir beschlossen.

Marcus war unnachgiebig. »Wir kehren um.«

Ich widersprach, ebenso dickköpfig. »Wir machen weiter.«

Kevins Stimme musste entscheiden, und ich war sicher, dass er sich mir anschließen würde. Es überraschte mich, dass er sich so viel Zeit nahm, das Für und Wider abzuwägen und zu einem Entschluss zu kommen. Endlich war er so weit. »Wir kehren um!«

Karl nahm das Ergebnis gelassen hin. Wir stiegen also den Berghang wieder hoch, indem wir demselben Pfad folgten, den wir am Tag zuvor erst geschlagen hatten. Kevin war schlecht gelaunt. An diesem Tag machte er zum ersten Mal auf dieser Reise überhaupt keine Fotos. Er blickte säuerlich drein und war alles andere als freundlich zu mir. Marcus und Karl marschierten vor uns und unterhielten sich. Die Meinungsverschiedenheit schien sich nicht negativ auf ihre Freundschaft ausgewirkt zu haben.

Ich entdeckte einen Feigenbaum direkt am Flussufer. Wie hatte ich den gestern nur übersehen können! Kevin und ich machten uns zusammen ans Pflücken, aber die meisten Früchte erwiesen sich als unreif und sauer. Nur wenige waren essbar. Kevin holte einige Kokablätter aus seinem Rucksack und kaute den ganzen Tag darauf herum. Sie sollen den Magen beruhigen und den Appetit dämpfen, mir wird allerdings schlecht von dem Geschmack. Karl kaute Zimtstangen beim Gehen, die waren aber so stark, dass ich sie mir ebenfalls vom Leib halten musste.

Plötzlich hörten wir vorn aufgeregte Rufe. Karl und Marcus wären beinahe auf eine große Schlange getreten.

»Sie ist entwischt«, Karl schüttelte bedauernd den Kopf. »Schade. Die sind köstlich. Schmecken genau wie Fisch.«

»Sind die nicht giftig?«, fragte Kevin.

»Nein, die hier war nicht besonders gefährlich. Es gibt zwei Arten von Giftschlangen im Urwald«, Karl setzte zu einem Vortrag an, »die Pucarara und die Lora. Die Pucarara ist gelb und schwarz gestreift. Ihr Biss führt fast sofort zum Tod, aber die Lora ist sogar noch schlimmer. Sie ist grün wie die Blätter und hält sich gewöhnlich in den Bäumen auf. Man muss also damit rechnen, am Kopf angegriffen zu werden, und selbst wenn sie dafür zu weit entfernt ist, kann sie noch ihr Gift verspritzen, dann kriegst du es genau in die Augen. Ich kenne jemanden, der auf diese Weise blind geworden ist. Aber von diesen beiden abgesehen, sind die Schlangen hier ungefährlich, außer der Boa natürlich, die kann dich zu Tode quetschen. Ebenso die Anakonda, die in den Flüssen lebt. Die ist ausgewachsen ein paar Meter lang und ziemlich dick.

Aber ich will euch eins sagen. Die gefährlichsten Tiere – noch schlimmer als die Schlangen und sogar schlimmer als die Jaguare –

sind die Wildschweine. Die sind schlau. Sie bewegen sich in Rudeln und folgen einem Leittier. Ich war einmal auf einer Expedition, als wir von einer Horde Wildschweine angegriffen wurden, während wir gerade Rast machten. Es waren bestimmt zwanzig Stück. Sie haben üble Hauer und Zähne wie Rasiermesser. Sie hatten uns überrascht. Wir mussten flüchten und kraxelten wie besengt die Bäume hoch. Da fingen die Scheißschweine an, den Boden um die Stämme herum aufzuwühlen. Sie versuchten, die Bäume zu entwurzeln. Die waren wild entschlossen, uns als Festessen zu verzehren.« Karl machte es Spaß, die Geschichte auszuschmücken. »Wir nahmen sie von den Bäumen aus unter Beschuss und konnten sie schließlich verjagen, nachdem wir acht von ihnen erwischt hatten. Für den Rest der Expedition brauchten wir nicht mehr auf die Jagd zu gehen; wir hatten jede Menge geräuchertes Fleisch. Wildschweinfleisch ist eine echte Delikatesse.«

Wir trafen allerdings kaum auf wilde Tiere, abgesehen von den Affen, die wir häufig sahen und noch häufiger hörten; sie veranstalteten nachts einen Höllenspektakel. Zwar stießen wir Tag für Tag auf Tapir- und Wildspuren, aber der Hauptanteil unseres Kontaktes mit der Tierwelt wurde unglücklicherweise von diversen Insektenarten bestritten, die uns eine Menge Schmerzen zufügten. Die lästigsten Vertreter waren die Feuerameisen: kleine braune Ameisen, die auf Bäumen sitzen. Wenn einer von uns unachtsamerweise gegen einen Zweig mit Ameisen stieß, hatte er es auf der Stelle zu bereuen. Massenweise schwärmten sie auf uns ein, schlüpften in den Kragen, die Ärmel und die Hosen. Ihr Biss brannte wie Feuer. Sobald einer von uns befallen wurde, fing er an, wie wahnsinnig herumzutanzen. Kevin riss sich dann die Kleidung herunter und versuchte, die Biester abzuschütteln. Marcus pflegte zu schreien: »Diese beschissenen Ameisen, diese widerlich beschissenen Ameisen! Helft mir doch!« Er zeigte dann auf die Stellen seines Körpers, wo er nicht hinkam, damit wir ihn von den gnadenlosen Ameisen befreiten. Immer wenn ich das Opfer war, lief ich zum Fluss und sprang hinein in der Hoffnung, sie zu ersäufen, aber es tat wahnsinnig weh. Karl erzählte uns, dass die Feuerameisen stets auf den Palo Santos, den Heiligen Bäumen, anzutreffen seien. Die Missionare hätten seinerzeit aufsässige Indianer gern an die Palo Santos gebunden, und während diese von den Ameisen angefallen wurden, hätten sie Gelegenheit gehabt, ihren Widerstand gegen das Christentum noch mal zu überdenken.

Neben den Feuerameisen nervten uns auch die Bienen, besonders wenn wir essen wollten. Und eine ständige Plage waren die Moskitos, die auf jedes freie Stückchen Haut einstachen. Wir hatten Malariatabletten mit und schluckten gewissenhaft jeden Tag eine. Als ob all diese Geißeln uns noch nicht genug Elend bescherten, fielen wir auch noch den Blutegeln zum Opfer. Sie krallten sich an unseren Körpern fest, gruben ihre Köpfe unter die Haut und saugten Blut. Wenn man Blutegel nicht rechtzeitig entfernt, blähen sie sich auf, und dann gilt es aufzupassen beim Rausziehen. Man muss mit einer Nadel unter die Haut stechen und den Kopf ausgraben, wenn man keine Infektion riskieren will.

Wir kamen schnell voran, da wir die Richtung kannten und auf Wegen marschierten, die wir uns erst am Tag zuvor geschlagen hatten. Nachts schliefen wir in Lagern, die wir selbst kurz vorher angelegt hatten. Wir wanderten allerdings ohne jede Begeisterung und sprachen kaum. Sowohl Kevins als auch Marcus' Schuhe schienen ziemlich am Ende. Karls Stiefel waren völlig unbrauchbar geworden, und er trug daher Kevins Sandalen. Mit solchem Schuhwerk auf unwegsamen Pfaden zu gehen und durch Flüsse zu waten kann schwerlich sehr angenehm gewesen sein, aber Karl, wie gesagt, war ein zäher Bursche.

Es herrschte eine unausgesprochene Feindseligkeit zwischen Marcus und mir. Wir sprachen überhaupt nicht mehr miteinander, sogar in praktischen Belangen lief die Verständigung über Kevin. Das störte mich zwar, aber ich fühlte mich sicher, da ich mir Kevins Freundschaft gewiss war.

Abends, nach dem Essen, holte Kevin immer eine Spule mit Zahnseide heraus und gab jedem von uns ein Stück davon. Kevins Vater ist Zahnarzt, und so vernachlässigte er seine Zahnpflege nicht einmal im tiefen Dschungel. Marcus kam eines Abends vom Geschirrspülen im Fluss zurück und stellte das übrig gebliebene saubere Wasser zur Verfügung, damit wir uns den Mund ausspülen konnten. Ich nahm einen Mundvoll, spülte und spuckte aus. Es war nicht viel Wasser da gewesen, und ich hatte alles aufgebraucht. Kevin war wütend.

»Du hättest mit mir teilen müssen«, beschwerte er sich.

»Ich weiß«, antwortete ich, »aber es war so wenig Wasser übrig, dass ich alles genommen habe, ohne es zu merken.«

»Trotzdem, du hättest teilen müssen. Man muss immer teilen.«

Kevin war bedient und ging ins Zelt, wo Karl schon lag und schnarchte.

Marcus und ich blieben allein beim Feuer zurück. Keiner sagte ein Wort. Mir war unbehaglich, und ich fühlte mich einsam nach dem Streit mit Kevin. Ich brauchte ihn. Wenn Kevin wütend auf mich war, würde er sich vielleicht mit Marcus zusammentun, und ich wäre ausgeschlossen. Marcus sah verstohlen zu mir herüber, aber ich mochte ihm nicht in die Augen blicken. Ich saß noch einen Moment sinnend da, dann erhob ich mich und sagte Gute Nacht.

Als ich ins Zelt kam, war Kevin noch nicht eingeschlafen.

»Was macht Marcus denn ganz allein da draußen?«, fragte er.

»Keine Ahnung«, antwortete ich.

Kevin war mir anscheinend überhaupt nicht mehr böse. Im Gegenteil, er legte mir voller Wärme seine Hand auf die Schulter, als er Gute Nacht sagte. Kevin und ich waren wieder vereint. Marcus' Niederlage war nun vollkommen. Ich sah hinaus auf seine zarte Gestalt, und ein kalter Schauder überlief mich. Was war bloß los mit mir? Wo kam diese Bosheit her? Warum machte ich mich über ihn lustig? Warum genoss ich seinen Schmerz? Plötzlich bekam ich Angst, Angst vor mir selbst. Ich wollte nach draußen stürzen, ihn umarmen und um Verzeihung bitten, aber ich war nicht fähig, mich zu rühren.

Marcus blieb noch lange draußen sitzen und starrte traurig in die Glut.

Am nächsten Morgen entdeckte Marcus rote Flecken auf seinen Füßen. Er klagte, dass sie sehr schmerzhaft wären. Karl sah besorgt aus.

»Das ist nicht gut, gar nicht gut«, sagte er. »Diese Flecken können sich leicht über den ganzen Fuß ausbreiten. Das ist mal einem Freund von mir passiert. Es wurde so schlimm, dass er nicht mehr gehen konnte und wir ihn tragen mussten. Hoffentlich hast du dir nicht dieselbe Sache eingefangen.«

Marcus war ganz erschrocken und rieb sich die Füße mit Vaseline ein. An diesem Tag marschierten wir flott voran, und Marcus konnte das Tempo auch mithalten. Kevins Laune wurde besser.

»Wenigstens können wir immer noch den Fluss runterfahren«, sagte er.

Um die Mittagszeit entdeckte Karl ein *Pavo*, einen wilden Vogel, eine Art Truthahn. Er saß auf dem Ast eines großen Baumes. Karl bedeutete uns, still zu sein, schlich vorsichtig heran und zielte sorgfältig. Der Schuss und der Aufschrei tönten im selben Moment.

»Getroffen! Ich habe ihn erwischt!«, rief er vergnügt und rannte zwischen die Bäume, um den Vogel sicherzustellen.

Dann hörten wir Schreckensrufe und Schmerzensschreie.

»Oh! Ach!«

Er brach durchs Laubwerk, stürmte wie ein Wahnsinniger zum Fluss, sprang ins Wasser, stieg wieder heraus und kam schnell zu uns herüber, wobei er sich am ganzen Körper rieb.

»Bienen, beschissene Bienen!« schrie er wütend. »Ich bin total zerstochen.«

Er zog das Hemd aus, und Marcus zählte die Stiche auf seinem Rücken. Sein linkes Ohr war schon ganz rot und angeschwollen, und der Nacken brannte ebenfalls.

»Die haben mich angefallen, diese Scheißviecher!« Karl hatte sich noch nicht beruhigt. »Der *Pavo* ist genau in einen Bienenstock gefallen. Diese kleinen Wichser können ihn auch behalten, wenn's nach mir geht.«

Kevin und ich konnten unser Lachen kaum unterdrücken.

»Das ist nicht dein Ernst, Karl«, sagte Kevin. »Du willst doch wohl nicht diesen Truthahn da liegen und uns verhungern lassen.«

»Bist du so scharf darauf?« Karl schäumte vor Wut. »Dann hol ihn dir doch selbst.«

»Yossi, hilfst du mir?«, fragte Kevin.

Widerwillig machte ich mit. Zuerst sprühten wir uns vollkommen mit Insektenspray ein, nicht nur die bloße Haut, sondern auch die Kleidung. Karl sah uns mit selbstgefälligem Grinsen zu. Kriechend näherten wir uns nun der fraglichen Stelle aus entgegengesetzten Richtungen, und schon bald konnten wir den summenden Schwarm rund um den Vogel sehen. Kevin kroch vorwärts, ich tat es ihm gleich.

»Keine Angst«, sagte Kevin, »der Geruch des Insektensprays hält sie garantiert von uns ab.«

Ich war jetzt ungefähr zwei Meter dicht herangekommen und noch nicht gestochen worden. Kevin trat einen weiteren Schritt näher, da schwärmten die Bienen in einer dicken Wolke auf ihn ein. »Oooh weeh«, schrie er und stürzte blindlings fort. Er prallte gegen Äste, stolperte, ließ sich jedoch nicht aufhalten und sprang schließlich in den Fluss. Auch ich rannte wie verrückt weg, wurde aber gar nicht gestochen.

Karl lachte sich ins Fäustchen. »Na, Kevin, wo ist denn der Truthahn?«

Kevin rieb sich den geschundenen Körper. »Mindestens zwanzig Bienen haben mich gestochen, diese Mistdinger. Hoffentlich ersticken sie an dem verdammten Truthahn! Ich geh da jedenfalls nicht wieder hin.«

Am nächsten Morgen waren Marcus' Füße in einem fürchterlichen Zustand. Die Flecken hatten sich ausgebreitet, und er hatte große Schmerzen. Er rieb sich erneut mit Vaseline ein, zog sich dann die Schuhe an und wickelte Plastiktüten darum. Er wollte die Füße möglichst trocken halten, was eigentlich unmöglich war, wenn man durch den Fluss watete. Zum Glück kamen wir nachmittags dann wieder in Asriamas an.

Don Jorges Kinder waren die Ersten, die uns kommen sahen. Sie liefen ins Dorf und verkündeten mit fröhlichem Geschrei unsere Rückkehr. Einige Frauen kamen uns begrüßen. Dazu gehörte auch Don Jorges Frau mit ihrer Mutter und ihren Nachbarinnen. Sie waren ehrlich erfreut, uns wiederzusehen. Und noch jemand war glücklich, uns zu sehen.

Sie erhob sich von ihrem Liegeplatz im Schatten des Küchengebäudes, gähnte ausgiebig und kam schwanzwedelnd zu unserer Begrüßung. Flaca! Karl war verblüfft, sie lebend und wohlauf hier anzutreffen. Er versuchte, seine Freude zu verbergen, und gab ihr einen satten Tritt in den Hintern, so, als ob er sagen wollte: »Wir haben genug von dir, du Verräterin.«

Man schickte einen Jungen los, um Don Jorge auf den Feldern zu benachrichtigen. In der Zwischenzeit versorgte uns seine Frau: Lammbrühe, Reis, Bohnen und geröstetes Fleisch. Dazu kam noch ein Krug mit Saft auf den Tisch. Nun genossen wir die Köstlichkeiten, nach denen wir uns gesehnt hatten.

Don Jorge kam vom Feld zurück, seine Machete über die Schulter gelegt. Er drückte uns allen herzlich die Hand. Wir erzählten ihm von unserer Reise in den Dschungel und von unseren neuen Plänen. Wir würden es zwar nicht mehr bis zum Indianerdorf schaffen, aber wir könnten wenigstens den zweiten Teil unseres Vorhabens ausführen. Wir wollten hierbleiben, um ein Floß zu bauen, und dann den Fluss hinunterschiffen bis zu der Stelle, wo er in den Beni einmündet, in der Nähe von Rurrenabaque; von dort würden wir nach La Paz zurückfliegen.

Don Jorge erbot sich, das Floß für uns zu bauen. Karl erläuterte, dass es breit und stabil genug sein müsste, um vier Leute, das

Gepäck und große Mengen an Vorrat transportieren zu können. Don Jorge erwiderte, dass er dies zwar nicht alleine bewältigen könne, aber sehen wolle, ob ihm seine Nachbarn dabei helfen würden.

Wir hatten nun viel Zeit und nahmen ein Bad im Fluss. Wir wuschen uns die Haare und – mit Ausnahme von Karl – rasierten uns die Stoppeln aus dem Gesicht, die uns auf der Wanderung gewachsen waren. Sobald wir aus dem Wasser stiegen, zogen wir uns schnellstens an, weil die Moskitos um uns herumschwirrten. Ich war so sehr in Eile, dass mir die Brieftasche aus der Hose fiel. Ich bückte mich, um sie schnell an mich zu reißen. Es war eine rote Brieftasche aus Stoff, wasserdicht, aber ich hatte zusätzlich noch eine Plastiktüte darumgewickelt.

»Yossi, ich wollte dich schon lange fragen, was du eigentlich in dieser Brieftasche stecken hast«, sagte Kevin. »Ich weiß doch, wo dein Pass, dein Geld und deine Uhr sind. Also was hast du da in der Brieftasche, das du nie aus den Augen lassen kannst? Was versteckst du?«

»Das ist eine lange Geschichte«, sagte ich grinsend.

»Ich bin ganz Ohr«, sagte Kevin.

Wir setzten uns in den Schatten. »Hast du schon mal von der Kabbala gehört?«, begann ich.

»Das ist so eine Art jüdische Geheimlehre, oder?«, sagte Kevin.

»Genau«, erwiderte ich, »aber in Wirklichkeit weiß ich auch nichts weiter darüber. Ich hatte einen Onkel Nissim, der in der Türkei geboren wurde und an der Jeschiwa in Tiberias studierte. Dann ging er auf Wanderschaft durch Europa, wobei er sich seinen Lebensunterhalt als Kantor, ritueller Schlachter und Beschneider verdiente. Schließlich ließ er sich in Israel nieder und betrieb in Rehovot einen kleinen Spielzeugladen.

Mein Onkel las ständig in alten religiösen Büchern. Damals wusste ich nichts davon, aber er studierte die Kabbala. Er hatte seine eigene Lebensweise und besondere Essgewohnheiten. Er ging nie zum Arzt und weigerte sich, irgendwelche Medikamente einzunehmen. Immer wenn er sich nicht wohlfühlte, fastete er ein, zwei Tage, bis es ihm besser ging.

Nissim hatte keine Kinder, aber ich stand ihm so nahe, als wäre ich sein Sohn. Als ich achtzehn wurde und zur Armee eingezogen werden sollte, bat er mich, ihn zu besuchen. Er saß aufrecht da mit seinem Kopf voll weißer Haare und sah mich eindringlich an. Er war damals dreiundachtzig. Aus seiner Brieftasche nahm er ein kleines Buch. Es war sehr klein, sehr dünn, die Seiten alt und vergilbt.

›Mein ganzes Leben lang habe ich dieses Buch in meiner Tasche getragen‹, sagte er. ›Es besitzt besondere Kräfte. Es hat mich beschützt. Jetzt bin ich ein alter Mann, und du wirst bald Soldat sein. Du hast seinen Schutz nötiger als ich. Nimm es und gib gut darauf acht. Trenn dich niemals davon, denn es wird auf dich aufpassen.‹

Ich bedankte mich und gab ihm einen Kuss. Dann machte ich mich auf den Heimweg und hielt das alles für großen Unsinn. Als ich zu Hause ankam, war meine Mutter in Tränen aufgelöst.

›Onkel Nissim hatte einen Herzinfarkt.‹

Ich eilte zum Krankenhaus. Mein Onkel war bewusstlos. Ich gab meiner Tante das kleine Buch, und sie legte es ihm unter das Kopfkissen. Als er wieder zu Bewusstsein kam, bat er sie, mir das Buch zurückzugeben, da er es nicht mehr brauchen würde. Er starb dort im Krankenhaus.«

»Mein Gott, was für eine Geschichte!«, rief Kevin aus.

»Vielleicht war es ja nur Zufall, oder vielleicht hat er auch geahnt, dass seine Zeit abgelaufen war, jedenfalls trage ich das Buch seither immer bei mir, für alle Fälle. Vor einem Jahr war ich zum Bergsteigen in Alaska. Ich war vom Pfad abgekommen und traf auf einen gefährlichen Übergang. Der Steinbrocken, an den ich mich klammerte, gab nach, und ich stürzte ab, aber wundersamerweise verfingen sich meine Jeans an einem vorstehenden Felsen. Das war meine Rettung. Ich hatte das Buch in meiner Hosentasche. Vielleicht war auch das Zufall. Wer weiß? Auf jeden Fall gibt es mir Sicherheit. Manchmal hab ich das Gefühl, ich sei unverwundbar, solange ich das Buch bei mir habe. Wenn mein eigener Sohn mal eingezogen wird, bin ich mir gar nicht so sicher, ob ich es dann an ihn weitergeben möchte.«

»Gib's ihm, wenn du dreiundachtzig bist«, schlug Kevin vor.

Kevin hatte selbst so einige Geschichten zu erzählen. Einmal war er von einer Reise nach Nepal zurückgekehrt und an Heiligabend zu Hause angekommen. Seine Familie hatte keine Ahnung, da er lediglich seine Schwester angerufen und ihr erzählt hatte, dass er auf dem Heimweg war. Sie musste ihm versprechen, seine Ankunft geheimzuhalten. Vom Flughafen fuhr er sofort zu ihr und ließ sich in ein Weihnachtsmannkostüm stecken. Derart herausgeputzt, mit einem Sack voll glitzernd verpackter Geschenke über der Schulter, mit einem dichten, wolligen Bart im Gesicht, stand er dann vor dem Haus seiner Eltern. Sein Vater kam zur Tür, und Kevin zog die Knecht-Ruprecht-Nummer ab. Er fragte seinen Vater und seinen Bruder, ob sie denn auch artige Kinder gewesen seien und sich immer gut betragen hätten und ob sie glaubten, dass sie ihre Geschenke verdient hätten. Sie bejahten diese Fragen, ohne zu bemerken, wer sich hinter dem Bart verbarg.

Schließlich konnte Kevin es nicht mehr aushalten, und mit tränenerstickter Stimme rief er: »Ich bin's doch, Papa! Kevin!«

Marcus' Füße bereiteten ihm nach wie vor große Schmerzen, da der Ausschlag noch nicht zurückgegangen war. Karl riet ihm, sie sorgfältig trocken zu halten und nicht zu belasten. Marcus rieb sie also einmal mehr mit Vaseline ein und machte es sich dann in der Sonne bequem, aber die Fliegen und Moskitos stürzten sich sofort auf seine bloßen Füße, sodass er sie mit einem Moskitonetz schützen musste.

Marcus wollte sich nun den kranken Fuß von Don Jorges Sohn anschauen. Man rief nach dem Jungen, und er kam herbeigelaufen, den Fuß lediglich mit einem Stofffetzen bedeckt. Als er diesen abnahm, sahen wir, dass die Schwellung zurückgegangen war. Es gab keine Anzeichen einer Entzündung mehr, und die Wunde war weitgehend zugeheilt. Die Wiederherstellung des Jungen machte Marcus glücklich und stolz.

Am Abend erzählte uns Don Jorge, dass seine Nachbarn bereit wären, beim Floßbau zu helfen. Morgen wolle man einige Balsabäume fällen und sie den Fluss hinunter zum Dorf treiben lassen. Don Jorge meinte, das Floß wäre in drei oder vier Tagen fertig, je nach Wetterlage. Die Balsastämme müssten vollständig getrocknet sein, bevor man sie verarbeiten könne. Wir hatten Ende November, und die Regenzeit stand kurz bevor, aber wir hofften noch auf ein paar sonnige Tage, die das Holz trocknen würden. Der Preis – zwanzig Dollar –, den Don Jorge und seine Nachbarn für ihre Arbeit verlangten, war lächerlich niedrig, und wir waren uns einig, dass wir ihnen mehr geben wollten.

Die Verpflegung für die Zeit unseres Aufenthaltes im Dorf – Reis, Fleisch, Obst und Gemüse – wollten wir Don Jorge abkaufen. Außerdem wollten wir seine Frau, sofern sie einverstanden war, dafür engagieren, uns die Mahlzeiten zuzubereiten. Wir würden also sowohl die Nahrungsmittel als auch ihre Arbeit bezahlen. Don Jorge hatte nichts dagegen.

»Da habt ihr ja jetzt ein Hotel mit Vollpension«, zog uns Karl auf.

Wir beteten um gutes Wetter, zumal uns Karl wiederholt daran erinnerte, dass er Anfang Dezember wieder in La Paz sein musste, um den Lastwagen seines Onkels abzuholen. Er hatte eine etwa einwöchige Fahrt auf dem Fluss für uns vorgesehen, daher mussten wir so schnell wie möglich loslegen.

»Vielleicht«, fügte Karl hinzu, »können wir, wenn wir schnell genug nach Rurrenabaque kommen, noch die Ranch meines Onkels besuchen. Die liegt nicht weit von dort entfernt. Wir könnten da einen oder zwei Tage bleiben.«

Dieser Vorschlag gefiel uns allen gut. Kevin und Marcus wollten beide noch vor Weihnachten nach Hause fliegen. Mich drängte es dagegen nirgendwo besonders eilig hin.

Wie gut tat es doch, in dieser Nacht auf einer luxuriösen Strohmatte schlafen zu können! Und wie friedlich das Dorf dalag. Alle Bewohner schliefen fest. Die Pferde weideten zwischen den Lehmhütten und warfen lange Schatten auf das taufeuchte Gras. Die Schafe dösten unter den Papayabäumen. Die Schweine hatten es sich im Schlamm gemütlich gemacht; es sah aus, als ob sie träumten, so unruhig zuckten sie im Schlaf. Und die Hunde waren zum Bellen zu faul.

Karl machte sich im Morgengrauen auf und half den Dorfbewohnern bei der Suche nach Balsabäumen. Nachmittags kam er zur Hütte zurück, wo wir auf unseren Matten herumlagen. Kevin und Marcus lasen. Ich tat gar nichts. Er teilte uns mit, dass man bereits sieben dicke Bäume ausgewählt habe und dass Don Jorge und seine Freunde in diesem Moment dabei seien, sie zu fällen.

Es war heiß draußen, daher genossen wir es, in dem kühlen, dunklen Raum zu liegen. Karl, dem das Faulenzen einfach nicht lag – eine Fähigkeit, die Kevin und ich zur hohen Kunst entwickelten –, suchte ungeduldig nach irgendeiner Beschäftigung. Er nahm sich die Schuhe von Marcus und Kevin vor, deren Sohlen schon fast abgefallen waren. Er griff sich einen Hammer und ein paar Nägel und schlug mit großer Sorgfalt Löcher durch das Oberleder und die Gummisohlen. Dann flocht er Draht durch die Löcher und zog alles fest zusammen. Es war wie genäht. Danach untersuchte er seine eigenen Stiefel. Die Sohlen waren schon vor geraumer Zeit im Urwald verloren gegangen. Er ging ins Dorf, um etwas Leder aufzutreiben, aus dem er sich neue Sohlen schustern könnte. Er feilschte ein bisschen um den Preis, und schließlich tauschte er ein kleines Taschenmesser, das wir als Geschenk für die Indianer mitgenommen hatten, gegen ein Stück Rehleder. Das schnitt er genau nach der Form der Stiefel zu, machte rundherum Löcher in den Rand und befestigte es mit Angelleine an den Stiefeln.

»Es gibt fast nichts, was diese zwei Hände nicht bewerkstelligen könnten«, prahlte er. »Man weiß nie, wann man mal auf bestimmte Fertigkeiten zurückgreifen muss.«

Karl verbrachte den Nachmittag damit, Don Jorges Schwiegervater über Goldvorkommen in der Gegend auszufragen. Der alte

Mann antwortete geduldig auf alle seine Fragen. Karl erfuhr, dass Don Jorges jüngerer Bruder Pablo am Flußufer einmal über ein großes Goldstück gestolpert war. Nach dieser Entdeckung hatten sich die Dorfbewohner aufgemacht und die ganze Gegend abgesucht, aber das Ergebnis war enttäuschend gewesen.

Karl kam völlig aufgedreht und unternehmungslustig zur Hütte zurück. Er erzählte uns, was er gehört hatte, und schmiedete Pläne.

»Diese Dörfler verfügen über keine besonders ausgefuchste Abbautechnik. Die können gar nicht beurteilen, welche Möglichkeiten diese Gegend vielleicht bietet. Ich werde mir das morgen einmal selber anschauen. Wenn es da Gold in nennenswerten Mengen gibt, komme ich zurück mit einer Maschine, die das Auswaschen automatisch besorgt. Ich kann alles, was ich dafür brauche, in Apolo kaufen und es auf Lasteseln hierhertransportieren. Das Benzin für die Maschine lass ich von einer Piper einfliegen, die kann auf dem Fluss landen. Es ist äußerst günstig, dass wir das Dorf hier gleich in der Nähe haben. Ich kann hier wohnen, mir mein Essen kaufen. Das Dorf hat auch was davon. Bekommt ein bisschen Wohlstand ab. Ich werde ein paar Leute einstellen. Händler werden hier auftauchen und ihre Waren mitbringen. Die Dorfbewohner können ihnen ihre Erzeugnisse verkaufen ...«

Innerhalb von fünf Minuten war Karl zum Millionär geworden, und er hatte aus Asriamas eine betriebsame Metropole gemacht. Kevin und Marcus hatten während seines ganzen Vortrags einfach weitergelesen. Ich war der Einzige, der ihn ernst nahm. Er war froh, wenigstens ein offenes Ohr zu finden.

Am nächsten Tag ließen wir Marcus und Kevin in der Hütte zurück und machten uns im Morgengrauen auf zu Don Pablos Haus. Er wohnte am anderen Ende des Dorfes, von unserer Hütte aus ein Fußmarsch von einer Stunde. Wir hatten einen Rucksack voller Geschenke dabei, die ursprünglich für die Indianer gedacht gewesen waren. Auf dem Weg tauschten wir ein paar Angelhaken, Angelleine, eine Tröte und ein Taschenmesser gegen Kaffee, frische Eier und Paprikaschoten. Kleine Häuser reihten sich entlang des Flusses, wir klopften überall an. Karl vergab zum Beispiel einen Dauerauftrag über vier Eier pro Tag. Außerdem bestellte er ein *Aroba* (gut fünfundzwanzig Pfund) Yuccafrüchte, Paprikaschoten, getrocknete Zwiebeln, *Chancaca* und jeweils eine Staude süße Bananen und Kochbananen – alles für die geplante Reise. Er versprach gute Bezahlung für die Lebensmittel, entweder in Geld oder Geschenken.

Bei Don Pablo waren nur zwei kleine Mädchen zu Hause. Eins davon lief zum Bananenhain, um den Vater zu benachrichtigen, während wir uns im Schatten niederließen, um auszuruhen. Karl fing an, Faxen zu machen, indem er einem im Hof umherlaufenden Truthahn Grimassen schnitt und dazu allerlei Verrenkungen betrieb. Als dieser neugierig näher kam, versuchte Karl, ihm auf den Kopf zu spucken. Dann aber wurde er still und ernst. Ich hatte den Eindruck, dass er etwas sagen wollte, aber nicht recht wusste, wie. Schließlich fing er an.

»Ich weiß nicht, wie ich mich ausdrücken soll, aber ich muss dir etwas sagen. Ich hab schon mit Marcus darüber gesprochen. Du weißt doch noch, dass ich euch alle eingeladen habe, die Ranch meines Onkels zu besuchen, wenn wir die Flussfahrt hinter uns haben? Tja, ich glaube, *dich* kann ich nicht dahin mitnehmen. Weißt du, mein Onkel ist Österreicher. Ich meine, nicht irgendein normaler Österreicher. Er ist aus Österreich ausgewandert und hierhergekommen. Die Wahrheit ist, dass er auswandern musste. Er ist geflüchtet. Wahrscheinlich hatte er mit den Nazis kollaboriert, ich weiß es nicht genau. Jedenfalls ist er nach Bolivien geflohen. Er ist ein ziemlich primitiver Typ. Ich mag ihn genauso wenig wie seine Ansichten. Nur Idioten würden jemanden wegen seiner Hautfarbe oder seiner Religion diskriminieren. Mein Onkel aber ist ständig dabei, die Juden zu verfluchen und abfällige Bemerkungen über sie zu machen. Zuerst wollte ich dich bitten, so zu tun, als seist du kein Jude. Du könntest ja sagen, du seist Amerikaner, so wie Kevin. Wozu sich unnötig Probleme aufhalsen? Das hab ich auch Marcus gesagt. Aber inzwischen kenne ich dich besser. Falls mein Onkel irgendeine bescheuerte antisemitische Bemerkung macht, würdest du sicherlich hochgehen.«

»Und dir das Warten auf dein Erbe verkürzen«, witzelte ich, um der Sache die Spannung zu nehmen. Trotzdem war mir unbehaglich. Nicht einmal so sehr wegen der Vorstellung, dass Karls Onkel Nazi gewesen war, sondern wegen Karl selbst und der Art, wie sich seine Geschichten andauernd veränderten.

Don Pablo kam, während Karl noch redete. Er war ein angenehmer Bursche. Wir hatten ihn ja schon kennengelernt, als wir das erste Mal in Asriamas gewesen waren. Karl stellte ihm eine Menge detaillierter Fragen, die er bereitwillig beantwortete. Er zeigte Karl sogar einige Goldstücke, die er selbst gefunden hatte, das größte hatte er allerdings an einen Händler in Apolo verkauft. Er holte einige Hacken und eine *Patea*, eine Goldwäscherpfanne, gab uns einen Krug mit *Cana* und führte uns zur Grabungsstelle. Dann ließ er uns allein, um wieder an seine Arbeit zu gehen.

Auf der Seite des Hügels zum Flussufer hin sahen wir einen in den Fels geschlagenen Tunnel.

»Also dann, an die Arbeit«, sagte Karl.

Er krempelte seine Ärmel hoch, ging in den Tunnel und untersuchte das Gestein. Dann schlug er mit der Spitzhacke in die Steinwand und löste einige Brocken ab. Diese sammelte er in der *Patea* und trug sie zum Fluss. Dort setzte er sich auf einen Stein, tauchte die Pfanne ins Wasser und zerbröckelte das Gestein, so gut es ging. Dann schwenkte er die *Patea* langsam im Kreis herum. Bei jeder Drehung wurden Sand und Steine mit dem Wasser herausgespült, so lange, bis sie fast leer war. Ab und zu unterbrach er, um die übrig gebliebenen Brocken mit der Hand zu zerkleinern, und fuhr dann fort.

»Weißt du«, erklärte er mir, »das Gold ist mit dem Sand und den Steinen vermischt. Ich versuche, sie zu trennen. Gold ist viel schwerer als Wasser, Sand oder Stein. Deswegen bleibt es in der *Patea* liegen, während Sand und Steine herausgewaschen werden. Man muss nur rhythmische, kreisende Bewegungen machen.«

Als Karl den Spülvorgang beendet hatte, fand sich tatsächlich ein Rückstand von zwei winzigen Goldkörnern am Boden der *Patea*. Karl zeigte sie mir.

»Die sind nichts wert«, verkündete er. »Zu klein. Aber wir geben noch nicht auf. Los, versuchen wir es noch einmal!«

Karls Bemerkungen drangen kaum zu mir durch. Ich war vom Goldfieber erfasst.

»Wir haben Gold gefunden! Wir haben Gold gefunden!«, sagte ich immer wieder.

Ich schnappte mir die Spitzhacke und schlug auf den Fels ein. Die Brocken gab ich Karl, der sie zum Fluss trug und auswusch. Wir arbeiteten bis mittags.

Als wir zum Dorf zurückkehrten, war das Goldfieber wieder verflogen. Karl erklärte, dass die Goldmenge, die wir gefunden hatten, zu vernachlässigen sei. Praktisch wertlos.

»Auf jede Tonne Gestein kommt nur eine Winzigkeit Gold.«

Er stellte ein paar Berechnungen an und buchte dann die Geschichte als Fehlschlag ab.

»Aber lass die Hoffnung nicht fahren, Yossi. Du wirst schon sehen, in Curiplaya kriegen wir mindestens fünf Gramm zusammen.«

Don Jorge berichtete, dass das Floß Fortschritte machte. Die Stämme waren geglättet und ihre Borke entfernt worden. Am nächsten Tag sollten sie mit widerstandsfähigen Holzstiften zusammengefügt werden. Alles Weitere hing vom Wetter ab. Wenn es heiß und trocken bliebe, könnten wir in zwei Tagen aufbrechen; aber wenn es regnete, müssten wir noch ein paar Tage länger warten.

Tatsächlich regnete es; es war zwar nur ein Nieseln, aber das dauerte mehrere Stunden. Wir waren jetzt schon acht Tage in Asriamas. Kevin hatte die meiste Zeit lesend verbracht. Karl war, wie üblich, immer beschäftigt. Er war entweder unterwegs, um zu sehen, wie es mit dem Floß voranging, oder er ging auf die Jagd, feilschte mit den Dörflern und erzählte seine Geschichten jedem, der sie hören wollte.

Marcus' Füße hatten sich erholt, aber er war in einer wirklich miesen Stimmung. Von Kevin und mir hielt er sich fern. Da es weiter nichts zu tun gab, schloss er sich nun immer Karl an. »Wie ein kleiner Pfadfinder, der seinem Fähnleinführer hinterherläuft«, bemerkte Kevin verächtlich.

Am nächsten Morgen wollten Karl und Marcus ihr Angelglück an der Stelle versuchen, wo der Asriamas in den Tuichi mündete. Karl prahlte, dass er in Nullkommanichts mit einem riesigen Fisch zurück wäre. Gegen Mittag machte ich mich auf, um nachzusehen, ob sie Erfolg gehabt hatten. Auf dem Weg entdeckte ich einen großen Wasservogel, der auf einem Stein kauerte, bereit, jeden Moment ins Wasser zu tauchen. Er war so sehr damit beschäftigt, seine Beute zu beobachten, dass er mich nicht bemerkte. Ich verzog mich heimlich ins Schilf und rief mir ins Gedächtnis zurück, was Karl gesagt hatte: »Alle Vögel, die sich von Fisch ernähren, kann man gut essen.« Ich würde heute mal allen eine Überraschung bereiten und diesen Vogel fangen, dachte ich mir. Während ich schnell zur Hütte zurücklief, um das Gewehr zu holen, betete ich, dass der Vogel inzwischen nicht wegfliegen würde.

Als ich zurückkam, saß er immer noch auf seinem Stein. Ich kroch durchs Schilf und versuchte, so dicht wie möglich heranzukommen. Ich setzte das Gewehr an, konnte mich aber nicht dazu entschließen abzudrücken. Der Vogel war wunderschön, und wir hatten doch genug zu essen hier im Dorf. Es wäre nicht richtig, ihn abzuschießen. Aber mein Mannesstolz und der Wunsch, bewundert zu werden, setzten sich schließlich durch. Ich gab einen Schuss ab. Der Vogel fiel stumm ins Wasser. Die Strömung war stark, und als der Vogel abzutreiben begann, sah ich, dass er noch lebte und versuchte, gegen die Strömung anzukämpfen. Ich hatte Angst, dass er einfach im Wasser verschwinden könnte. Es wäre eine Schande gewesen, ihn für nichts und wieder nichts getötet zu haben! Ich zog mich aus und sprang ins Wasser. Der Vogel sah mich und ahnte, dass ich hinter ihm her war. Er hörte auf, sich abzumühen, und überließ sich der Strömung, so als wenn er lieber ertrinken wollte, als sich der Schande auszusetzen, von menschlicher Hand zu fallen. Ich folgte ihm durch das reißende Wasser und näherte mich schon der Stelle, wo sich der Asriamas in den Tuichi ergießt, als ich den Vogel an einem Flügel zu fassen bekam. Er hackte wütend auf meine Hand ein und ließ ein unterdrücktes Kreischen hören, aber ich ließ nicht los. Ich strampelte mit den Füßen und versuchte, mit einem Arm zum Ufer zu schwimmen, kletterte aus dem Wasser und warf den Vogel zu Boden. Er lag heftig blutend da. Ich holte schnell das Gewehr und hieb ihm den Kolben auf den Kopf. Der weiche Boden federte den Schlag ab, sodass der Vogel sich in Schmerzen wand. Ich legte einen Stein unter seinen Kopf und schlug erneut zu. Darauf rührte der Vogel sich nicht mehr.

Vor dem Dorf begegneten mir Don Jorges Kinder. Sie hatten den Schuss gehört und kamen nun angelaufen, um sich den Vogel anzusehen. Don Jorges Frau war ebenfalls da, und ich bat sie, uns den Vogel zum Abendessen zuzubereiten; vorher aber musste ich ihn noch Kevin zeigen, der auch gehörig beeindruckt war von meiner Treffsicherheit.

Karl und Marcus kehrten an diesem Nachmittag mit leeren Händen zurück. Bevor ich überhaupt die Gelegenheit hatte, sie ordentlich aufzuziehen, fragte Karl mich schon: »Was ist denn das für eine Geschichte, Yossi? Was für einen komischen Vogel hast du da geschossen? Ich hab ihn in der Küche gesehen. Den können wir nicht essen.«

»Warum nicht?«, wollte ich wissen.

»Der frisst hauptsächlich Aas, Schlangen und so was. Nicht essbar für den Menschen.«

»Igitt!«, rief Marcus angewidert.

»Aber Karl«, protestierte ich verzweifelt, »dieser Vogel frisst Fisch. Ich hab doch mit eigenen Augen gesehen, wie er versuchte, Fische zu fangen.«

»Du hast dich geirrt«, sagte Karl achselzuckend, »der ist nicht essbar.«

Ich fühlte mich erniedrigt. Karl sagte das alles nur, weil ich derjenige war, der den Vogel erlegt hatte. Hätte er ihn geschossen, würde er uns jetzt erzählen, wie köstlich er sei. Marcus nervte mich ganz besonders; er war so glücklich, dass ich runtergemacht wurde.

Der Vogel wurde zum Abendessen serviert, aber niemand rührte ihn an. Ich dachte traurig an das elegante Tier, dessen Leben ich völlig sinnlos zerstört hatte. Ein riesiger Klumpen aus Frustration setzte sich in meiner Kehle fest, und ich fühlte, wie mir die Tränen in die Augen traten.

Ein weiterer unangenehmer Zwischenfall ereignete sich einige Tage später. Karl und Marcus hatten sich aufgemacht, um die Fortschritte beim Floßbau in Augenschein zu nehmen. Kurze Zeit später kam Lazaro, Don Jorges junger Schwager, zur Hütte.

»Die Herren möchten, dass Sie sich das Floß ansehen«, berichtete er.

»Wozu?«, fragte ich. »Wir haben es doch schon gesehen.«

»Es ist jetzt fertig. Sie haben gesagt, dass Sie hinkommen sollen.«

»Sag ihnen, dass wir volles und uneingeschränktes Vertrauen in ihr Urteil haben«, sagte Kevin ungeduldig, ohne auch nur von seinem Buch aufzusehen.

Ich erklärte dem Jungen, dass wir das Floß schon gesehen hätten und nur kommen würden, falls Karl und Marcus Hilfe brauchten. Ansonsten würden wir es vorziehen, hierzubleiben und uns auszuruhen.

»Lass nur, Yossi«, unterbrach Kevin mich plötzlich. »Wir schicken ihnen eine Nachricht.«

Kevin diktierte mir einen albernen Brief, den ich wie folgt niederschrieb:

Liebster Karl und Marcus!
Wie Ihr längst nur zu gut wisst, sind wir faule Schlaffis und Rumhänger, die ganz zufrieden damit sind, hier im Schatten zu liegen. Wir setzen vollstes, uneingeschränktes und absolutes Vertrauen in Eure Beurteilung des Floßes, aber falls Ihr doch unsere Hilfe benötigt, brauchtest Du nur Deine Stiefel auszuziehen, Karl. Der Geruch Deiner Socken wird zu uns herüberwehen, und wir werden wie der Blitz bei Euch sein.

Viele Grüße
Kevin und Yossi,
die Taugenichtse

Ich übergab die Nachricht dem Jungen und bat ihn, sie den beiden Herren zu überbringen.

Eine halbe Stunde später tauchte Karl auf.

»Was ist los mit euch? Warum zum Teufel seid ihr nicht zum Fluss gekommen?«

»Wozu?«, fragte Kevin.

»Wir müssen die Tragfähigkeit des Floßes testen und dazu alle vier draufsteigen. Außerdem brauchen wir noch zwei Indianer, die das Gewicht unseres Vorrats und der Ausrüstung vorstellen sollen«, erklärte Karl.

Kevin entschuldigte sich: »Wir haben den Jungen nicht richtig verstanden. Er hat uns nicht gesagt, dass ihr uns braucht.«

»Na gut, macht ja weiter nichts.« Karl lächelte verständnisvoll.

Wir gingen mit ihm zum Fluss und bestiegen das Floß. Die Stämme waren etwas heller als vorher, aber immer noch grün. Das Floß lag zu tief im Wasser und war schwer zu manövrieren.

»Das geht nicht«, sagte Don Jorge. »Ihr müsst länger warten.«

»Ich habe nicht viel Zeit«, sagte Karl sichtlich besorgt. »Wir werden vielleicht keine andere Wahl haben, als zu Fuß nach Apolo zurückzugehen.«

»Es gibt noch eine andere Möglichkeit«, sagte Don Jorge. »Der Nachbar meines Bruders auf der anderen Seite des Dorfes hat vier dicke, trockene Balsastämme. Geht doch mal zu ihm. Wenn er sie euch verkauft, können wir die trockenen Stämme zusätzlich befestigen, zwei auf jeder Seite; das würde viel ausmachen.«

Wir kehrten alle zur Hütte zurück. Ich beeilte mich, vor Kevin da zu sein, um das Bett für mich zu beanspruchen. Kevin nahm seine Niederlage hin und sank auf die Strohmatte nieder. Karl wollte noch ein wenig in der Küche herumschnüffeln. Marcus stand unruhig in der Mitte des Zimmers, offensichtlich verärgert.

»Yossi«, sagte er plötzlich.

Ich blickte zu ihm auf. Er sah merkwürdig aus.

»Yossi, hier hast du deine beschissene Nachricht!«

Er nahm den zerknüllten Zettel aus seiner Tasche und warf ihn mir ins Gesicht. Er fiel auf den Boden. Es war still im Zimmer. Kevin sah zu, ohne ein Wort zu sagen.

»Heb deine Scheißnachricht auf, hörst du?« Marcus wurde richtig hysterisch. »Du solltest dich schämen! Es war so überheblich von dir, das zu schreiben, und außerdem eine Beleidigung für den Indianer. Er ist doch nicht dein Diener. Er hat sich die Mühe gemacht hierherzukommen, um euch eine Nachricht zu überbringen, und du machst dich über ihn lustig.

Die ganze letzte Woche haben Karl und ich uns um alles gekümmert und euch von vorn bis hinten bedient. Alles, was du tust, ist schlafen. Wenn wir euch schließlich einmal bitten, etwas zu tun, dann blödelst du dumm rum und drückst dich. Es ist eine Beleidigung für Karl nach allem, was er für uns getan hat.«

Das alles stieß er mit schriller Stimme hervor. Als er fertig war, stand er da und starrte mich vorwurfsvoll an. Wahrscheinlich hatte er lange gebraucht, um den Mut für diesen Ausbruch zu sammeln.

Ich druckste unbehaglich herum und wusste nicht, was ich sagen sollte. Marcus hatte meine Handschrift erkannt und gab nur mir die Schuld an allem.

»Ich hab doch nur Spaß gemacht, Marcus«, sagte ich mit erstickter Stimme. »Ich wusste nicht genau, was der Junge wollte, und ich hatte nicht die Absicht, jemanden zu beleidigen. Wenn ich das getan habe, bitte ich um Entschuldigung. Aber wenn du keinen Spaß vertragen kannst, dann ist das dein Problem.«

Kevin griff ein. »He, ihr beiden«, sagte er, »lasst doch den Scheiß! Könnt ihr euch nicht wie Erwachsene benehmen? Los jetzt, wir setzen uns hin und besprechen die ganze Angelegenheit. Es hat keinen Sinn, so weiterzumachen. Wir können nicht zulassen, dass die ganze Reise an unseren persönlichen Beziehungen kaputtgeht. Wir werden uns jetzt alles von der Seele reden, ein für allemal alles rauslassen.«

Kevin sah uns an, gespannt auf unsere Reaktion. Marcus sagte nichts.

»Mir ist es recht«, sagte ich, »aber ich schätze, das ist eine Sache zwischen mir und Marcus. Also sollten wir beide uns vielleicht allein unterhalten. Bist du einverstanden, Marcus?«

»Ja«, antwortete er.

Nach dem Abendessen schlug ich ihm einen Spaziergang vor. Es gab da eine große Lichtung, wo die Pferde grasten. Ich liebte es, dort auf einem umgestürzten Baumstamm zu sitzen und ihnen zuzusehen. Ein Pferd war mir besonders aufgefallen, es war stark und sehnig, edel und ungezähmt. Jeden Abend ging ich allein dorthin und hatte nicht einmal Kevin davon erzählt. Ich saß dann immer da auf dem Baumstamm und sang laut auf Hebräisch.

Marcus und ich ließen uns auf dem Stamm nieder. Es war schwer, einen Anfang zu finden, aber Marcus begann schließlich.

»Ich habe schon nicht mehr geglaubt, dass wir noch jemals miteinander reden würden«, sagte er. »So oft wollte ich dich ansprechen, aber immer bist du mir ausgewichen. Jedes Mal wenn ich mich dir auf dem Pfad anschließen wollte, bist du schnell zu Kevin gelaufen. Immer warst du mit ihm zusammen. Hast mit ihm geredet. Ihm Geschichten erzählt. Ich habe versucht, daran teilzunehmen, aber du hast mich einfach ignoriert.

Ich muss den ganzen Tag mit Karl zusammenhängen und mir seine idiotischen Geschichten anhören. Ich hab ja sonst niemanden. Du redest immer mit Kevin, und ich bin ausgeschlossen. Ich wollte mit dir darüber sprechen, dich fragen, was denn eigentlich los ist, aber du bist mir immer ausgewichen.

Erinnerst du dich an die Nacht, als wir allein draußen am Feuer gesessen haben? Ich wollte mit dir reden, aber du bist einfach ins Zelt gegangen. Ich bin draußen geblieben und habe gehofft, dass du was merken würdest, dass du wieder rauskommen und mit mir sprechen würdest, aber das war ein Irrtum.

Die ganze Reise ist eine einzige Katastrophe für mich. Ich fühle mich elend, das macht mir alles überhaupt keinen Spaß.«

»Ich glaube, du hast recht, Marcus«, sagte ich. »Irgendetwas ist anders geworden, aber ich weiß nicht genau, was. Es ist nichts Bestimmtes vorgefallen. Wir haben uns irgendwie auseinandergelebt. Wir stehen einfach nicht mehr so zueinander wie vorher. Vielleicht bin ich zu ungehobelt und unkultiviert, und du, du fühlst dich in der Wildnis eben nicht zu Hause.«

»Das ist eine Lüge! Eine Lüge! Eine billige Entschuldigung!«, platzte Marcus wütend heraus. »Komm mir nicht damit. Es ist nicht wahr. Ich weiß wohl, dass Kevin das auch sagt. Er hat's mir schon erzählt, und weißt du auch, wann? Nach zwei Tagen Wanderschaft. Da hatte er schon entschieden, dass ich mich in der Wildnis nicht wohlfühle. Er meinte, dass er sich mit mir nicht verstünde und irgendwie Feindseligkeit mir gegenüber verspürte, daher wär's besser, wenn wir ein bisschen Abstand voneinander hielten und weniger miteinander reden würden. Zwei lausige Tage nachdem wir aufgebrochen sind, sagt er so was zu mir! Das war ein schwerer Schlag für mich. Ich habe Annick in La Paz zurückgelassen, um mit zwei engen Freunden loszuziehen, und nach zwei Tagen hat mich der eine einfach so fallen lassen. Danach warst du, Yossi, alles, was ich noch hatte. Ich brauchte einen Freund, ich brauchte dich. Aber du, du hast nie etwas gemerkt. Du wolltest nur mit Kevin zusammen sein. Warum, warum schließt ihr mich so aus?«

Er weinte leise vor sich hin, am ganzen Körper zitternd. Zum ersten Mal seit Beginn der Reise tat mir mein Freund leid. Ich war nicht mehr froh, ihn los zu sein und Kevin ganz für mich zu haben. Ich merkte, wie wichtig ich für Marcus gewesen war, und versuchte, ihn zu trösten.

»Hör zu, Marcus«, sagte ich, »lass uns wieder Freunde sein, wie früher. Ich weiß nicht, was über uns gekommen ist hier im Dschungel. Wenn wir nach La Paz zurückkehren, wird alles wieder in Ordnung sein. Es stimmt nicht. Ich habe dich nicht wegen Kevin verstoßen. Wir waren doch alle eine ganze Woche lang in La Paz zusammen, ohne dass Kevin zwischen uns getreten wäre. Lass uns versuchen, die Scherben aufzusammeln. Wir wollen wieder Freunde sein.«

Worte, schöne Worte. Vielleicht gelang es mir, Marcus etwas aufzuheitern, aber wir wurden nie wieder richtige Freunde. Nach jenem Tag sprachen wir zwar wieder miteinander, aber es war erzwungen und gekünstelt.

Wir kauften die vier getrockneten Balsastämme. Kevin und Marcus liefen auf die andere Seite des Dorfes, um sie zu holen und den Fluss hinunterzutreiben. Sie waren klatschnass, als sie wiederkamen. Marcus war jetzt besserer Stimmung.

Karl und ich machten uns daran, zusätzliche *Panchos* aus Balsarinde zu schneiden. Wir flochten sie zu langen Seilen zusammen, mit denen die hinzugekommenen Stämme am Floß befestigt werden sollten, und gingen mit großem Eifer an unsere Aufgabe. Die neuen Stämme waren trocken und verblüffend leicht. Wir machten zwei an jeder Seite fest. Das Floß war nun breiter und hatte einen viel besseren Auftrieb.

Don Jorge gab uns grünes Licht zum Aufbruch, und wir beschlossen, am nächsten Tag loszufahren.

Wir hatten noch etliches zu tun an diesem Nachmittag. Karl baute eine Art erhöhter Plattform in der Mitte des Floßes. Dort wollten wir am nächsten Morgen unsere Vorräte und die übrige Ausrüstung festbinden und anschließend mit Nylonfolie bedecken. So könnten wir alles trocken halten.

Unser letzter Abend in Asriamas. Wir sammelten all unser Gerät und unsere Vorräte zusammen. Wir hatten zehn Pfund Reis. Mehr konnten wir nicht kaufen, da man im Dorf selbst knapp dran war. Wir kauften ungefähr sieben oder acht Pfund getrocknete Bohnen. Außerdem hatten wir einen großen Haufen grüner Kochbananen sowie den Rest jener Vorräte, die wir die Tage zuvor gesammelt hatten: Yucca, Gurken, Zwiebeln und jede Menge Paprikaschoten, ein bisschen »Honig«, der aus Zuckerrohr gewonnen wurde, Salz und Gewürze. Salz wurde in Asriamas wie Goldstaub abgemessen. Wir hatten all diese Waren mit den unterschiedlichsten Geschenken bezahlt, je nach Vorliebe des Empfängers. Karl war für unsere Finanzen verantwortlich, und er machte eine Menge Fehler. Er verkaufte beinahe unsere ganze Angelschnur und ließ für uns lediglich ein paar Meter übrig. Das Gleiche passierte ihm mit den Angelhaken; bis auf drei gab er sie alle weg. Wir hatten zehn Feuerzeuge dabeigehabt, als wir nach Asriamas gekommen waren, und nur noch eins, als wir gingen, und auch das war lediglich halb voll. Sogar das unverzichtbare Insektenspray ließ er bei Don Jorge zurück, sodass wir nur einen kleinen Rest übrig hatten.

Am Abend gab es ein festliches Abschiedsessen. Don Jorge hatte sich das Gewehr ausgeliehen, und es war ihm gelungen, einen gewaltigen Eber zu erlegen. Wir wollten ihm das Floß, unsere Einkäufe und den Lohn für seine Frau bezahlen. Er verlangte lediglich vierzehnhundertfünfzig Pesos (weniger als fünfzig Dollar). Achthundert für die Schafe, sechshundert für das Floß, fünfzig für den Reis. Er wollte keinerlei Entgelt für die Speisen, die wir bei ihm gegessen hatten; für die Hühner, die extra für uns geschlachtet worden waren; für das frische Gemüse, das wir jeden Tag bekommen hatten; für das Wild, das er und seine Familie erlegt hatten; und für die enormen Mengen *Caña*, die wir getrunken hatten. Er lehnte außerdem jegliche Bezahlung ab für die Dutzenden von Papayafrüchten, die wir verzehrt hatten. Er bestand darauf, dass wir seine Gäste wären, und er wollte kein Geld für seine Gastfreundschaft oder für die Arbeit seiner Frau haben. Nach kurzer Beratung beschlossen wir unsererseits, ihm die Sachen, die er von uns gekauft hatte, nicht zu berechnen. Außerdem fügten wir der Summe, die er genannt hatte, noch achthundert Pesos zu. Don Jorge war's zufrieden.

7. Kapitel

Wildwasser

»Okay«, sagte Karl, bereit zum Aufbruch, »wer soll Käpten sein? Ich oder Kevin?«

»Du, Karl. Du bist Käpten«, sagte Kevin.

»Gut, dann sitze ich mit einem Ruder im Bug. Marcus und Kevin, ihr besetzt jeweils eine Ecke im Heck und rüstet euch mit einer langen Stange aus. Ihr werdet uns mit den Stangen voranstoßen. Lasst sie ins Wasser hinunter, und stoßt vom Flussgrund ab. Yossi, du sitzt hier neben mir mit einer weiteren Stange. Immer wenn wir zu dicht an einen Felsen oder eine Sandbank herangeraten, stößt du uns mit der Stange wieder weg und verhinderst einen Zusammenstoß. Alles klar?«

»Käpten«, ließ sich Marcus vernehmen. »Die Stangen sind zu lang und zu schwer. Sie lassen sich schlecht handhaben.«

Karl nahm eine der langen Stangen auf, die die Dorfbewohner gefertigt hatten, und stimmte ihm zu: »Ja, du hast recht. Sie haben sie zu lang gemacht.« Er holte die Machete hervor und hieb die Enden ab, sodass die Stangen nun etwa einen Meter kürzer waren als vorher. Dann schnallte er sich meinen kleinen Rucksack um und zog die Riemen an. Er hatte den vorigen Tag damit verbracht, kleine Stücke von getrocknetem Balsaholz abzuschneiden, mit denen er den Rucksack füllte. Er war der Einzige von uns, der nicht schwimmen konnte, und er hatte Angst, in den Fluss zu fallen und abgetrieben zu werden. Also hatte er sich eine »Schwimmweste« gebastelt.

Noch ein Ruck, und los ging's. Wir wurden in die Strömung des Tuichi gezogen. Der Fluss, der vom Ufer aus einen recht ruhigen

Eindruck gemacht hatte, fühlte sich gar nicht ruhig an. Die Strömung war äußerst stark. Karl stieß sein Ruder heftig ins Wasser und versuchte, den Bug gerade nach vorn auszurichten. Er schrie Anweisungen an Kevin und Marcus nach hinten.

»Wenn das Floß nach links treibt, muss Kevin es von rechts zurückstoßen, wenn es nach rechts geht, dann stößt Marcus.«

Dies erwies sich sogleich als unmöglich. Die Stangen waren jetzt zu kurz, um damit an den Grund des tiefen Flusses zu gelangen. Marcus war kreidebleich geworden, Kevin ließ keinerlei Gefühle erkennen, und ich war mächtig aufgeregt. Karl war nervös.

»Wenn ihr nicht an den Grund kommt, dann rudert! Rudern, kräftig ziehen!«

»Das hier ist eine runde Stange, kein Ruder. Damit kann man nicht rudern«, sagte Kevin.

»Tut, was ich sage. Ist das klar? Tut, was ich sage!«, schrie Karl zurück.

Kevin ruderte gleichgültig, ohne sich dabei sehr ins Zeug zu legen, und es schien auch ziemlich unsinnig. Der Tuichi verlief momentan gerade und ruhig, und bis jetzt kamen wir ohne Schwierigkeiten voran.

Nach ungefähr einer Stunde erreichten wir flaches Wasser, aus dem große Felsen ragten.

»Passt auf! Zieh jetzt nach links, Kevin, nach links!« Karl zog mit aller Kraft am Ruder. »Yossi, halte dich bereit, uns mit der Stange von dem Felsen da wegzustoßen«, sagte er zu mir, als wir uns mit großer Geschwindigkeit einem der Brocken näherten.

Wir ruderten alle. Marcus versuchte, sich von den Steinen am Grund abzustoßen. Seine Stange blieb irgendwo stecken und wurde ihm aus der Hand gerissen.

»Ich habe meine Stange verloren!«, schrie er. »Ich hab sie verloren!«

»*Mierda*«, fluchte Karl.

»Hier, nimm diese Stange.«

Ich reichte Marcus unsere einzige Ersatzstange.

»Mach dich bereit, Yossi... stoß zu!«, schrie Karl.

Ich hielt die lange Stange in Richtung des Felsens, auf den das Floß zusteuerte, drückte dagegen, hatte aber nicht genügend Kraft, um den Zusammenstoß zu verhindern. Das Floß bekam einen heftigen Stoß ab und neigte sich für einen Moment zur Seite, um dann aber wieder Kurs zu gewinnen.

Wir kamen wieder voran, trieben aber nicht länger in ruhigem Wasser. Alle paar Minuten näherten wir uns einem anderen Felsen, und Karl wurde langsam hysterisch. Irgendwie schafften wir es, jeden einzelnen von ihnen zu rammen, ohne dabei aber ernsthafte Schäden davonzutragen. Ich verlor meine Stange, und auch Marcus verlor seine zweite. Das sah alles nicht besonders gut aus. Schließlich gelang es uns, am Ufer anzulegen.

»So geht das nicht weiter«, sagte Karl. »Das ist ja schrecklich. Keiner von euch hat auch nur den blassesten Schimmer, wie man ein Floß lenkt.«

»Reg dich ab, Karl, immer mit der Ruhe«, sagte Kevin. »Kein Mensch lernt so was in einer Stunde. Wir müssen nur etwas mehr Übung bekommen. Das wird dann schon.«

»Das ist hier keine Kinderstunde, Kevin«, entgegnete Karl wütend. »Wir haben keine Zeit, um zu üben. Ich hätte eben schon draufgehen können. Ihr müsst meine Anweisungen befolgen, sofort und ohne Zögern.«

»Schon gut, Karl«, sagte Marcus. »Wir machen alles so, wie du es sagst. Sag ihm, dass du tust, was er sagt, Kevin, bitte. Sag's ihm.«

»In Ordnung. Ich werde deine Anweisungen befolgen«, gab Kevin widerwillig nach.

Karl nahm die Machete und ging in den Dschungel. Rasch schlug er einige lange Äste ab und machte daraus vier neue Stangen. Dann zeichnete er ein Floß in den Sand und erklärte uns, wie wir uns in verschiedenen Situationen verhalten sollten. Er zeigte uns, wie man mit den Stangen rudert und wie man sich damit vom Flussgrund abstößt, ohne sie zu verlieren. Mir zeigte er, wie ich das Ende der Stange beim Stoßen gegen Felsen unter dem Arm zu halten hatte, damit ich nicht Gefahr lief, mir durch die Wucht des Aufpralls eine Rippe zu brechen.

Im Fluss gab es nun weniger Felsen, und wir wurden langsam sicherer.

»Rechts«, schrie Karl. Wir alle ruderten, und das Floß schob sich nach rechts. »Gut. Jetzt links.«

Wir übten so lange, bis wir meinten, dass wir es gepackt hätten, aber immer wenn wir an eine schwierige Enge oder Flussbiegung kamen, fing Karl wie ein Verrückter an zu schreien, Marcus wurde blass, Kevin wütend, und ich verbarg meine Angst unter einer Maske absoluter Unbeteiligtheit. Zum Glück verletzte sich keiner von uns, und niemand fiel in den Fluss.

»Yossi, lass uns mal die Plätze tauschen«, sagte Marcus. »Damit du auch ein bisschen Übung hier im Heck bekommst.«

›Schön für dich, Marcus, hast du dir gut ausgedacht‹, dachte ich sarkastisch. ›Gleich wird dir Papa ordentlich das Köpfchen tätscheln.‹ Trotzdem tat ich, was er sagte. Er nahm meinen Platz neben Karl ein, und ich ging nach hinten.

»Er hat nicht die geringste Ahnung vom Wildwasserflößen«, sagte Kevin zu mir. »Glaub mir, wir machen alles genau falsch rum. Mit runden Stangen rudern – wo gibt's denn so was? Will der uns verarschen?«

Ich hatte den Verdacht, dass Kevin sauer war auf Karl, weil der ihn angeschrien hatte. Ich glaubte immer noch, dass Karl wusste, was er tat.

An diesem Nachmittag war der Fluss sanft und wunderschön. Wir waren dabei, uns an die Geschwindigkeit zu gewöhnen. Karl hatte sich einigermaßen beruhigt. »Ist das nicht einfach grandios?«, seufzte er. Eine Affenfamilie schwang sich von einem Baumwipfel zum anderen, und Karl imitierte ihre Schreie. »Flussabwärts gibt es jede Menge Wild«, versprach er. »Kein Mensch hat jemals zuvor in der Gegend gejagt. Außerdem ist der Fluss voller Fische, und zwar großer Fische. Die können über hundert Pfund schwer werden.«

Wir stießen auf eine leichte Biegung des Flusses. Karl wies uns an, in die entgegengesetzte Richtung zu rudern, damit wir uns von der Biegung fernhielten.

»Völlig falsch«, sagte Kevin zu mir. »Wir sollten uns einfach von der Strömung treiben lassen.«

Wir kamen sicher um die Biegung herum, aber Karl schrie plötzlich aufgeregt: »Nach links! Volle Kraft! Alle Mann nach links rudern, schnell! Wir geraten sonst leicht in die Eslabon-Passage.«

Knapp zweihundert Meter flussabwärts sahen wir eine ungeheure Anzahl zerklüfteter Felsbrocken aus dem Fluss ragen. Wir verloren zwei weitere Stangen bei unseren verzweifelten Ruderbemühungen, aber schließlich erreichten wir wohlbehalten das Flussufer. Es hatte zuletzt leicht genieselt, und jetzt wurde der Regen stärker. Fröstelnd und durchnässt beschlossen wir, uns einen Unterschlupf zu suchen. Karl schuf eine kleine Lichtung, und wir halfen ihm, das Lager aufzuschlagen.

Kevin und ich gingen zum Floß zurück, um es sicher am Ufer zu befestigen, luden die Ausrüstung ab und trugen alles zum Lager. Der Regen wurde schwächer und hörte schließlich auf. Karl griff sich einen nassen Baumstamm, schnitt ihn der Länge nach entzwei und hieb mit der Machete Stücke aus dem inneren Holz, das noch trocken war, heraus. Bald konnten wir uns am Feuer aufwärmen. Kevin forderte mich auf, mit ihm weiteres Feuerholz heranzuschaffen, und einmal mehr konnte ich seine Körperkraft bewundern. Er stemmte ganze Baumstümpfe hoch und trug sie auf dem Rücken. Wir hatten uns eine liebliche Lagerstatt an einem Hang des Urwalds ausgesucht. Am Fuße des Hügels gab es einen hübschen kleinen Strand.

Karl bereitete wie üblich das Abendessen. Es gab Reis, einige in der Glut geröstete Yuccafrüchte und etwas Fleisch von dem Wildschweinbraten, den die *Señora* uns mitgegeben hatte. Marcus stand auf und ging zu Kevin hinüber, der sich auf sein Essen konzentrierte. Rasch platzierte er sein kleines Stück Fleisch auf Kevins Teller.

»Happy Thanksgiving, Kevin«, sagte er. »Heute ist Erntedankfest in Amerika. Ich dachte mir, du freust dich, wenn du eine kleine Überraschung bekommst.«

»Vielen Dank, Marcus«, sagte Kevin sichtlich bewegt, »aber ich kann dir doch nicht dein bisschen Fleisch wegessen.«

Mit störrischem Lächeln weigerte Marcus sich, es zurückzunehmen.

Karl setzte zu einem Vortrag über Flöße an. »Das ist wirklich eine unangenehme Überraschung. Ich bin hier der Einzige, der mit einem Floß umgehen kann. Ich schaff das nicht allein. Wir setzen alle unser Leben aufs Spiel, wenn wir nicht schnellstens lernen, es gemeinsam in den Griff zu kriegen. Es war wohl ein großer Fehler von mir, diese Sache auf mich zu nehmen. Wir hätten lieber zu Fuß zurückgehen sollen ...«

»Überstürz doch nichts, Karl«, unterbrach ihn Kevin. »Es dauert ein bisschen, aber bald werden wir's wie die Profis machen.«

»Aber bis dahin haben wir keine Zeit, Kevin«, antwortete Karl heftig. »Verstehst du das nicht? Wir haben keine Zeit! Es warten tückische Stromschnellen in der Passage, wo der Eslabon in den Tuichi fließt. Der Eslabon ist genau hier. Es braucht schon ein Team von geübten Floßfahrern, um da durchzukommen. Ich habe nicht die Absicht, das mit euch drei zu versuchen. Stattdessen sollten wir lange Ranken ans Floß binden und es den Fluss entlangziehen.«

»Gute Idee«, stimmte Kevin zu.

»Stimmt, das ist eine gute Idee«, fuhr Karl fort, »aber wir werden diese Möglichkeit nicht immer haben. Einen oder zwei Tage weiter flussabwärts kommen wir zum San-Pedro-Canyon. Man nennt ihn den *Mal Paso San Pedro*; das ist ein nicht schiffbarer Abschnitt. Wasserfälle, Stromschnellen, Felsbrocken überall. Kein Mensch ist je dort durchgekommen, und wir werden's auch nicht schaffen. Auch schon vor diesem Canyon gibt es tückische Passagen, da muss man das Floß voll im Griff haben und es notfalls anhalten können. Andernfalls besteht ein großes Risiko, in den Canyon hineingespült zu werden. Wenn das passiert, ist's aus. Bei dem bloßen Gedanken daran könnte ich mir in die Hosen machen. Wir sind heute zweimal ans Ufer gekommen, aber beide Male war es das reine Glück, dass wir das Floß anhalten konnten.«

»Was soll das heißen, Karl, dass wir nicht durch den Canyon fahren können?«, fragte ich. »Du hast erzählt, du seist schon mehr als einmal den ganzen Tuichi runtergefahren.«

»Das habe ich nie gesagt. Ich bin schon viele Male den Tuichi bis zu einem Punkt etwas weiter unten gefahren, dort wo Don Matías, der Schweizer, seinen Besitz hat. Von da aus bin ich zu Fuß nach Curiplaya weitergegangen, und das liegt hinter dem Canyon. Ich bin auch schon oft von Curiplaya bis runter nach Rurrenabaque mit dem Floß gefahren. Da unten ist es sanftes, ruhiges Fahren, aber im *Mal Paso* ist kein Durchkommen.«

»Wie soll es denn dann weitergehen?«, fragte Marcus.

»Das ist genau der Punkt. Wir müssen so dicht wie möglich an den Eingang des Canyons herankommen und dann anhalten. Dort nehmen wir dann das Floß auseinander. Zwei Mann von uns umgehen den Canyon zu Fuß, während die anderen beiden warten. Zu einer vorher vereinbarten Zeit werden die beiden, die zurückbleiben, die Stämme des Floßes in die Strömung aussetzen. Hinter dem Canyon, bei Curiplaya, wird der Fluss breiter und die Strömung sehr gemächlich. Die zwei, die vorausgegangen sind, springen dann in den Fluss und bergen die Stämme. Bis die anderen beiden nachgekommen sind, wird das Floß mit *Panchos* schon wieder zusammengefügt sein. Von da an wird's ein Kinderspiel, aber vorher gibt es etliche Gefahren. Ihr wisst nicht, wie man die Stangen handhabt. Ein echter *Balsero* kann mit einer Stange genauso viel anfangen wie mit einem Ruderblatt.«

»Warum machen wir uns dann nicht einfach ein paar Ruder?«, fragte Marcus.

»Großartige Idee«, stimmte Karl zu. »Morgen suchen wir uns Balsabäume und schneiden ein paar Ruder zurecht.«

Später am Abend saßen Kevin und ich zusammen und unterhielten uns leise.

»Glaub mir«, beharrte Kevin, »Karl weiß nicht, wovon er redet. Es ist offensichtlich, dass er nichts von Flüssen versteht. Er macht da ein Getue um diese schlimme Passage, als sei das wer weiß wie gefährlich. Wart's nur ab, wir führen das Floß da morgen ganz locker durch. Wenn du mitmachst, können wir zwei das allein erledigen. Kein Problem. Außerdem traue ich ihm nicht. Warum ist es ihm denn erst jetzt eingefallen, uns vom San-Pedro-Canyon zu erzählen? Da ist was faul an der Geschichte. Karl ist schon ein komischer Typ.«

Gleich nach dem Frühstück gingen Karl und Kevin auf die Suche nach Balsabäumen für die Ruder und fanden auch bald welche ein Stück flussaufwärts. Balsabäume wachsen sehr hoch und haben viele Äste, ihre Stämme sind aber so schlank, dass man sie mit wenigen Hieben der Machete fällen kann.

»Wir schneiden sie alle längs in der Mitte durch und machen aus jeder Hälfte ein Ruder«, sagte Karl nach ihrer Rückkehr zum Lager und machte sich daran, die Stämme auszumessen.

»Ich möchte mal wissen, wie er sie genau in der Mitte durchschneiden will«, flüsterte Kevin mir skeptisch zu, aber Karl demonstrierte seine Geschicklichkeit. Er fertigte sich einen Keil aus dem Ast eines Hartholzbaumes, machte einen kleinen Schlitz in die Mitte des Balsastammes, trieb den Keil da hinein und schlug mit einem schweren Stein darauf. Wie durch Zauberei zerfiel der Stamm in zwei Teile.

Karl war ein Genie im Umgang mit der Machete. Schnell hatte er aus den geteilten Stämmen die Umrisse von Rudern geschlagen und schnitt sie nun auf die gewünschte Länge und Breite zu. Die unteren Abschnitte formte er konkav, am anderen Ende schnitzte er handgerechte Griffe. Kevin und ich arbeiteten an den übrigen Stücken, wir schnitten sie grob zu und ließen sie Karl für den Feinschliff. Nun mussten wir sie noch gründlich trocknen lassen, damit sie leicht und strapazierfähig wurden.

Ich schlug vor, sie ums Feuer herum auszulegen. »Sonst sitzen wir hier wieder acht Tage fest und warten, wie beim Floß.«

»Es ist nicht gut, sie beim Feuer trocknen zu lassen«, sagte Karl, »aber eigentlich haben wir keine andere Wahl, weil wir so wenig Zeit haben. Wir schlafen heute hier und fahren morgen weiter.«

Da es noch recht früh war, wollte Karl auf die Jagd gehen.

»Was meinst du, Karl?«, fragte ihn Kevin, noch bevor er aufbrechen konnte. »Vielleicht sollten wir das Floß noch ein bisschen näher zur Eslabon-Passage bringen, dann könnten wir morgen früher anfangen, sie zu passieren und uns wieder auf den Weg machen.«

»Gute Idee«, gab Karl zu. »Das Jagen sollte ich mir vielleicht abschminken.«

»Nein, das ist nicht nötig«, sagte Kevin. »Yossi und ich werden es einfach an der Leine weiterziehen.«

»Okay, wenn ihr meint, dass ihr es ohne mich schafft.«

Karl nahm sich das Gewehr und ein paar Kugeln Munition und verschwand im Dschungel.

Marcus bestand darauf, uns zu begleiten, obwohl er wieder an dem schmerzhaften Ausschlag an seinem Fuß litt.

»Ich glaube, ich muss einfach meine Füße trocken halten«, sagte er. »Sie tun höllisch weh.«

»Vielleicht solltest du dann lieber hier warten«, sagte Kevin.

»Nein, nein, das wollte ich damit überhaupt nicht sagen. Ich komme mit und helfe euch.«

Wir banden das Floß los und zogen es an der Leine, die am Bug befestigt war, vorwärts. Je näher wir der Passage kamen, desto steiniger wurde das Ufer und desto schwieriger wurde es, das Floß zu ziehen.

»Wir sollten lieber aufsteigen und es in die Mitte des Flusses lenken«, schlug Kevin vor.

»Du willst doch wohl nicht versuchen, auf eigene Faust durch die Passage zu fahren?«, rief Marcus ängstlich.

»Warum denn nicht?«, wollte Kevin wissen. »Mir scheint das ganz einfach zu sein. Wir halten uns in der Mitte und lassen uns von der Strömung genau zwischen den Felsen durchtreiben. Wir kriegen dabei vielleicht ein paar Stöße ab, aber das ist kein Grund zur Aufregung.«

»Wir dürfen das nicht ohne Karl machen«, protestierte Marcus. »Das wäre nicht in Ordnung. Wir haben versprochen, dass wir das Floß nur bis zur Passage ziehen. Außerdem kennt sich Karl doch aus. Er könnte uns zeigen, wie wir am besten ...«

Kevin unterbrach ihn ungeduldig: »Karl hat überhaupt keine Ahnung von Flößen.«

»Trotzdem sind vier immer noch besser als drei. Bitte, Kevin, lass uns auf Karl warten.«

»Na gut, Marcus, wenn du willst, kannst du zurückgehen. Yossi und ich schaffen es auch allein.«

Marcus hatte Angst, blieb aber bei uns. Er und ich stiegen auf, während Kevin im Wasser blieb und das Floß sanft in die Mitte des Flusses schob. Das Wasser reichte ihm schon bis zum Hals, als er schließlich an Bord kletterte. Von da an übernahm uns die Strömung. Wir legten an Geschwindigkeit zu. In der Mitte war der Fluss sehr viel weniger steinig, als es in der Nähe des Ufers der Fall gewesen war, aber Kevin hatte sich trotzdem geirrt. Wir bekamen mehr als nur ein paar Stöße ab. Wir krachten in einen Felsen nach dem anderen, wobei sich das Floß zur Seite neigte. Marcus und ich fielen beide ins Wasser und klammerten uns am Floß fest in der Angst, weggeschwemmt zu werden. Irgendwie schafften wir es, uns wieder an Bord zu ziehen. Marcus war völlig außer sich, bleich, durcheinander und unfähig zu sprechen. Das Originalfloß bestand den Härtetest all der heftigen Stöße recht gut, aber die zusätzlichen Stämme, die wir statt mit Stiften mit Tauen befestigt hatten, lösten sich allmählich.

Wir kamen heil durch die Eslabon-Passage, aber wir hatten weder Stangen noch Ruder und konnten daher nicht zum Ufer manövrieren. Kevin ergriff die Leine, die am Bug festgebunden war, und sprang erneut ins Wasser. Es gelang ihm, sich gegen einen Felsbrocken zu stemmen und von dort mit aller Kraft das Floß in Richtung Ufer zu ziehen. Gemeinsam konnten wir es auf ein kleines vorgeschobenes Stück Strand hieven und es dort festmachen.

Kevin schaute mich selbstgefällig an: »Siehst du? Die schlimme Durchfahrt war doch nichts Besonderes.«

»Wir haben's geschafft!«, jubelte Marcus. »Wir ganz allein haben es geschafft! Toll gemacht, Kevin! Du auch, Yossi!«

Wir gingen durch den Dschungel zurück zum Lager. Wir waren völlig durchnässt. Marcus fiel das Laufen schwer, und er klagte über Schmerzen in seinen Füßen, die wieder nass geworden waren. Plötzlich ertönte ein Schuss. Karl musste etwas erlegt haben. Ich rannte in Richtung des Schusses. Es gab keinen Weg, also brach ich durch Zweige, sprang über umgestürzte Stämme und kroch unter tief hängenden Ästen durch. Ich verursachte einen Höllenlärm, und plötzlich überfiel mich ein schrecklicher Gedanke: Karl musste ja glauben, dass ich ein wildes Tier war, das durch den Busch auf ihn zugejagt kam.

»Karl, Karl!«, rief ich. »Wo bist du?«

»Hier, Yossi, hier drüben bin ich!«, brüllte er.

Er war dabei, einen mächtigen Baum gründlich zu untersuchen. »Worauf hast du geschossen? Hast du was erwischt?«

»Ach, das war ein Berglöwe. Er saß allerdings zu weit oben im Baum. Ich habe ihn verfehlt. Aber schau mal, Yossi, ein Gummibaum.«

Karl schlug mit der Machete in den Baum, worauf dicke weiße Tropfen, wie Klebstoff, aus dem Spalt rannen. »Damit kann ich meine Stiefel reparieren.«

Der Nylonfaden, mit dem er seine Stiefel genäht hatte, war bereits wieder durchgescheuert.

Wir gingen zurück zum Zelt und holten eine Blechdose für den Klebstoff. Auf dem Rückweg zum Baum trafen wir Kevin und Marcus.

»Wir haben den Eslabon passiert«, teilte Marcus Karl aufgeregt mit.

»He, das ist ja großartig, wirklich. War es schwer?«, fragte er nonchalant.

»Kinderspiel«, antwortete Kevin.

»Großartig«, sagte Karl ohne eine Spur von Boshaftigkeit in der Stimme, »dann können wir morgen früh aufbrechen.«

Nach einer halben Stunde hatte Karl genügend Klebstoff beisammen, um seine Stiefel zu reparieren, und so kehrten wir ins Lager zurück. Marcus lag im Zelt. Kevin drehte die Ruder herum, damit sie auf der Rückseite trocknen konnten. Karl stellte die Dose mit Klebstoff in der Nähe des Feuers ab.

»Er muss erst ein bisschen hart werden, bevor man ihn benutzen kann«, erläuterte er.

Rastlos wie immer holte er Angelleine und Haken hervor. Er grub mit der Machete im lockeren Urwaldboden herum, bis er gefunden hatte, was er suchte – einen schönen, fetten Bandwurm. Er steckte die Hälfte davon an einen kleinen Haken und fing an zu angeln.

»Sie knabbern schon, die kleinen Scheißer, sie beißen an«, sagte er erfreut, und binnen Kurzem hatte er eine Elritze am Haken. Er schnitt sie in zwei Teile und beköderte einen großen Haken mit der einen Hälfte. Diesmal verwendete er eine dicke Angelschnur.

»Yossi, mach du mal«, drängte er mich und wandte sich wieder seinen Stiefeln zu.

Ich schwang den beköderten Haken über meinem Kopf, warf die Leine in den Fluss und hatte nicht einmal Zeit, sie einzurollen, als sie auch schon straff anzog. Ich hatte einen großen Fisch an der Leine; ich spürte, wie kräftig er zog.

›Immer mit der Ruhe, Kumpel‹, dachte ich, ›du bleibst schön hier‹.

Ich zog den Fisch vorsichtig zu mir hin. Von Zeit zu Zeit ließ ich etwas locker und zog dann wieder an. Nach wenigen Minuten ermüdete der Fisch und war nun leichter einzuholen. Es war ein Wels, der ungefähr zehn Pfund wog.

Karl war über das Feuer gebeugt, drehte sich um und sah mich kommen.

»Oho!«, rief er, »was für ein schöner Brocken! Du hast es ja voll drauf, *Pescador valiente*, tapferer Fischer.«

»Nur keine Aufregung«, sagte ich angeberisch. »Ich habe erst mal mit dem Kleinkram angefangen, jetzt geh ich und fange einen richtigen Fisch.«

Ich entfernte den Haken vom Maul des Fisches und beköderte ihn mit der anderen Hälfte der Elritze. Marcus kam mit hinunter zum Ufer, um mir beim Angeln zuzusehen.

Die Schnur war dick, aber ziemlich kurz, nur knapp dreißig Meter lang. Ich band das eine Ende an einen Ast. Wieder schwang ich den beköderten Haken über dem Kopf, warf ihn ins Wasser – und wartete. Die Leine lag fest in meiner Hand, und ich konnte den stetigen Zug der Strömung spüren.

Plötzlich gab es einen kräftigen Ruck. Im Nu war die Leine straff gespannt, sie summte wie eine Gitarrensaite. Ich hatte sie um meinen Finger gewickelt, nun schnitt sie mir ins Fleisch. Zum Glück bekam ich meine Hand frei. Der Ast vibrierte förmlich, und dann schnappte die Leine plötzlich und wurde ganz schlaff. Der Fisch war mitsamt Köder und Haken entkommen.

Ich war wie betäubt. Ich hatte schon so einiges geangelt in meinem Leben, aber noch nie hatte ich einen derartigen Zug am anderen Ende der Leine verspürt. Der Fisch musste mindestens siebzig Pfund gewogen haben!

Marcus war ebenfalls beeindruckt: »Mein Gott, was für ein Fisch war das bloß!«, rief er.

Ich zeigte ihm meinen verletzten Finger, woraufhin er zum Erste-Hilfe-Kasten humpelte und mich sorgfältig verband.

Karl lachte, als wir ihm erzählten, wie uns der große Coup entglitten war. »Wartet nur ab«, machte er uns Mut, »ihr werdet schon noch so einen fangen.«

»Ja, und wie sollen wir das wohl machen, Karl?«, fragte ich, »mit gerade mal zwanzig Meter Leine und zwei Haken? Wie konntest du nur unser ganzes Angelgerät eintauschen und weggeben, ohne genug für uns übrig zu lassen?«

»Keine Sorge, wir haben genug«, wimmelte Karl mich ab.

Ich nahm den Fisch aus, den ich gefangen hatte. Als er fertig war, spießte Karl ihn auf einen grünen Bambusstiel und band ihn fest. Er platzierte zwei gegabelte Zweige neben dem Feuer und legte den Stiel darüber. Langsam drehten wir den Fisch, wobei das Fett heruntertropfte und im Feuer zischte. Das Fleisch war zart und schmeckte köstlich. Wir konnten uns kaum überwinden, noch etwas für den nächsten Tag aufzuheben.

Danach reparierte Karl die Sohlen seiner Stiefel mit dem Klebstoff, den er aus dem Baum geholt hatte. Als er fertig war, legte er sich am Feuer schlafen. Aus dem Zelt heraus starrte ich auf dieses Bild: Karl, der Urwäldler, dessen Zuhause die Wildnis ist.

Am Morgen erklärte Karl die Ruder für »einsatzbereit«, sodass wir unsere Sachen auf dem Rücken zum Floß trugen. Die Floßfahrt war himmlisch. Der Tuichi war friedlich, es war ein schöner, warmer Tag, und das Floß war mit den Rudern leicht zu manövrieren. Wir konnten es ohne große Probleme steuern, wohin wir wollten. Nach einer Weile zeigte Karl auf das linke Ufer.

»Das war der Besitz von Don Matías, er lebt aber nicht mehr hier«, sagte er.

Wir fuhren weiter. Ich machte Karl darauf aufmerksam, dass die *Panchos* reichlich locker waren und wir Gefahr liefen, unsere Zusatzstämme zu verlieren.

»Wir halten an und suchen uns wieder einen Balsabaum, daraus können wir neue *Panchos* machen«, stimmte er zu.

Wir kamen an einen breiten Strand, wo man das Floß leicht festmachen konnte. Kevin und ich begleiteten Karl. Marcus blieb auf dem Floß. Karl schritt in den Urwald hinein, schaute zu den Baumspitzen empor und fand die unverwechselbaren großen, kleeförmigen grünen und gelben Blätter des Balsabaums. Er fällte ihn mit zwei raschen Hieben der Machete, aber der Baum war noch zu jung, der Stamm zu schmal. Aus seiner Borke würden wir keine *Panchos* machen können.

»Tragt ihn zum Floß und kommt dann zurück«, wies er uns an. »Ich schau mich inzwischen nach einem anderen Baum um.«

Kevin und ich packten jeder an einem Ende des Stammes an, aber wir warfen ihn so schnell wieder von uns, als hätten wir eine Viper in der Hand gehabt. Er war mit Feuerameisen bedeckt. Wir versuchten, sie vom Baum abzuschütteln, aber es waren zu viele.

»Ins Wasser damit!«, rief Kevin. »Schnell! Lauf! Diese Scheißviecher!«

Wir rannten, den Stamm in der Hand, schreiend und fluchend direkt in den Fluss. Marcus sah erstaunt zu, als wir an ihm vorbeistürmten.

»Feuerameisen!«, rief ich ihm erklärend zu.

Die Ameisen bissen sogar noch unter Wasser, als wir sie uns gegenseitig vom Körper pulten. Die starke Strömung wusch die übrigen vom Stamm ab. Nachdem wir uns der Ameisen entledigt hatten, legten wir den Stamm neben das Floß.

»Geh du doch allein zurück«, sagte ich zu Kevin. »Ich bleibe hier bei Marcus und mache inzwischen *Panchos* aus diesem Stamm, bis ihr mit einem anderen zurückkommt.«

Während Kevin zurückging, machten Marcus und ich uns an die Arbeit. Mit zwei scharfen Messern schälten wir die Borke in Streifen herunter, wobei wir sorgfältig die darunterliegenden Fasern entfernten.

»Ich habe auf eine Gelegenheit gewartet, mit dir allein zu reden, Yossi«, sagte Marcus plötzlich. »Gestern hat mir Karl nämlich erzählt, dass er daran denkt, die Floßfahrt abzublasen und zurückzukehren. Er findet, dass es viel zu gefährlich ist und dass Kevin überhaupt nichts von Flüssen versteht. Er sagt, dass er abwarten will, wie es heute geht, und dann entscheiden wird, ob er umkehrt oder weitermacht.«

»Wenn das so ist, gibt es ja keine Probleme. Es hat wunderbar geklappt mit den Rudern heute«, sagte ich.

»Ja, das stimmt«, bestätigte Marcus, »aber falls Karl beschließt umzukehren ...« – er machte eine kleine Pause, bevor er weitersprach –, »lass uns drei auf eigene Faust weitermachen! Wir schaffen es auch ohne ihn. Wenn er zurück will, kann ich nicht mit ihm gehen, weil ich nicht gehen kann. Mit meinen Füßen wird es von Tag zu Tag schlimmer. Wir werden ständig nass, meine Füße können nie richtig trocknen, sie sind schon völlig bedeckt von dem Ausschlag. Wir müssen weitermachen, egal, ob er dabei ist oder nicht.«

Was Marcus sagte, überraschte mich.

»Mach dir keine Sorgen, Marcus. Auf die eine oder andere Weise werden wir alle zusammen weitermachen. Ich glaube nicht, dass Karl aufgibt, aber sollte er sich entschließen umzukehren, dann müssen wir mit ihm gehen. Er hat die größte Erfahrung, und wir wären übel dran ohne ihn.«

In diesem Moment trat Kevin aus dem Dschungel. Er war allein. »Ich kann ihn nicht finden«, sagte er.

»Dann warte doch hier mit uns«, sagte ich.

»Nein!«, brach es aus Marcus hervor. »Einer von euch muss losgehen und ihm helfen. Er ist nicht unser Diener. Ihr müsst ihm helfen. Wenn meine Füße nicht in diesem Zustand wären, würde ich ihn ganz bestimmt suchen gehen.«

»Okay, okay, reg dich ab«, sagte ich. »Ich geh ja schon.«

Karl war gerade dabei, einen jungen Balsastamm durch den Sand zu schleifen, als ich ihn traf. Marcus hatte recht gehabt; Karl war sauer.

»Warum zum Teufel seid ihr nicht zurückgekommen? Bin ich euer Sklave? Ich bin ja immer bereit, alles zu machen, aber ohne Hilfe schaff ich's nicht.«

»Kevin hat nach dir gesucht, konnte dich aber nicht finden.«

»Das kannst du mir nicht erzählen. Der ganze Urwald hat gehört, wie ich mit der Machete auf den Baum eingeschlagen habe. Wie konnte er mich da nicht finden?«

Karl war aber ein gutmütiger Typ. Er war nie länger als ein paar Minuten sauer und ließ sich immer leicht besänftigen.

Wir holten uns die Fasern aus dem zweiten Stamm und banden die losen Balsastämme fest an den Hauptteil des Floßes. Dann machten wir uns wieder auf den Weg. Das Floß war in gutem Zustand, aber der Fluss war nicht mehr ruhig. Er wurde enger, und die Gegend rundherum war nun gebirgig. Der Fluss wand sich in zahlreichen Schleifen und hatte praktisch kein Ufer mehr. Karl war ganz angespannt. Die Strömung trieb uns gegen Felsen und auf die steile Böschung zu. Es gab viele weiße schäumende Stromschnellen.

Ich saß im Heck mit dem linken Ruder. Kevin hatte die rechte Seite. Marcus stand neben Karl am Bug. Rasch näherten wir uns einer Krümmung des Flusses in ein paar Hundert Meter Entfernung. Weiter voraus konnten wir schon schäumendes Wasser sowie eine Ansammlung schroffer, halb aus dem Wasser ragender Felsbrocken in der Mitte des Flusses sehen. Die Strömung war äußerst stark, ein Anhalten des Floßes ausgeschlossen.

»Links! Schnell, nach links! Rudert so stark, wie ihr könnt!«, rief Karl. »Alle zusammen, volle Kraft.«

»Nach rechts!«, schrie Kevin. »Wenn wir nach links steuern, landen wir auf den Felsen.«

»Halt's Maul, Kevin!« Karl war kurz davor auszurasten. »Du weißt nicht, was du redest. Das hier ist kein Kajak, und du bist nicht auf dem Oregon. Tu, was ich dir sage.«

Ich hatte keine Ahnung, wie ich jetzt rudern sollte. Ich stand einfach da mit meiner Stange. Marcus drehte sich zu mir um.

»Ruder doch, ruder schnell!«, schrie er. »Mach es so wie ich. Tiefer runter, ja. So musst du das Ruder ins Wasser tauchen.« Er war hysterisch. Seine Stimme tönte schrill.

Die Felsen kamen bedrohlich näher, und es gab keine Möglichkeit, ihnen auszuweichen. Unser hektisches Rudern nützte gar nichts. Das Floß bekam einen furchtbaren Schlag ab. Es kippte zur Seite und plumpste dann wieder herunter, auf und nieder, mehrere Male. Ich presste die Augen zu und klammerte mich an den Seilen fest, die das Floß zusammenhielten. Ich hörte Karls panische Schreie, konnte jedoch nicht verstehen, was er sagen wollte. Kevin gab irgendeine Antwort, die ich aber auch nicht verstand. Ein, zwei Minuten später war alles wieder ruhig, der Fluss war wieder glatt wie Glas, und wir stießen alle gemeinsam einen Seufzer der Erleichterung aus. Das Floß war nicht ernsthaft beschädigt worden, lediglich die äußeren Stämme hatten sich etwas gelockert.

»Ich will von dir keinen Widerspruch mehr hören, Kevin«, sagte Karl atemlos. »Entweder machst du, was ich sage, oder ich blas die ganze Sache ab. Ist das klar?«

»Ja, schon gut. Ich werde tun, was du sagst«, antwortete Kevin, aber nur, um Karl zu beschwichtigen.

Marcus kam an meine Seite.

»Tut mir leid, dass ich dich angeschrien habe, Yossi«, entschuldigte er sich, »es ist nur so, dass ich ziemlich viel vom Rudern verstehe. Ich habe früher immer auf dem Rhein gerudert. Ich hab eben eine Menge Erfahrung, ich wollte dir einfach zeigen, wie man's macht.«

»Ist schon in Ordnung, Marcus. Das hast du ganz richtig gemacht. Außerdem hast du mich gar nicht angeschrien.«

»Dann bist du nicht sauer auf mich?«

»Nein, ich bin nicht sauer auf dich«, sagte ich sanft.

Weiter vorn sahen wir einen breiten Fluss in den Tuichi einmünden.

»Das ist der Ipurama«, sagte Karl. »Lasst uns anhalten.«

Das Wasser war sanft am Zusammenfluss der beiden Ströme. Es machte kaum Mühe, das Floß auf das sandige Ufer zu lenken. Der Tuichi war recht breit, gut und gern hundert Meter. Er schimmerte silbrig blau, während der Ipurama dunkelgrün war; sie vermischten sich zu einem erlesenen Farbenspiel.

Karl holte die Karte aus seinem Rucksack. Er deutete auf den Ipurama.

»Der *Mal Paso San Pedro* ist jetzt nicht mehr weit, vielleicht noch zehn Kilometer entfernt, aber der San-Pedro-Canyon fängt schon vorher an. Da dürfen wir auf keinen Fall hinein. Es ist ein echter *Cajón*. Eine Kiste. Es gibt dort absolut kein Ufer, nur die blanken Felsklippen auf beiden Seiten. Was wir von nun an zu tun haben, ist, in regelmäßigen Abständen anhalten und ein paar Hundert Meter vorauslaufen, um sicherzustellen, dass es eine weitere Haltemöglichkeit am Fluss gibt, wo wir anlegen können, bevor wir den Eingang des Canyons erreichen. Da halten wir dann an, und zwei Mann werden zu Fuß daran vorbeigehen nach Curiplaya.«

Karls Plan leuchtete uns allen ein.

»Also gut«, fuhr er fort, »kundschaften wir den ersten Haltepunkt aus. Wir gehen durch den Dschungel um die nächste Biegung herum und schauen nach, ob man irgendwo anlegen kann. Wer kommt mit mir?«

»Ich nicht«, flüsterte Kevin, sodass nur ich ihn hören konnte. »Ich bin mir ja fast nie über irgendwas mit Karl einig. Also geh ich lieber nicht.«

»Ich nicht«, sagte ich. »Ich habe keine Ahnung vom Floßfahren auf Flüssen.«

»Einer von euch muss gehen«, insistierte Marcus. »Ich kann nicht gehen bei dem Zustand meiner Füße.«

»Ich geh nicht«, sagte Kevin störrisch.

»Ich auch nicht«, wiederholte ich.

Ich weiß nicht, ob es unsere Absicht war, den armen Marcus zu quälen, aber das taten wir jedenfalls.

Karl mischte sich ein: »Was ist los mit euch? Ihr erwartet doch nicht, dass ich allein losziehe, oder? Ich bin schließlich nur hier, weil ihr so scharf darauf wart, auf diesen Trip zu gehen.«

Ich gab nach: »Ich komme mit dir, Karl.«

Wir betraten den Dschungel und hielten den Fluss zu unserer Linken. Das Gelände war eben und weniger stark bewachsen als andere Gegenden, in denen wir schon gewesen waren. Karl brauchte die Machete nicht zu benutzen, da wir uns den Weg um Äste herum und untendurch bahnen konnten.

Was nun geschah, ist mir nicht ganz klar, obwohl es wahrscheinlich der Wendepunkt der ganzen Reise war. Soweit ich mich erinnere, drehte sich Karl plötzlich um und sagte so was wie: »Was zum Teufel machen wir hier eigentlich?« Er murmelte vor sich hin, als würde er nur laut denken. »Ich bin wohl verrückt geworden, dass ich riskiere, in den Canyon zu geraten. Das hat noch keiner gemacht. Und was passiert, wenn wir unseren Anlegeplatz verfehlen und da reingetrieben werden? Dann kommen wir alle um. *Das* passiert.

Wo liegt da der Sinn? Da ist für mich nichts drin. Kein Mensch wird mir irgendeinen Preis dafür verleihen. Warum sollte ich es also tun?«

Dann schien er mich mit einem Mal wahrzunehmen.

»Nenn mir einen guten Grund«, sagte er, diesmal laut und mir direkt ins Gesicht. »Ich habe gar keine Zeit. Es könnte noch drei oder vier Tage dauern, bis wir den Eingang des Canyons erreichen. Dann schaff ich's nicht rechtzeitig nach La Paz zurück. Warum sollte ich's mir mit meinem Onkel vermasseln? Ich habe euch von Anfang an gesagt, dass ich nur einen Monat Zeit habe. Dieser Monat wird in genau vier Tagen um sein.«

Er hielt an und starrte mich an.

»Das war's, Yossi. Ich habe mich entschieden. Ich werde schnurstracks von hier zurückkehren. Ich gehe kein Stück weiter. Wenn du willst, komm mit mir. Wenn nicht, macht ohne mich weiter. Ich geh jedenfalls zurück.«

Offensichtlich hatte ich ihm nichts entgegenzusetzen, daher fuhr Karl fort.

»Schau her, was hast du dir von dieser Reise denn versprochen? Einige Zeit im Urwald zu verbringen? Großartig, das haben wir getan. Wir sind von Asriamas nach Río Cocus und zurück gewandert. Du wolltest eine Flussfahrt auf dem Floß unternehmen. Davon haben wir mehr gehabt, als uns lieb war. Du hast gesehen, wie es ist. Warum sollten wir weitermachen? Es ist nur immer dasselbe. Wenn wir umkehren, könnten wir uns ein paar Tage ausruhen, ein Lager am Flussufer aufschlagen, ein bisschen jagen und fischen. Marcus hätte Gelegenheit, sich zu erholen und seine Füße zu versorgen. Wir würden gut essen, im Fluss baden. *Das* ist Leben. *Das* ist echter Spaß. Und kein bescheuerter Trip den Fluss runter, wo man sein Leben für nichts riskiert.«

Er hatte mich überzeugt.

»Ich bin dabei, Karl.«

Wir kehrten um, ohne den Fluss weiter auszukundschaften.

»Ich bin sicher, dass Marcus mit uns kommen will«, fuhr Karl fort. »Bei Kevin weiß ich nicht. Er ist eigensinnig, aber ihm bleibt keine Wahl. Er kann ja wohl kaum allein weitermachen.«

Als wir am Floß ankamen, saß Marcus da und wärmte seine roten Füße in der Sonne.

Karl fasste seine Argumente noch einmal zusammen und fragte schließlich: »Also, was meint ihr? Yossi hat schon zugestimmt. Marcus?«

»Ich bin einverstanden«, antwortete Marcus.

»Kevin?«

»Okay, kehren wir um«, antwortete er ruhig.

Karl holte die Karte hervor.

»Wir sind hier, am Zusammenfluss von Ipurama und Tuichi. Es ist nahezu unmöglich, nach Asriamas zurückzukehren; das ist ein Fußmarsch von mindestens einer Woche. Die sinnvollste Alternative wäre, dem Ipurama flussaufwärts zu folgen. Es gibt da ein

Dorf namens Ipurama an der Quelle des Flusses. Wenn wir dem Fluss folgen und ihn nicht verlieren, dann müssten wir logischerweise direkt auf das Dorf treffen. Wir können ein schön stabiles Lager aufschlagen und drei oder vier Tage hier verbringen. Wir essen die schwer zu tragenden Lebensmittel: die Bananen und die Yuccas. Ich bin sicher, dass wir hier Wild finden. Sobald Marcus wieder gehen kann, brechen wir auf. Nach spätestens zwei Tagen sind wir in Ipurama. Es gibt einen Pfad von Ipurama nach Apolo. Wir ruhen uns im Dorf aus und mieten uns dann ein paar Esel. Wir reiten nach Apolo, und da kriegen wir locker einen Flug nach La Paz. Wir werden in weniger als einer Woche da sein.«

»Bist du sicher, dass wir so leicht nach Ipurama kommen? Ist denn diese Route schon jemals benutzt worden?«, fragte Kevin.

»Vielleicht sind die Dorfbewohner zum Fischen hier heruntergekommen, das weiß ich nicht. Aber selbst wenn hier noch nie jemand gegangen ist, es könnte kaum leichter sein. Der Fluss führt genau zum Dorf…«

»Schau dir die Karte genau an«, unterbrach ihn Kevin. »Der Fluss verzweigt sich in drei verschiedene Richtungen. Wie willst du wissen, an welchem Arm das Dorf ist?«

»Wenn wir erst mal so dicht dran sind«, entgegnete Karl, »finden wir auch einen Pfad. Schau. Alle drei Flussarme schneiden den Pfad nach Apolo. Das ist ein sehr breiter Weg. Nicht zu verfehlen. Von da nach Apolo ist es nur noch ein Marsch von zwei Tagen.«

Kevin studierte sorgfältig die Karte und erhob keine weiteren Einwände.

Wir machten uns daran, das Lager zu errichten. Karl verfuhr diesmal äußerst gründlich. Er suchte gewissenhaft nach einem trockenen, ebenen Platz und säuberte diesen eifrig von sämtlichen Steinen, von Unkraut und Wurzeln. Dann nahm er mich mit, um nach kräftigen, geraden Bambusstangen und Ästen zu suchen. Er wollte die *Panchos* vom Floß lösen, um damit die Zeltstangen zusammenzubinden, aber Kevin wollte das nicht zulassen.

»Du hast doch wohl nicht die Absicht, auf eigene Faust weiterzufahren, Kevin, oder?«, fragte er misstrauisch.

»Nein, natürlich nicht«, erwiderte Kevin, »aber es wäre einfach schade, das Floß zu zerstören. Reine Sentimentalität.«

Karl lachte. »Na gut. Dann hole ich mir ein paar Ranken aus dem Wald.«

Sobald das Zelt errichtet war, stellten wir den Sack mit den Vorräten in eine trockene Ecke, machten ein Feuer und hängten einen Kochtopf darüber. Alles war aufs Schönste eingerichtet, sodass wir uns nun ernsthaft der Ruhe und Entspannung widmen konnten.

Ich wollte es noch mal mit Angeln versuchen. Ich entdeckte einen Baum, der praktisch aus dem Ipurama herauswuchs, nahe der Mündung in den Tuichi. Darunter setzte ich mich und versuchte, eine Elritze zu fangen. Sie knabberten, bissen aber nicht an.

Ich entschloss mich, die Schuhe auszuziehen, um meinen Füßen etwas frische Luft zu verschaffen. Als ich Schuhe und Socken abgestreift hatte, sah ich zahllose kleine rote Flecken auf den Füßen bis herauf zu den Knöcheln. Ich wusste, dass es bei Marcus auch so angefangen hatte und dass ich die Füße sofort behandeln musste, bevor es schlimmer wurde. Die Moskitos summten um meine bloßen Füße herum. Ich zog die Socken wieder an und angelte weiter. Kevin fand mich dort.

»Wohin bist du denn verschwunden? Ich habe dich gesucht«, sagte er. »Ich habe eine Idee. Lass uns allein weiterfahren.«

Ich konnte nicht glauben, dass er das ernst meinte.

»Ich bin sicher, dass wir es schaffen können«, fuhr er fort. »Die Strömung besorgt eh die ganze Arbeit. Hör zu, ich bin kein Idiot. Ich hab doch nicht die Absicht, dabei draufzugehen.

Denk drüber nach, Yossi. Warum haben wir diese Reise denn eigentlich angefangen? Karl hat uns das Indianerdorf versprochen, das sollte angeblich der Höhepunkt der ganzen Sache sein, aber wir sind nie dort angekommen. Weißt du noch, was er uns von all den wilden Tieren am Fluss vorgequatscht hat? Alligatoren in den Lagunen. Goldgräberlager. Das Dorf San José, wo er gelebt hat. Was hat er uns nicht alles erzählt. Alles, was davon übrig geblieben ist, ist die Floßfahrt auf dem Fluss. Und jetzt wird die auch noch abgeblasen. Wie lange sind wir auf dem Fluss gewesen? Nicht mal zwei ganze Tage. Dafür soll ich mitgekommen sein? Dafür hab ich darauf verzichtet, an Thanksgiving zu Hause zu sein?

Ich dachte, das hier würde das Abenteuer meines Lebens. Und was kommt raus? Dass alles für die Katz ist.«

Ich zögerte. Ich hatte mich bereits damit abgefunden umzukehren, aber Kevin fachte meine Abenteuerlust wieder an.

»Wir schaffen es«, sagte Kevin. »Wir können allein weitermachen.«

Wie Karl versprochen hatte, waren unsere Ferien an der Flussmündung der bisher beste Teil der Reise. Wir hatten überraschend klares Wetter. Es war Ende November, und bis spätestens Anfang Dezember beginnt normalerweise die Regenzeit.

»Das ist noch ein guter Grund umzukehren«, hatte er insistiert. »Versucht euch mal vorzustellen, wie es ist, in stürmisches Regenwetter zu geraten. Abgesehen davon, dass es unangenehm ist, ist es auch gefährlich. Der Fluss tritt über die Ufer, und die Strömung wird noch stärker. Ich bin echt überrascht, dass wir so gutes Wetter haben.«

Am Morgen des zweiten Tages an unserem behelfsmäßigen Urlaubsort gingen Karl und ich mit Gewehr und Machete auf die Jagd.

»Wir gehen ein Stück den Ipurama hoch«, schlug Karl vor. »Die Gegend scheint so gut wie jede andere, und wir können schon mal nach einem Pfad Ausschau halten, den wir später benutzen können, wenn wir aufbrechen.«

Ungefähr eine Stunde lang kämpften wir uns flussaufwärts durch den Dschungel. Wir sahen weder Machetenspuren noch abgebrochene Zweige, also war noch nie jemand hier durchgegangen.

Da wurden wir von lautem Gebrüll überrascht.

»Ein Jaguar! Ein Jaguar!«, rief Karl.

Ich blickte mich um in Todesangst. Ich konnte nichts sehen, aber das Gebrüll wurde noch lauter, und weitere, nicht weniger wilde Stimmen vereinigten sich zu einem fauchenden Chor.

»Nein, das ist kein Jaguar«, korrigierte sich Karl. »Das ist ein großer Brüllaffe, ein *Maneche*. Ihre Schreie sind täuschend ähnlich. Schau mal oben in den Bäumen.«

Ich blickte hoch. Eine Familie gewaltiger brauner Affen beobachtete uns neugierig und rief zu uns herab.

»Sie schmecken nicht so gut wie die *Marimoños*, die schwarzen, aber sie sind auch in Ordnung«, sagte Karl. »Lass uns einen mitnehmen.« Er zielte und schoss, traf aber nicht. Von da, wo ich stand, boten sie ein bequemes Ziel. Ich hatte gute Sicht auf die Affen.

»Gib mir das Gewehr«, sagte ich.

Ich nahm es ihm ab, zielte und schoss. Einer der Affen stürzte ab, griff im Fallen nach Ästen, fiel weiter, bis schließlich das niedere Geäst seinen Fall aufhielt. Karl griff sich das Gewehr und lief zu ihm hin.

»Er ist so groß wie ein Gorilla«, rief er und gab dem Affen aus kurzer Entfernung den Gnadenschuss. Das Tier fiel zu Boden. Karl nahm es auf der Stelle aus, damit es leichter war. Zusammen trugen wir es zurück zum Lager.

Wir fanden Kevin in bester Stimmung. Er hatte Dutzende von Fotos geschossen. Nun wurden wir mit unserer Beute fotografiert, die Waffen in der Hand.

Marcus versuchte, die Anwesenheit des Affen nicht zur Kenntnis zu nehmen, obwohl der Geruch des versengten Fleisches, nachdem wir es ins Feuer gelegt hatten, durchdringend und unangenehm war. Marcus hatte schon den ganzen Morgen geangelt und widmete dieser Aufgabe seine ganze Aufmerksamkeit.

»Yossi, komm her, schnell!«, schrie er aufgeregt.

Die Leine zuckte; er hatte einen großen, kräftigen und flinken Fisch am Haken. Ich ergriff die Schnur, hatte aber nicht genug, um dem Fisch auch nur ein bisschen Leine geben zu können. Ich versuchte deshalb, ihn sanft auf der Stelle zu halten. Der Kampf war eröffnet. Ich holte ein bisschen Schnur ein, er zog zurück. Ich wusste, dass der Fisch kräftig genug war, eine Schnur dieser Stärke zu zerreißen. Ich zog ihn ein paar Meter zum Ufer, aber er zog mit fantastischer Energie zurück. Die Schnur spannte sich mit schrillem Summen. Ich packte sie fest. Der Fisch ließ ein wenig locker, und ich holte wieder ein paar Meter Leine ein; dann versuchte der Fisch eine andere Taktik: Er schwamm schnell in meine Richtung, was die Schnur erschlaffen ließ, und dann schnellte er plötzlich mit einem gewaltigen Satz aus dem Wasser. Er war wunderschön, mit goldenen Schuppen bedeckt, etwa einen Meter lang. Wir stießen bewundernde Rufe aus.

»Dorado«, rief Karl. »Das ist ein Dorado, der beste Fisch im Fluss.«

»Das ist mein Fisch. Ich habe ihn gefangen. Gib mir die Leine zurück, Yossi, gib sie mir jetzt«, jammerte Marcus.

»Das ist nicht dein Fisch«, brüllte ich wütend. »Das gibt eine Mahlzeit für uns alle. Geh mir aus dem Weg.«

Karl versuchte, Marcus zu beruhigen. Kevin fotografierte; er hielt jede meiner Bewegungen fest.

Nach etwa fünfzehn Minuten wurde der Fisch müde. Ich konnte ihn fast bis zum Ufer einholen. Als er schließlich nur noch zwei Meter entfernt war, sprang Karl ins Wasser, bekam ihn zu fassen und warf ihn herauf aufs Ufer. Er war einfach gewaltig, wie er da golden in der Sonne glitzerte.

»Saubere Arbeit, Yossi«, frohlockte Karl und schlug mir auf die Schulter.

Karl kümmerte sich wie immer um unser Wohl. Damit wir richtig Freude an unserem Abendessen hätten, bereitete er einen Gurkensalat mit Knoblauch und Zitrone zu. Er hatte das Fischfett aufgesammelt und ließ es in der Pfanne schmelzen, um darin Bananenscheiben zu braten.

Die Speisen wurden aufgetragen. Wir hielten alle unsere Schalen im Schoß und waren mit dem Essen beschäftigt. Der Fisch war köstlich: weiß, zart und ohne Gräten. Marcus saß auf einem Baumstamm, etwas von uns entfernt. Er wirkte niedergeschlagen. Ich ging hinüber und setzte mich neben ihn.

»Tut mir leid, dass ich mich wie ein Baby benommen habe«, sagte er, »aber ich habe noch nie einen Fisch gefangen, und da wollte ich ihn selber an Land ziehen. Ich weiß, dass das blöd von mir war. Entschuldige bitte.«

»Vergiss es, Marcus«, erwiderte ich. »Ich muss mich auch bei dir entschuldigen. Ich hatte nicht die Absicht, dich zu verletzen. Ich wollte auch nicht den großen Mann markieren. Es war nur so: Ich wusste, dass wir den Fisch brauchten. Ich meine, wir wollen alle lieber Fisch als Affe essen.«

»Du hast recht, Yossi. Ich bin froh, dass wir reden können. Ich weiß nicht, was ich machen soll. Kevin ist so feindselig gegen mich.«

»Er ist einfach schlecht gelaunt, weil wir nicht den Fluss weiter runterfahren. Er tut sich schwer, die Tatsache zu akzeptieren, dass wir aufgeben und umkehren.«

»Um die Wahrheit zu sagen«, sagte Marcus, »ich würde eigentlich auch lieber weitermachen, auch wenn es gefährlich ist. Wenigstens müssten wir dann nicht zu Fuß gehen. Ich weiß nicht, ob ich einen langen Marsch überstehen kann.«

»Mach dir keine Sorgen. Karl sagt, es dauert nur zwei Tage. Danach haben wir Esel, um weiterzukommen.«

»Vielleicht, ja. Karl hat aber auch behauptet, dass das Indianerdorf nur fünf Tage entfernt wäre, und er hatte unrecht.«

Später blieben Karl und ich allein beim Feuer sitzen.

»Na, was habe ich dir gesagt?«, fragte er zufrieden. »Ausruhen, schön angeln, schön jagen, schön sich unterhalten unter mondbeschienenem Himmel. Es gibt nichts Besseres, wenn du mich fragst.« Er machte eine Pause. »Komisch, nicht wahr, dass ihr drei hier bei mir gelandet seid. Drei so verschiedene Typen: Kevin – *fuerte como tres hombres*, mit Kraft für drei; du – *adventuro*; und Marcus – *turista, típico profesor.*«

Am nächsten Tag quetschte Kevin Karl systematisch bis ins letzte Detail über den *Mal Paso* aus. Karl beantwortete seine Fragen gern, um zu zeigen, wie logisch und vernünftig es gewesen war, sich zur Umkehr zu entschließen. Er markierte auf der Karte die ungefähre Lage des Canyons und der gefährlichen Passage.

Marcus hegte den Verdacht, dass Kevin all diese Fragen nicht aus reiner Neugier stellte. Er fragte mich heimlich danach und sagte, dass er, wenn wir die Absicht hätten, mit dem Floß weiterzufahren, ernsthaft daran dächte, sich uns anzuschließen.

»Wenn ihr nur zu zweit seid«, sagte er, »könnte es riskant werden. Drei Paar Hände sind besser als zwei.«

»Ich weiß es nicht, Marcus«, sagte ich. »Ich weiß nicht, was Kevin vorhat.«

Als ich Kevin später erzählte, dass Marcus mit uns kommen wolle, protestierte er heftig.

»Er kann nicht mitkommen. Er würde alles kaputt machen. Es führt kein Weg daran vorbei, wir müssen ihm sagen, dass wir ihn nicht dabeihaben wollen.«

»Das können wir nicht machen. Er ist immer so empfindlich. Wir müssen uns was anderes ausdenken.«

Es erwies sich dann als recht einfach, Marcus zur Umkehr zu bewegen. Er hatte den Versuch, einen Fisch zu fangen, noch nicht aufgegeben und saß am Ufer des Ipurama, um eine Elritze an den Haken zu bekommen. Ich setzte mich zu ihm.

»Du hattest recht, Marcus«, erzählte ich ihm, »Kevin hat tatsächlich die Absicht, mit dem Floß weiterzufahren. Es wäre eine zu große Enttäuschung für ihn, so sang- und klanglos nach La Paz zurückzukehren. Er hat's mir gerade erzählt.«

»Will er das allein machen?«, staunte Marcus.

»Ja«, antwortete ich, »und ich halte das für Wahnsinn, die beste Methode, sich umzubringen, aber er ist einfach ein Dickkopf und lässt sich durch nichts davon abbringen. Wenn er es auf eigene Faust versucht, hat er keine Chance. Lebend kommt er da nicht durch. Deshalb muss einer von uns mitgehen und ihm helfen.«

»Nur einer von uns?«, fragte Marcus. »Warum nicht beide?«

»Na ja, ich würde eigentlich lieber mit Karl zurückgehen. Ich hab genug vom Laufen im Dschungel und auch genug von diesem Fluss. Ich möchte zurück, aber wenn ich keine andere Wahl habe, dann bleib ich bei Kevin. Zu zweit könnte man es schaffen, und ich will nicht zulassen, dass er sich umbringt. Aber ich hätte es lieber, ehrlich gesagt, wenn du mit ihm fährst. Da dir die Füße wehtun, bist du auf dem Floß sowieso besser aufgehoben als beim Wandern. Also bleib du doch bei Kevin, und ich geh mit Karl.«

»Auf keinen Fall«, protestierte Marcus. »Allein mach ich mit Kevin gar nichts. Du hast doch gesehen, wie er mich behandelt. Tut mir wirklich leid, Yossi, aber das geht nicht. Ich geh mit Karl.«

»Dann muss ich wohl bei Kevin bleiben.«

Damit war alles geklärt.

Ich lief schnell zu Kevin und erzählte ihm stolz, wie ich Marcus eingeredet hatte, das zu tun, was wir wollten. Kevin blickte nachdenklich.

»Dann können wir jetzt unsere Karten auf den Tisch legen«, sagte er.

Wir gingen zu Karl und erzählten ihm, dass wir allein weitermachen wollten. Karl verhielt sich überaus fair. Er war nicht wütend und versuchte auch nicht, uns umzustimmen. Er war nur besorgt und warnte uns vor den Gefahren, denen wir begegnen könnten.

Kevin bat ihn um ein klares Ja oder Nein: »Ist es möglich, den Canyon zu durchqueren?«

»Ich habe euch doch schon von dem *Cajón* erzählt. Auf beiden Seiten des Flusses erheben sich steile Felswände. Wenn ihr da erst drin seid, gibt es keine Möglichkeit mehr anzuhalten. Die Strömung wird euch genau auf die gefährliche Passage zutreiben.«

»Was ist daran so gefährlich? Können wir da durchkommen?«, fragte ich.

Karl konnte über diese Vorstellung nur lachen. »Keine Chance. Vier geübte *Balseros* würden nicht mal erwägen, das zu versuchen. Und ihr seid nur zwei. Es wäre glatter Selbstmord. Nicht ohne Grund nennt man das Ganze den *Mal Paso San Pedro.* Wisst ihr, wer San Pedro ist? Das ist der Typ, der an der Himmelstür steht. Und genau das war gemeint, als man die Passage nach ihm benannte. Jeder, der in den *Mal Paso* eintritt, kann sich auf eine persönliche Begegnung mit San Pedro gefasst machen.«

»Wie kommt es, dass du so viel darüber weißt?«, fragte ich neugierig.

»Ich bin zu Fuß über die Berge daran vorbeigekommen und habe es mir von oben anschauen können. Damals, vor drei oder vier Jahren, gab es einen ausgeschlagenen Pfad, daher kam man bequem voran. Der Pfad war zwar schon ein Jahr alt, aber ich konnte ihn noch benutzen. Inzwischen wird er völlig zugewachsen sein, und ich bezweifle, dass ihr noch irgendeine Spur davon finden würdet.«

»Gibt es eine Möglichkeit, zu erkennen, wo wir überhaupt nach dem Pfad suchen müssten und wie weit wir mit dem Floß fahren könnten?«, fragte Kevin.

Unser Plan war ja ursprünglich gewesen, bis zum Eingang des Canyons zu fahren, das Floß dort auseinanderzunehmen und es auf der anderen Seite wieder zusammenzusetzen.

»Ihr beide allein werdet dazu nicht in der Lage sein. Das Einzige, was ihr tun könnt, ist, vor dem Canyon anzuhalten und das Floß dort einfach zurückzulassen. Wenn ihr an der Durchfahrt vorbeiwandert, kommt ihr nach Curiplaya. Zu dieser Jahreszeit werdet ihr dort keine Menschenseele antreffen. Die Minenarbeiter fahren am Ende der Trockenzeit mit dem Floß nach Hause. Bevor sie abfahren, schlagen sie jedoch immer Balsabäume, damit diese trocknen und im nächsten Jahr verwendet werden können. Wenn ihr es also bis nach Curiplaya schafft, braucht ihr nur noch ein paar *Panchos* zu finden, um euch ein kleines Floß aus den getrockneten Stämmen zu bauen. Von da an ist der Fluss ganz ruhig, da solltet ihr keine Probleme mehr bekommen.

Wenn ihr euch in Curiplaya ein Floß baut, dürft ihr nicht vergessen, Balsabäume zu fällen, um die zu ersetzen, die ihr verwendet. Das ist keine schwere Arbeit und wäre nur fair gegenüber den Dorfbewohnern. Wenn ihr wollt, könnt ihr sogar noch ein bisschen nach Gold suchen in Curiplaya. Schaut euch gut um, dann findet ihr Werkzeug zum Graben und *Pateas.* Die Minenarbeiter lassen alles da. Außerdem gibt es noch einen Bananenhain dort und gute Angelmöglichkeiten.«

Kevin war ungeduldig: »Bleib bei der Sache, Karl. Wie können wir sicher wissen, wo wir vor dem Eintritt in den Canyon anhalten müssen, und wo sollten wir nach dem Pfad suchen?«

»Immer mit der Ruhe, Kevin«, lachte Karl. »Yossi, du musst aufpassen, dass er die Geschwindigkeitsbegrenzung auf dem Fluss nicht überschreitet.«

Er markierte unsere Position auf der Karte, die er gezeichnet hatte, und malte eine Linie, die den Tuichi darstellte.

»Dies ist der Fluss. Ab hier habt ihr raues Wasser, aber wenn ihr wirklich gewillt seid, eine Floßfahrt zu riskieren, könnt ihr euch zwei Tage Wanderschaft ersparen. Den Eingang des Canyons könnt ihr gar nicht verpassen. Genau in der Mitte des Flusses werdet ihr eine große, mit hohen Bäumen bestandene Insel erblicken. Auf der linken Seite befindet sich ein schmaler Uferstreifen. Da müsst ihr landen. Vergesst das nicht. Sobald ihr die Insel vor euch seht, lenkt aufs Ufer zu. Solltet ihr Schwierigkeiten bekommen, springt ins Wasser und schwimmt hinüber. Fahrt unter keinen Umständen in den *Cajón.*«

»Schon gut, Karl. Keine Sorge, tun wir nicht«, sagte Kevin mit deutlichem Ärger. »Das heißt also, dass wir abwärtsfahren, bis wir zur großen Insel kommen. Dort gibt es einen Seitenstreifen am linken Ufer. Ist das die Stelle, wo wir den Pfad finden?«

»Genau.«

»Wie lange dauert es, um den Canyon zu umgehen?«

»Kommt drauf an. Ungefähr zwei Tage, wenn ihr den Pfad findet. Sollte er völlig zugewachsen sein, könntet ihr sehr viel länger brauchen.«

Kevin dachte einen Augenblick nach, dann wandte er sich an mich und fragte: »Wie hört sich das an, Yossi?«

»Meine Großmutter würde das packen.«

Karl und Kevin machten sich daran, die Ausrüstung aufzuteilen.

»Ihr werdet natürlich die Machete brauchen. Sonst könnt ihr euch kein neues Floß bauen. Wir werden es wahrscheinlich schwer haben, ohne Machete durch den Urwald zu kommen, aber wir können auch ein Messer nehmen. Was das Gewehr betrifft, braucht ihr …«

»Wir werden das Gewehr nicht brauchen«, unterbrach Kevin, »aber wir nehmen die Angelschnur und die Haken. Ihr nehmt das Gewehr und die Munition. Wir werden gar keine Zeit zum Jagen haben. Außerdem kann die Munition auf dem Floß leicht nass werden.«

»Gut, in Ordnung«, stimmte Karl zu. »Wenn wir das Gewehr kriegen, könnt ihr den Großteil der Vorräte mitnehmen. Ich bin sicher, dass Marcus und ich jede Menge Wild finden werden. Ihr könnt auch die Nylonplane haben. Damit haltet ihr die Ausrüstung trocken. Ohne Machete können wir sowieso kein Lager errichten. Wir nehmen dafür das Minizelt«, schloss Karl.

Karl und Kevin nahmen sich jeden Gegenstand auf diese Weise vor. Das Affenfleisch hatten wir noch nicht angerührt. Karl gab es uns, von zwei kleinen Stücken abgesehen. Das Feuerzeug stellte ein Problem dar, weil wir nur noch eines hatten. Kevin und ich konnten es in Besitz nehmen; dafür überließen wir den anderen zehn der zwanzig Streichhölzer, die wir noch hatten, sowie die Hälfte des Anzündpapiers. Kevin übergab Marcus diejenigen seiner Besitztümer, die er nicht mitführen wollte, zum Beispiel die kostbaren belichteten Filme mit Hunderten von Bildern, die er während des vergangenen Monats geschossen hatte, zusammen mit dem Zubehör für den Fotoapparat und dem Stativ.

»Bei dir sind sie sicherer«, sagte er zu Marcus.

Am Nachmittag war Kevin unterwegs, um das richtige Gefühl für den Fluss zu bekommen. Er schwamm flussabwärts und lief zu Fuß durch den Dschungel zurück.

»Sieht nicht so gut aus«, erzählte er mir. »Vierhundert Meter flussabwärts gibt es schon eine gefährliche Passage. Hoffentlich kommen wir da ohne allzu große Schwierigkeiten durch.«

»Kein Problem«, sagte ich. »Wenn wir auf Abenteuer aus sind, lass uns doch gleich richtig rangehen.«

»Sei nicht albern«, tadelte mich Kevin. »Ich habe nicht die Absicht, auf dieser Fahrt irgendwelche unnötigen Risiken einzugehen. Ich weiß genau, wie gefährlich so ein Fluss sein kann. Wenn wir auf dem Floß sind, musst du auf mich hören und genau das machen, was ich dir sage.«

›Einen Tyrannen für den anderen eingetauscht‹, dachte ich bei mir, obwohl mir klar war, dass er recht hatte. Ich hatte mich wirklich albern benommen, allerdings nur, um meine Angst zu verbergen.

Karl stand wie üblich als Erster auf und weckte die anderen. Er wollte früh aufbrechen. Die Atmosphäre war ziemlich angespannt. Marcus machte sich an seinem Rucksack zu schaffen. Karl witzelte ein bisschen herum, um seine Stimmung zu heben, aber ohne großen Erfolg. Schließlich waren sie reisefertig, jeder mit seinem Rucksack auf dem Rücken. Karl trug das Gewehr, und anstelle der Machete, die er uns überlassen hatte, hing ein Messer in seinem Gürtel.

»Tja, das wär's. Zeit zu gehen«, sagte er. »Ich würde lieber am anderen Ufer entlanglaufen, weil Yossi und ich ja schon ein ganzes Stück flussaufwärts auf dieser Seite gegangen sind, ohne auf die Spur eines Pfades zu treffen. Vielleicht finden wir drüben einen. Wärt ihr denn so liebenswürdig, uns mit dem Floß überzusetzen, damit Marcus keine nassen Füße bekommt?«

»Das ist meine einzige Hoffnung«, sagte Marcus. »Solange meine Füße trocken bleiben, werde ich gehen können. Aber wenn sie wieder nass werden, pellt die ganze Haut ab.«

Nachdem wir Karl und Marcus auf die andere Seite des Ipurama verfrachtet hatten, schüttelten wir uns alle die Hand. Karl merkte launig an, er hoffe, dass wir morgen um diese Zeit nicht schon Fischköder wären. Dann erteilte er uns noch eine letzte Warnung: »Bleibt zusammen, was auch immer geschieht, selbst wenn einer von euch verletzt ist und nicht gehen kann. Lasst niemals den anderen zurück, um Hilfe zu holen. Wenn sich einer von euch verletzt, tut alles, was ihr könnt, um ans Flussufer zu gelangen, und wartet dort. Derjenige, der unverletzt ist, muss sich um den anderen kümmern und ihn verpflegen, bis Hilfe kommt. Solange ihr am Ufer bleibt, besteht immer die Hoffnung, dass Hilfe eintrifft.«

Karl versprach, dass er, falls wir bis zum fünfzehnten Dezember nicht in Rurrenabaque angekommen wären, die zuständigen Behörden benachrichtigen und dafür sorgen würde, dass nach uns gesucht wurde.

»Wir sind immer noch gute Freunde«, sagte Marcus beim Abschied zu mir. »Ich warte in La Paz auf euch. Erinnerst du dich an das kleine Teehaus, wo wir immer gesessen und geredet haben? Dorthin werde ich dich einladen. Wir werden dasitzen und Freunde sein wie früher.«

»Das stimmt, Marcus«, antwortete ich. »Wir werden aus diesem Dschungel herausfinden. In der Stadt wird wieder alles wie früher sein.«

»Ich werde für dich beten. Ich verspreche dir, dass ich zur israelischen Botschaft gehen werde, wenn du nicht rechtzeitig zurück bist. Ich werde alles tun, um sicherzustellen, dass sie nach euch suchen.«

»Danke«, sagte ich. »Erinnere sie daran, dass ich eine Nachricht dort hinterlegt habe, auf der unsere Route beschrieben ist.«

»Mach dir nicht so viele Sorgen«, beruhigte ihn Kevin. »Wir haben die Absicht, euch zu überraschen und noch vor euch in La Paz anzukommen.«

Karl brach in Gelächter aus: »Du hast vielleicht eine Scheiße im Kopf, Kevin«, sagte er.

Wir schüttelten uns noch einmal die Hand, und Marcus sagte: »Wir sehen uns in La Paz. Gott sei mit euch. Ich bete für euch. Auf Wiedersehen.«

Sie drehten sich um und gingen. Karl marschierte zuversichtlich voran. Marcus stapfte hinterher, wandte sich aber noch einmal um, um uns einen letzten Blick zuzuwerfen, bevor er unseren Augen entschwand.

8. Kapitel

Der Unfall

Kevin beendete die Stille: »Komm, beweg dich, Yossi. Wir haben noch viel zu tun.«

Wir setzten zurück zur anderen Seite des Ipurama und machten uns an die Arbeit. Kevin machte die vier Stämme los, die wir dem Floß in Asriamas hinzugefügt hatten. Dann banden wir die Stämme, so wie Karl es uns beigebracht hatte, mithilfe der *Panchos* fest zusammen, sodass wir nun ein kleineres Floß hatten.

»Dies wird uns als Rettungsfloß dienen«, erläuterte Kevin. »Wir werden unsere ganze Ausrüstung darauf befestigen.«

Wir banden das kleine Floß in der Mitte des größeren sorgfältig fest, wofür wir Taue und Lederriemen verwendeten, die Marcus uns überlassen hatte.

»Das Hauptfloß wird die Zusammenstöße mit den Felsbrocken abfangen, und wenn was Ernstes damit passiert, brauchen wir nur die Riemen mit der Machete durchzuhauen, und das Rettungsfloß ist frei. Wir springen einfach drauf und setzen damit an Land.«

Das klang vernünftig.

Kevin leerte die Rucksäcke und packte unsere Sachen um. In den größeren steckte er den Hauptteil unserer Ausrüstung: den Kochtopf nebst Utensilien, die Nylonplane, die uns zum Zeltaufbau diente, seine Sandalen und Kleidung zum Wechseln, die große Bananenstaude und das geräucherte Affenfleisch. Den kleineren Sack, den er als Rettungssack bezeichnete, kleidete er mit einer wasserfesten Gummitasche aus. Diese Tasche füllte er mit dem Erste-Hilfe-Kasten, der Karte von Bolivien, den zwei grünen Moskitonetzen, Dedes rotem Poncho, der Taschenlampe, Feuerzeug und Streichhölzern sowie seiner Kamera nebst Filmen und zusätzlichem Objektiv. Unsere Ausweise und unser Geld legte er in einen wasserdichten Metallkasten. Widerstrebend nahm ich meine Brieftasche mit dem kleinen Buch meines Onkels aus meiner Hosentasche. Kevin sah mich prüfend an. Ohne ein Wort zu sagen verstaute er die Brieftasche sorgfältig in dem Metallkasten. Schließlich packten wir den Reis und die Bohnen in weitere wasserdichte Beutel. Kevin zog die Öffnung des Gummibeutels fest zu und verschloss den ihn umhüllenden Rucksack. Ans obere Ende des Sacks befestigte er zwei versiegelte Blechbüchsen, die ihn über Wasser halten sollten, falls er vom Floß fiel. Diesen ganzen Packen steckte er dann in einen Nylonbeutel, den er außerdem mit Balsaholzstückchen auffüllte, um ihm Auftrieb zu geben. Das Ganze wurde schließlich ans Rettungsfloß festgebunden, und damit waren wir nun zum Aufbruch bereit.

Wir durchsuchten den Lagerplatz ein letztes Mal, aber wir hatten nichts vergessen. Kevin war äußerst gründlich. Er stieß mit den Füßen durch den Blätterbelag, der uns quasi als Teppich gedient hatte, und stocherte in den Ascheresten unseres Lagerfeuers. Es wurde nichts übersehen.

Aufgeregt, mit einem flauen Gefühl im Magen, bestieg ich das Floß. Kevin stand im Wasser, gab dem Floß einen kräftigen Stoß und sprang dann auf.

»Es wird alles gut gehen«, versicherte er. »Denk an das, was du selbst gesagt hast: Deine Großmutter würde es packen. Und noch eins: Sei auf der Hut und achte auf meine Anweisungen!«

»Du bist der Käpten«, erwiderte ich.

Ich wollte gern glauben, dass Kevin wusste, was er tat, aber ich war jetzt ziemlich nervös. Die Strömung ergriff das Floß, und Kevin wies mich an, die Stange gegen ein Ruder einzutauschen.

»Wir müssen bloß darauf achten, den Bug des Floßes immer gerade nach vorn gerichtet zu halten«, sagte er. »Wir lassen uns von der Strömung treiben. Irgendwann im Laufe des Tages müssten wir an dem Ufer ankommen, von dem Karl gesprochen hat.«

Wir näherten uns zügig der ersten schwierigen Passage. Ich erblickte zerklüftete Felsbrocken, die aus schäumenden Stromschnellen emporragten.

»Nach rechts, Yossi! Kräftig ziehen!«

Wir stießen gegen einen Felsen, und das Floß kletterte sozusagen ein Stück an ihm herauf, wobei die Stämme unter unseren Füßen erzitterten. Gleich darauf waren wir wieder in der Strömung und drauf und dran, den nächsten Fels zu rammen. Ich versuchte gar nicht mehr zu rudern, sondern klammerte mich verzweifelt an den Lederriemen fest. Vorne machte es Kevin genauso. Das Floß, von Stein zu Stein schleudernd, taumelte durch schäumendes Gefälle, die meiste Zeit steil zur Seite geneigt.

»Halt dich fest, Yossi! Nicht loslassen!«

Ich hatte die Augen fest zugepresst.

Plötzlich befanden wir uns aber wieder in ruhigem Wasser und trieben gemächlich dahin. Als ich mich umsah, sah ich das aufgewühlte Wasser, durch das wir eben gekommen waren.

»He, wir haben's geschafft!« rief ich fröhlich.

Kevin lächelte mir zu und hielt den Daumen hoch. Uns war nun beiden klar, wie gefährlich dieser Trip war. Wir hatten erkennen müssen, wie wenig wir das Floß kontrollieren konnten. Während wir von der mächtigen Strömung davongezogen worden waren, hatten wir nicht einmal den Bug des Floßes gerade nach vorn ausrichten können. Nein, meine Großmutter hätte diese Fahrt wohl doch nicht mitgemacht. Nun, da niemand mehr bei uns war, der die Nase rümpfen konnte, hatte ich nicht länger das Bedürfnis, den starken Mann zu markieren.

Die nächsten zwei Stunden trieben wir sanft dahin, überzeugt davon, unser Ziel zu erreichen. Die Landschaft war atemberaubend. Entlang des Ufers erhoben sich mit immergrüner Bewaldung bedeckte Berge über rötlichen Klippen. Gelegentlich passierten wir schmale Wasserfälle, die sich aus der Höhe in den Fluss ergossen. Von Zeit zu Zeit wurden wir auch von einer Horde Affen, die sich von Baum zu Baum schwangen, stromabwärts begleitet. Kevin überlegte, ob er die Kamera hervorholen sollte, beschloss dann aber, dass es zu riskant wäre, und ließ es bleiben.

Um die Mittagszeit bekamen wir Schwierigkeiten. Ein großer Stein ragte vom Ufer aus in den Fluss hinein, und das gegen ihn anströmende Wasser bildete einen tückischen Strudel. Die Strömung zog uns mitten hinein. Zwei Stunden lang versuchten wir vergeblich, wieder herauszukommen. Schließlich sah Kevin keinen anderen Ausweg mehr, schwamm ans Ufer, kletterte auf den Fels und versuchte, das Floß an dem Tau, das am Bug befestigt war, aus dem Strudel herauszuziehen. Zweimal verlor er den Halt, fiel ins Wasser und wurde von der Strömung abgetrieben, erholte sich aber schnell wieder. Beim dritten Versuch riss ihm das Tau, und er fiel erneut ins Wasser, tauchte dieses Mal aber nicht so schnell wieder auf. Ich blieb auf dem strudelnden Floß zurück, und Angst stieg in mir hoch. Was wäre, wenn Kevin ertrunken war? Was würde dann aus mir? Ich saß auf dem Floß und verrenkte mir den Hals in dem verzweifelten Versuch, ihn zu Gesicht zu bekommen. Als ich seinen Strohhut flussabwärts treiben sah, erstarrte ich.

Ungefähr fünfzehn Minuten später kam Kevin mit einer blutenden Wunde am Knie zurück.

»Die Unterströmung hier ist unglaublich«, sagte er. »Ich dachte, ich ertrinke. Meine Luft war schon verbraucht, aber in letzter Minute hat mich die Strömung an die Oberfläche geschleudert, sodass ich mich ans Ufer retten konnte.«

»Was ist mit deinem Bein?«

»Oh, das hab ich gar nicht bemerkt. Ich schätze, ich bin gegen einen Stein gestoßen. Scheiße, meinen Strohhut hab ich verloren.«

Anstatt weiterhin zu versuchen, das Floß aus dem Strudel herauszusteuern, machten wir es am Flussufer fest. Es war eine große Erleichterung, wieder festen Boden unter den Füßen zu spüren.

Danach versuchten wir eine andere Strategie. Wir zogen das Floß flussaufwärts, sprangen an Bord und versuchten, indem wir mit aller Kraft ruderten, an dem Strudel vorbei in die Mitte des Flusses zu gelangen. Wir schafften es beim dritten Versuch. Nachdem unsere Freudenschreie verklungen waren, meinte Kevin nachdenklich: »Vielleicht hätten wir einfach dort hinten bleiben sollen. Das wäre kein schlechter Platz zum Lagern gewesen.«

»Wir haben aber noch Zeit, bis es dunkel wird«, sagte ich. »Auf jeden Fall ist es besser, wenn wir heute noch bis zum Eingang des *Cajón* kommen und auf dem Uferstreifen lagern, den Karl uns auf der Karte gezeigt hat. Ich hätte ein gutes Gefühl, wenn ich wüsste, dass wir morgen loswandern.«

»Vielleicht hast du recht«, bestätigte Kevin.

Die rötlichen Klippen schoben sich nun bis zum Wasser vor.

»Hier muss es sein«, erklärte Kevin. »Mach dich bereit. Wir müssten die Insel jetzt jeden Moment sehen. Wenn es so weit ist, ruderst du, so kräftig du kannst, nach links. Wenn wir ernsthafte Schwierigkeiten bekommen, springst du ins Wasser und schwimmst an Land. Hier sieht es langsam so aus, als sei es der Canyon.«

Wir waren beide wachsam und nervös. Die Strömung wurde stärker. Wo zum Teufel war die Insel?

Da war ein großer Felsbrocken nahe dem rechten Ufer. Wir wurden rasch darauf zugetrieben. Links von ihm fiel das Flussbett scharf ab; es war allerdings unmöglich, zu erkennen, wie tief genau. Jedenfalls stürzte sich das Wasser mit gewaltigem Rauschen über den Rand. Vielleicht könnten wir an der rechten Seite, zwischen dem Felsen und dem Ufer, hindurchfahren.

»Nach rechts, nach rechts! Kräftiger, schneller!«

Ich ruderte verzweifelt und mit aller Kraft. Ich schloss die Augen, als wir mit fürchterlicher Wucht gegen den Felsen krachten.

»Bist du okay, Yossi?«

Kevin hing genau wie ich im Fluss und klammerte sich an die Leinen des Floßes. Das Wasser rauschte auf beiden Seiten an uns vorbei, aber das Floß rührte sich nicht. Es ragte in einem Sechzig-Grad-Winkel aus dem Wasser, steckte in einer Sandbank fest und scheuerte gegen das Gestein. Der Druck des Wassers presste uns fest gegen den Felsen.

Wir kletterten zurück aufs Floß. Kevin ließ mich das Ruder festbinden, damit es nicht in den Fluss geschwemmt würde. Ich blickte über den Wasserfall zur Linken. Der Fluss stürzte drei bis vier Meter in die Tiefe. Mein Gott, warum war ich nicht mit Karl und Marcus gegangen?

Mir zitterten die Beine. Wenn wir nach rechts steuern könnten, würden wir durchkommen. Wir versuchten, das Floß vom Felsen loszubekommen, konnten aber gegen die Strömung nichts ausrichten. Wir versuchten alles, was uns nur einfiel – schieben, ziehen, rudern, mit Stangen stoßen –, aber das Floß rührte sich nicht von der Stelle.

Kevin erfasste die Lage schnell.

»Ich sehe kaum eine Möglichkeit, dass die Strömung uns hier heraustrăgt. Bis zum rechten Ufer sind's nur sechs oder sieben Meter, während auf der linken Seite hier gleich der Wasserfall ist, und danach sind's wahrscheinlich noch zwanzig Meter bis zum linken Ufer. Der Fluss ist schmal, und die Strömung ist unheimlich stark. Verstehst du, was das heißt? Der Canyon muss hier anfangen. Wir müssen ganz dicht bei der Insel sein. Wenn wir es nur schaffen, ans Ufer zu kommen, können wir von hier aus zu Fuß gehen und den Canyon auf dem Landweg locker passieren, bis wir in Curiplaya sind.«

Kevin hielt einen Augenblick inne und sah sich um, bevor er seinen Entschluss fasste.

»Wir haben keine Wahl. Ich geh hinein. Ich versuche, das rechte Ufer zu erreichen. Wenn ich da bin, wirfst du mir die Machete rüber. Ich klettere in den Wald hoch und schneide eine Ranke ab. Ich werfe dir die Ranke zu, dann holen wir erst die Säcke herüber. Dann bindest du dich selbst an der Ranke fest, und ich zieh dich an Land.«

»Spring nicht ins Wasser, Kevin. Es ist viel zu gefährlich. Warte noch eine Weile«, rief ich ihm zu, aber Kevin zögerte keinen Augenblick. Er zog seine Schuhe und Socken aus.

»Ich schaffe es, Yossi«, schrie er und sprang in den Fluss.

Die Strömung zog ihn mit unheimlicher Macht fort. Für einen Moment war er verschwunden, tauchte dann aber wieder auf. Er wurde ungefähr fünfundzwanzig Meter weiter unten gegen einen Felsen gespült, an dem er sich festhielt. Von da aus schwamm er ans Ufer. Ich stieß einen Seufzer der Erleichterung aus, aber gleich darauf hielt ich den Atem an. Ich fühlte, wie sich das Floß unter mir bewegte und sich langsam vom Felsen löste.

»Kevin! Kevin! Das Floß bewegt sich, Kevin!«

Es rutschte langsam weg. Kevin rannte mir entgegen.

»Wirf meine Schuhe rüber, schnell!«

Ich gehorchte mechanisch und warf die Schuhe in seine Richtung, so weit ich konnte. Sie landeten auf dem steinigen Ufer. Das Floß war fast wieder frei. Der Bug war auf den Wasserfall gerichtet. Ich zitterte am ganzen Körper. Voller Panik sah ich flehend zu Kevin herüber. Er zog eilig seine Schuhe an.

»Die Machete! Wirf mir die Machete rüber!« schrie er.

Die große Klinge pfiff durch die Luft und schlug dumpf auf den Boden. Das Floß hatte sich in Bewegung gesetzt.

»Du lässt mich allein, Kevin!« schrie ich.

»Ich hol dich ein. Halt dich nur fest! Halt dich fest!«

Das Floß löste sich endgültig vom Felsen und schob sich längs auf den Wasserfall zu. Ich spürte den Sog des Flusses unter mir und hielt mich verzweifelt an den Lederriemen fest. Das Floß wurde unter Wasser gezogen und riss mich mit. Dunkelheit umhüllte mich. Meine Lungen schienen zu platzen. Ich bekam keine Luft.

›Nein, lass bloß das Floß nicht los‹, redete ich mir zu, während die Unterströmung es immer schneller unter der Wasseroberfläche entlangzog. Der Druck auf meine Lungen wurde schier unerträglich.

»O Gott, hilf mir, bitte!«

Ich dachte, das wäre das Ende. Doch dann fand ich mich über Wasser wieder, und das Floß glitt dahin. Ich sah mich hastig um und erblickte Kevin hundert oder noch mehr Meter hinter mir. Er lief in meine Richtung. Ich war erleichtert.

»Ich warte auf dich, wo auch immer ich es schaffe, ans Ufer zu kommen«, schrie ich und winkte ihm zu.

Kevin konnte mich unmöglich hören, aber er winkte zurück und lief weiter.

Plötzlich begriff ich, wo ich war: Ich hatte den Canyon erreicht und wurde nun rasch auf den tückischen *Mal Paso San Pedro* zugetrieben. Das Floß prallte gegen die Felswände. Es krachte gegen die Steine, neigte sich seitwärts, stürzte Wasserfälle hinunter und wurde über schäumende Stromschnellen gerissen. Ich hielt mich verzweifelt fest, schloss die Augen und betete. »Gott, Gott …« Dann tauchte das Floß wieder unter und nahm mich mit. Ich prallte so heftig gegen einen Felsen, dass ich zweimal in die Luft geschleudert wurde und im Wasser landete. Der Gewalt des Flusses wehrlos ausgesetzt, wurde ich in die Tiefe gezogen. Wenn ich auf einen weiteren Felsen träfe, würde er mich zerschmettern. Mir ging die Luft aus. Als ich wieder an die Oberfläche kam, erblickte ich die zusammengebundenen Stämme des Floßes in der Nähe. Ich bekam sie glücklich zu fassen und konnte hinaufklettern.

Der schreckliche Todestanz ging endlos weiter. Die Strömung war unglaublich stark. Das Floß wurde mit unheimlicher Geschwindigkeit mitgerissen. Dann machte der Fluss eine weitere kleine Biegung, und da, noch weit entfernt, sah ich ihn: ein riesiger Felsbrocken mitten im Fluss, der fast die ganze Breite blockierte. Das Wasser brauste mit schrecklichem Dröhnen dagegen. Weißer Schaum spritzte in alle Richtungen, gischtbedeckte Wirbel umtosten den Fuß des furchtbaren Brockens, und ich wusste, dass ich nie im Leben dort vorbeikäme.

Ich legte mich flach hin, den Blick auf das Heck des Floßes gerichtet. Ich wollte nicht sehen müssen, wie der Tod sich näherte.

Ich presste die Augen fest zu und klammerte mich mit aller Kraft an die Riemen. Dann krachte es. Ich fühlte nichts. Ich flog einfach durch die Luft und landete dann wieder im Wasser, die Augen immer noch geschlossen. Ich wurde unter Wasser gezogen; es kam mir wie eine Ewigkeit vor. Ich fühlte den Druck in den Ohren, in der Nase und in den Augenhöhlen. Meine Brust schien zu platzen. Dann pflückte mich erneut eine unsichtbare Hand aus der Strömung heraus und zog mich, gerade noch rechtzeitig, an die Oberfläche zurück. Ich hob den Kopf, schnappte nach Luft, nach viel Luft, bevor ich wieder hinuntergezogen würde. Weit hinter mir sah ich den Felsbrocken verschwinden. Ich konnte es nicht fassen. Ich war daran vorbeigekommen. Aber wie? Ich fühlte keinen Schmerz. Nein, ich war unverletzt. Es war ein Wunder!

Das Floß trieb in geringer Entfernung vor mir her. Die Stämme hatten sich voneinander gelöst. Ich schaffte es, mich auf das, was übrig geblieben war, hinaufzuziehen. Die Lederriemen waren zerrissen, daher hatte ich nichts, woran ich mich festhalten konnte. Ich wusste, dass ich das Rettungsfloß erreichen musste. Auf keinen Fall durfte ich den Rettungssack verlieren, denn ohne den konnte ich nicht überleben.

Ich sprang ins Wasser, und zwei Züge brachten mich ans Rettungsfloß heran. Wieder krachte ich in die Steinwände des Canyons, aber jetzt hatte ich kein großes, stabiles Floß mehr, das mich abschirmte. Das Rettungsfloß war klein und schmal. Bei jedem Zusammenstoß wurde es halb aus dem Wasser gehoben. Abermals rammte ich gegen einen Felsen, wobei ich mir das Knie verletzte; viel schlimmer war allerdings, dass der kostbare Rettungssack sich löste und ins Wasser fiel. Ich bekam ihn gerade noch zu fassen, als er schon abzutreiben drohte, aber er war sehr schwer, sodass ich Angst hatte, er würde mich zum Ertrinken bringen. Ich schloss den Gürtelriemen um einen der Stämme in der Hoffnung, dass er halten würde. Aber ich hatte mich getäuscht. Noch ein Stoß, noch ein Sturz über einen Wasserfall, und der kostbare Rucksack tanzte auf den Wellen in meinem Rücken und außer Reichweite. Ich musste ihn unbedingt im Blick behalten.

›Ich darf ihn nicht aus den Augen lassen‹, sagte ich mir. ›Ich darf ihn nicht verlieren, auf keinen Fall.‹

Ich war mir ziemlich sicher, dass ich den *Mal Paso* bereits hinter mir gelassen hatte, mich aber nach wie vor in einem Canyon befand. Steile Felswände erhoben sich auf beiden Seiten, aber der Fluss wurde jetzt breiter und die Strömung schwächer. Ich hätte zum Ufer schwimmen können, durfte aber den Rucksack nicht aufgeben. Solange ich ihn noch sehen konnte, wie er, gefolgt von dem großen Floß, hinter mir auf dem Wasser auf und ab hüpfte, schwamm ich nicht an Land.

Der Fluss machte einen Bogen. An dessen Ende wartete ich vergeblich darauf, dass der Rucksack wieder hinter mir auftauchen würde. Er musste irgendwo hängen geblieben sein. Auch das Floß kam nicht um die Ecke. Daher ergriff ich, als das Rettungsfloß sich dem rechten Ufer näherte, die Möglichkeit, an Land zu springen, da mir keine andere Wahl blieb, als den großen Rucksack und das Floß vorerst aufzugeben.

Ich landete dicht am Ufer im Wasser, und – Wunder über Wunder! – ich fühlte Sand unter meinen Füßen. Ich konnte tatsächlich stehen! Ungläubig torkelte ich aus dem Wasser. Ich war auf einem steinigen Uferstreifen gelandet. Fester Boden. Ich war am Leben!

Es dauerte ein paar Momente, bis ich wieder zu Atem kam. Dann konzentrierten sich meine Gedanken wieder auf die aktuelle Lage. Der Rettungssack war verloren und nirgends zu sehen. Aber vielleicht würde er ja wieder auftauchen. Könnte ihn die Strömung nicht losreißen?

Und was war mit Kevin? Sicherlich würde er mich finden. Ich hatte gesehen, wie er in meine Richtung gelaufen war. Bestimmt würde er es heute bis hierher schaffen oder spätestens morgen. Ja, dann wäre alles in Ordnung. Ich war mir ganz sicher. Er würde mich finden, und zusammen würden wir nach Curiplaya wandern. Wie weit mochten wir wohl auseinander sein? Ich wusste es nicht. Wie lange war ich auf dem Fluss getrieben? Keine Ahnung. Vielleicht zwanzig Minuten. Der Gedanke an den Fluss machte mich frösteln.

Der Regen, der seit einiger Zeit stetig gefallen war, wurde nun stärker. Es hatte keinen Sinn mehr zu warten. Es war ratsam, in den Dschungel hinaufzuklettern, um dort einen Unterschlupf für die Nacht zu suchen. Ich kämpfte mich die Steinwand hoch. Als ich eine Höhe von etwa fünf Metern erreicht hatte, sah ich nach unten und wurde von Freude übermannt. Ich konnte das große Floß sehen. Es war zwischen ein paar Felsen nahe dem Ufer eingeklemmt und schaukelte dort sanft hin und her. Jetzt, wo ich es sah, konnte ich auch das Geräusch hören, das entstand, wenn es gegen die Felsen stieß. Welch ein Glück! Ich dachte mir, dass der Rucksack vermutlich auch dort steckte.

Ich eilte hinunter ans Ufer, aber durch die Biegung des Flusses war mir die Sicht genommen. Außer an der Stelle, wo ich stand, hatte der Fluss hier überhaupt kein Ufer. Zu Fuß konnte ich also nicht dichter an das Floß herankommen. Ich watete in den Fluss hinein, wobei ich dicht am Ufer blieb, und versuchte, gegen die Strömung ankämpfend, flussaufwärts zu gelangen. Ich kam ein paar Meter voran, verlor dann aber den Halt und fiel hin, als wenn man mir den Boden unter den Füßen weggerissen hätte. Zu Tode erschrocken, hastete ich ans Ufer zurück.

Was sollte ich jetzt tun? Ich schäumte vor Wut und Enttäuschung. Ich brauchte den Rucksack dringend. Vielleicht konnte ich ihn über Land erreichen, aber es mochte Stunden dauern, die Steinwände entlangzuklettern. Tränen wollten mir in die Augen steigen.

›Nein, du darfst nicht weinen. Sei stark. Gib nicht auf. Du bist doch ein Mann der Tat. Mach weiter und tu, was getan werden muss.‹

Mir war klar, dass ich an diesem Tag nicht mehr zum Floß kommen konnte. Es wurde schon dunkel und regnete immer noch. Ich musste jetzt irgendeinen Unterschlupf finden. Ich kletterte also wieder hoch, wobei ich mir leise vorsang: »Ein Mann der Tat, ein Mann der Tat.« Ich sah das Floß zwischen den Felsen schaukeln.

»Bitte bleib dort bis morgen. Bleib bitte stecken.«

Es war keine leichte Aufgabe, mir eine improvisierte Unterkunft zu errichten. Ich entwurzelte kleine Büsche, brach Zweige, riss Blätter ab und brachte das Ganze zu einer kleinen Nische im felsigen Hang. Ich streute die Blätter auf den Boden und stapelte die Zweige in der Öffnung, sodass sie eine Art Schutzwall bildeten.

Ich war ganz ausgehungert. Seit dem Morgen hatte ich nichts gegessen. Ein Stück weiter unten am Hang sah ich eine Palmette stehen. Ich konnte das Palmherz essen, wie Karl es uns beigebracht hatte. Der Baum war klein, aber seine Wurzeln waren tief im felsigen Grund verankert. Ich grub und wühlte mit meinen Händen rundherum, bis es mir gelang, den Baum zu entwurzeln. Das Herz war ganz oben. Ich nahm einen großen Stein und schlug damit gegen den Stamm, bis ich das weiße weiche Herz freigelegt hatte. Es ergab nicht viel an Nahrung, aber ich aß es bis auf den letzten Rest.

Plötzlich hörte ich Rufe.

›Das muss Kevin sein‹, sagte ich mir und brüllte los: »Kevin! Kevin! Kevin!« Aber es kam keine Antwort.

Es war wohl Einbildung gewesen. Aber nein, ich hörte doch etwas! Eine Horde Affen! Ich zitterte vor Angst. Karl hatte uns erzählt, dass es in der Nähe von Affengruppen immer auch Jaguare gibt.

»Gott, mach, dass Kevin herkommt.«

Ich hatte ein blaues T-Shirt an, das Marcus mir geschenkt hatte, ein braunes Flanellhemd, grobe Unterwäsche, Jeans, Socken, Wanderstiefel und ein großes Tuch, das ich mir um den Hals geschlungen hatte. Ich kroch in meine kleine getarnte Nische. Der Steinboden drückte sich in meinen Rücken, aber das war noch nicht so schlimm wie die Kälte. Ich war klatschnass und hatte weder Feuer noch irgendetwas, mit dem ich mich zudecken konnte. Ich nahm mein Halstuch ab und band es mir vors Gesicht. So gab mir die Wärme meines eigenen Atems wenigstens die Illusion von ein bisschen Behaglichkeit. Erschreckende Vorstellungen von wilden Tieren und Schlangen gingen mir durch den Kopf. Was wäre, wenn ich den Rucksack nicht fände? Was wäre, wenn Kevin nicht käme? Ich würde entweder von wilden Bestien verschlungen werden oder vor Hunger krepieren. Von Trostlosigkeit und Verzweiflung gepackt, sprang ich aus der Nische heraus.

»Kevin! Kevin! Kevin!«

»Oha, oha«, schnatterten die verfluchten Affen.

Ich flüchtete in meine Höhle zurück. Tränen standen mir in den Augen.

›Weine nicht. Reiß dich zusammen. Sei ein Mann der Tat‹, beschwor ich mich selbst.

Es war schon dunkel. Ich legte mir das Halstuch wieder übers Gesicht. Ich konnte nicht schlafen, konnte die furchterregenden Gedanken nicht aus meinem Kopf bekommen.

›Karl, warum hab ich nicht auf dich gehört? Marcus, warum war ich so gemein zu dir? Jetzt werde ich dafür bestraft.‹

Ich sagte mir, wenn der Morgen erst käme, würde ich Kevin finden und wir würden dann zusammen hier rauskommen. Als ich fühlte, wie ich wieder mutlos wurde, flüsterte ich mir mein Mantra vor: »Ein Mann der Tat, ein Mann der Tat.« Ich weiß nicht, wo ich diesen Spruch herhatte. Vielleicht aus einem Buch von Carlos Castañeda. Ich wiederholte ihn immer wieder: »Ein Mann der Tat tut, was er tun muss, hat keine Angst, macht sich keine Sorgen.« Aber als ich die Zweige draußen rascheln hörte, wirkte mein Motto schon nicht mehr so ermutigend. Ich hielt den Atem an und hoffte, dass sich das Rascheln in den Dschungel zurückziehen würde.

Morgens fühlte ich mich besser. Ich schob die Zweige zur Seite und kroch nach draußen. Ich brüllte ein paarmal nach Kevin, dann aber besann ich mich wieder darauf, ein Mann der Tat zu sein und meine Lage abzuschätzen. Zuerst einmal war ich mir absolut sicher, dass ich den Canyon passiert hatte. Ich erinnerte mich gut an Karls Beschreibung: die Wasserfälle, die Stromschnellen, der riesige Felsen mitten im Fluss. Ja, sicherlich war das der *Mal Paso* gewesen, und Curiplaya sollte ja nicht weit davon am rechten Ufer liegen, dem Ufer, auf dem ich stand. Dorthin könnte ich's also schaffen. Es gab Hütten und Werkzeug in Curiplaya. Karl hatte auch einen Bananenhain erwähnt. Und von Curiplaya war es nur noch ein Fußmarsch von vier Tagen nach San José de Uchupiamonas. Es sollte sogar einen ausgeschlagenen Pfad durch den Dschungel geben. Ich gestattete mir, optimistisch zu sein. Ich konnte es schaffen. Nicht mehr als ein Tagesmarsch nach Curiplaya und von da aus auf dem Pfad nach San José. Vielleicht war ja sogar noch jemand in Curiplaya zurückgeblieben.

Ich sah mich nach einem Frühstück um, konnte aber nichts finden. Ich beschloss, noch einen Versuch zur Bergung des Rucksacks zu unternehmen. Es würde sich durchaus lohnen, einen ganzen Tag für die Suche zu investieren, solange die geringste Chance bestand, ihn zu finden. Im Rucksack waren Nahrungsmittel, Streichhölzer, eine Landkarte und eine Taschenlampe. Ich wäre fein raus, wenn ich ihn nur finden könnte.

Es war nicht leicht. Ich machte mich auf den Weg flussaufwärts über gezackte Klippen und glatte Felswände. Ich ging zwei Stunden, wobei ich höher stieg, um besser voranzukommen, und dann wieder hinabkletterte, um zu sehen, ob ich ans Ufer gelangen könnte. Die Felswände waren steil und glatt. Ich verlor einige Male den Halt, wurde aber zum Glück von Bäumen und Büschen aufgefangen.

Schließlich entdeckte ich das Floß von einer Klippe aus, die sich fünfzehn Meter über den Fluss erhob. Es schaukelte immer noch gegen die Felsen. Ich war mir sicher, dass der Rucksack in der Nähe sein musste.

An dieser Stelle bestand das Ufer aus einem schmalen Landstreifen. Ich musste das Risiko eingehen und begann vorsichtig hinabzusteigen, wobei ich mich an den scharfen Felskanten festhielt. Ich machte nur winzige Schritte, immer mit den Füßen nach einem Halt suchend, der mein Gewicht tragen würde. Mit kaltem Schweiß bedeckt, betete ich leise: »Rutsch nicht aus. Fall nicht runter.« Wenn ich mir einen Arm oder ein Bein brechen würde, hätte ich keine Chance mehr. Als ich das letzte Mal beim Bergsteigen gewesen war, war ich abgestürzt, aber durch ein Wunder gerettet worden: Onkel Nissims kleines Buch hatte in meiner Tasche gesteckt. Jetzt war es im Rucksack. Ich hätte es niemals dort hineintun dürfen.

Seit gestern hatte es nicht aufgehört zu regnen. Das Gestein war feucht und glitschig, trotzdem kletterte ich weiter. Meine Hose verfing sich an einem Vorsprung und riss. Mein Knie war aufgeschlagen, und meine Finger bluteten. Die Belastung für die Beine war fürchterlich und äußerst schmerzhaft. Ich spürte, dass der Ausschlag sich wieder über meine Füße ausbreitete. Als ich noch ungefähr drei Meter über dem Boden war, drehte ich mich um und rutschte die Felswand auf dem Hintern herunter. Dabei kratzte ich mir zwar den Rücken auf, aber ich landete sicher auf dem Ufer. Gleich begann ich zu suchen und kraxelte über allerlei Felsen hinweg zum Floß.

Es war kaum zu glauben, aber das Floß war immer noch ganz. Alle sieben Stämme hingen noch aneinander. Ja, Don Jorge verstand sein Geschäft. Wieso hatten wir nicht auf seine Frau gehört und waren dageblieben?

Bevor ich auf die Suche nach dem Rucksack ging, sicherte ich gewissenhaft das Floß, nur für den Fall, dass ich mit Kevin zusammentraf und wir beide Gebrauch davon machen wollten. Ich sah mich um zwischen den Felsen und in den Spalten, und da, ungefähr zehn Meter entfernt, in der Spalte eines kleinen Felsens, lag der kostbare Rucksack, klatschnass, aber immer noch an der Oberfläche schwimmend.

»Danke, lieber Gott.«

Mein Glücksgefühl war nicht mit Worten zu beschreiben. Ich legte mich flach auf den Felsen, fischte den Rucksack aus dem Fluss und öffnete ihn schnell. Ich war gerettet! Der Inhalt war nur leicht feucht geworden. Der Gummibeutel hatte schön dicht gehalten. Alles war noch da: Reis und Bohnen, Taschenlampe und Streichhölzer, Feuerzeug, Landkarte, Moskitonetze, roter Poncho, Medikamente und vor allem: meine Brieftasche mit Onkel Nissims wertvollem kleinen Buch. Jetzt konnte ich also nicht mehr sterben. Ich fühlte mich sicher.

Im Erste-Hilfe-Kasten hoffte ich etwas Vaseline für meine Füße zu finden. Es war aber keine da. Dafür fand ich eine Flasche voller Pillen, zum Teil unbeschriftet, und eine kleine Schachtel, auf der »Speed« stand. Diese Pillen konnten mir noch nützlich werden. Außerdem war da noch ein Anti-Schlangenbiss-Serum.

Derart ausgerüstet, fühlte ich mich schon besser.

›Irgendjemand da oben mag mich‹, dachte ich. ›Mach jetzt noch, dass Kevin mich findet.‹

Bisher hatte ich geglaubt, dass er es besser getroffen habe als ich – er hatte ja immerhin die Machete –, aber nun war ich reich, und er hatte nichts als die Kleider, die er am Leib trug, der Arme. Er hatte ja gar nichts; er brauchte *mich*! Ich hatte zu essen und konnte ein Feuer anzünden. Er musste mich einfach finden. Ohne mich hatte er keine Chance.

Es regnete immer noch in Strömen, und ich zitterte vor Kälte. Ich machte den Rucksack schnell wieder zu und stellte ihn in einer Nische ab. Nur den Poncho behielt ich bei mir, um mich vor dem Regen zu schützen. Dann kam mir die Idee, dass ich ihn an irgendeiner deutlich sichtbaren Stelle aufhängen sollte. Er war leuchtend rot und konnte daher Kevins Aufmerksamkeit leicht erregen. Ich entdeckte eine Felsspitze, die beträchtlich in den Fluss hineinragte. Ich kletterte hinauf, breitete den Poncho darüber aus und beschwerte ihn mit großen Steinen, damit er nicht fortgeweht würde. Nochmals rief ich nach Kevin, aber mir war klar, dass meine Schreie nutzlos waren. Das Rauschen des Wassers war ohrenbetäubend; es war undenkbar, dass mich jemand hörte.

Als ich zum Rucksack zurückging, sah ich einige gelbe Früchte am Ufer liegen und hielt an, um sie aufzusammeln. Die meisten waren schon verfault, aber eine feste, frische war auch dabei. Ich probierte und stellte fest, dass sie köstlich schmeckte. Als ich nach oben schaute, entdeckte ich, wo sie herkamen: Am Rand der Felswand stand ein Baum, der mit wilden gelben Pflaumen überladen war.

›Da kümmert sich ja wirklich einer um mich‹, dachte ich.

Ich untersuchte, wie ich zu dem Baum emporkommen konnte, und entdeckte eine leichte Vertiefung in der Felswand, in der das Regenwasser den Berg herunter in den Fluss ablief. Es war dort nass und glitschig, aber nicht besonders steil. Ich war bis auf ein paar Schritte an den Baum herangekommen, da erblickte ich eine Schlange. Sie war grün und lag zusammengerollt nur wenige Zentimeter von meinem Fuß entfernt. Ich erkannte sie sofort als die tödliche *Lora*. Karl hatte erzählt, dass sie ihre Opfer sogar aus größerer Entfernung blenden konnte, indem sie ihr Gift verspritzte.

Ich erstarrte auf der Stelle. Die Schlange war ebenfalls bewegungslos. Nur ihre Zunge zuckte vor und zurück. Sie hielt den oberen Teil ihres Körpers aufgerichtet. Ich hatte Angst, auch nur einen Muskel zu bewegen, aber Furcht und Verzweiflung schlugen schon bald in Hass um. Ich trat einen Schritt zurück, hob einen Stein auf und schleuderte ihn auf die Schlange. Ihr Körper bäumte sich auf und verdickte sich dann, als würde er zusammengeknotet. Ich schnappte mir einen flachen, schmalen Stein, beugte mich vor und schlug wie besessen auf die Schlange ein, wieder und wieder, bis ich ihr den Kopf vom Körper getrennt hatte. Ich zitterte am ganzen Leib, denn mir war bewusst, dass ich gestorben wäre, wenn mich die Schlange gebissen hätte.

Ich hob den grünen Körper auf und schälte die Haut ab wie bei einer Banane, wodurch das rosa Fleisch zum Vorschein kam. Die inneren Organe beseitigte ich mit einem kräftigen Druck meiner Finger und hielt nun das reine Fleisch in Händen. Was sollte ich damit machen? Essen oder als Köder benutzen? Ich warf es hinunter ans Ufer. Das würde ich entscheiden, wenn ich wieder unten war.

Ich näherte mich dem Baum mit äußerster Vorsicht. Die *Lora* war ja ein Baumkletterer, und ich fürchtete, dass ihr Gefährte in der Nähe sein könnte. Ich stieg in den Baum hinein und versuchte die reifen Pflaumen. Der Baum war schwer von Früchten, aber ich traf gleich auf Konkurrenz; der Stamm wimmelte von winzigen gelben Ameisen. Ich kannte sie nur zu gut: Feuerameisen! Sie bissen mich überall, aber ich ließ mich nicht abschrecken. Eilig pflückte ich so viele Früchte, wie ich konnte, und warf sie hinunter aufs Ufer. Dann kletterte ich hinab und schüttelte die verfluchten Ameisen ab. Ich hatte das Gefühl, als stünde ich in Flammen, aber ich war froh, dass ich mich nicht hatte verscheuchen lassen. Jetzt würde ich mich erst mal satt essen.

Unten am Ufer nahm ich mir eine der großen Blechbüchsen, die am Rucksack festgebunden waren. Sie enthielt zwei Tassen und einen Löffel. Ich trank aus dem Fluss und sammelte dann die Früchte ein. Diejenigen, die ich nicht aß, bewahrte ich in der Büchse auf.

Ich hatte jetzt kein Bedürfnis mehr, eine Mahlzeit aus der Schlange zu machen. Ein Feuer konnte ich ohnehin nicht anzünden, weil noch alles feucht war, und ich wollte sie garantiert nicht roh essen. Zwar fand ich auch die Angelschnur unter den Sachen, aber der Fluss war zu felsig und das Wasser zu wild zum Angeln.

Ich saß eine Weile auf dem Rucksack und lehnte mich gegen die Klippen. Es regnete immer noch. Kevin konnte nicht am Ufer entlang weitergelaufen sein, überlegte ich, sondern er musste oben auf dem Sims über der Felswand gehen. Die Wahrscheinlichkeit, dass er von dort aus den Poncho sehen würde, war nicht sehr groß. Ich sah keinen Sinn darin, noch länger am Fluss zu warten. Ich könnte genauso gut selbst zum Sims hochklettern. Ich holte den Poncho wieder ein, packte ihn in den Rucksack, schnallte mir diesen auf den Rücken und stieg wieder die Wand hinauf, dem Pflaumenbaum entgegen.

Während ich entlang des Simses marschierte, hielt ich Ausschau nach einer Spalte, die mir über Nacht Unterschlupf bieten könnte, und fand eine ideale Stelle: eine niedrige, in den Fels geschnittene Nische, ungefähr zwei Meter über dem Boden. Ich kletterte hinauf. Gern hätte ich ein Feuer angezündet, wo ich doch jetzt Streichhölzer und Anzünder hatte, aber da sämtliche Zweige nass waren, musste ich davon ablassen.

In der zweiten Büchse entdeckte ich einen großen Klumpen Salz, einige Gewürze, Knoblauchzehen sowie drei Zitronen. Das ergab ein gut ausgewogenes Abendessen: eine Zitrone, drei Knoblauchzehen, eine Prise Salz und eine Handvoll pflaumenartiger Früchte.

Die Nacht meinte es diesmal besser mit mir als tags zuvor. Ich deckte mich mit den beiden Moskitonetzen zu, die zwar noch feucht, aber trotzdem ganz behaglich waren. Darüber breitete ich den Poncho aus und bedeckte mein Gesicht mit der Kapuze. Ich atmete in die Kapuze hinein, sodass mir Wärmeschauer über den Körper liefen.

›Was ist, wenn Kevin es nicht bis hierher schafft?‹, fragte ich mich.

›Morgen werde ich die Karte studieren, ich will versuchen herauszufinden, wo ich ungefähr bin und wie weit es bis San José ist. Morgen warte ich noch hier auf Kevin, und wenn er nicht aufkreuzt, dann mach ich mich am nächsten Tag selbst auf den Weg.‹

Während der Nacht hatte ich Halluzinationen. Kevin rief mir verzweifelt zu: »Hilfe! Hilfe! Yossi, rette mich. Warte auf mich. Geh nicht fort, Yossi! Yossi! Hilfe!«

Unter meiner nassen Kleidung war ich schweißgebadet.

Ich erwachte steif und zusammengekrümmt, die Annehmlichkeiten der Steinmatratze waren am ganzen Körper zu spüren. Ich trat aus meinem Versteck und widmete mich dem Studium der Karte. Sie war nass und eingerissen, aber ich entdeckte die Flüsse Tuichi und Ipurama sowie das X, das den Ort Curiplaya markierte. Ich versuchte, anhand des Kartenmaßstabs die Entfernung auszurechnen. Die Karte wies noch einen großen Fluss aus, der vor Curiplaya in den Tuichi mündete. Hoffentlich war er passierbar!

Es regnete schon wieder; die Regenzeit hatte wohl tatsächlich eingesetzt. Ich wusste das Datum: Es war der dritte Dezember. Es war nicht schwer, mir das zu merken, weil ich wusste, dass der Unfall am ersten passiert war. Ich achtete darauf, mit dem Datum auf dem Laufenden zu bleiben. Ich überlegte, ob ich nun gleich in Richtung Curiplaya aufbrechen oder lieber auf Kevin warten sollte. Die Wahngebilde der letzten Nacht quälten mich immer noch. Kevin brauchte mich, und ich brauchte ihn. Wir mussten einander finden. Zusammen könnten wir mit allem fertig werden. Ich entschloss mich zurückzugehen in der Hoffnung, ihn unterwegs zu treffen. Vielleicht würden wir ja wenigstens in Rufweite des anderen kommen.

Ich packte sorgfältig alles ein und schulterte den Rucksack. Meine Füße brannten. Ich musste befürchten, dass ich nicht sehr weit würde gehen können. Ich schluckte ein Aufputschmittel aus der kleinen Pillenschachtel im Erste-Hilfe-Kasten. Es tat seine Wirkung. Ich trabte rasch voran, wobei ich über Felsbrocken klettern und über umgestürzte Bäume springen musste. Ich lief stundenlang ohne Pause. Alle paar Minuten rief ich: »Kevin, Kevin«, aber die einzige Antwort war das Rauschen des Flusses unter mir. Ich spürte weder Hunger noch den Schmerz an meinen Füßen, noch das Gewicht des Rucksacks, noch den lästigen Regen. An einer Stelle der Klippe bemerkte ich eine große Einkerbung, die eine Art riesiger Höhle bildete, nach allen Seiten offen zwar, aber von einem vorstehenden Felsen überdacht. Darin lagen haufenweise Zweige, Äste, ganze Bäume sogar, und alles knochentrocken. Hier würde ich ein Feuer anzünden können. Vielleicht sollte ich ein großes Freudenfeuer entfachen, als Signal für Kevin? Ich war aber zu unruhig, um anzuhalten; ich musste weiter.

Plötzlich war ich in eine Sackgasse geraten. Der Sims, auf dem ich lief, fiel schroff ab. Sechzig Meter unter mir floss der Tuichi dahin.

Der Ausblick war atemberaubend. Wie eine Schlange wand sich der silberne Fluss durch den dichten Dschungel. Ich stand lange da und starrte auf das Wasser. Ein bisschen hatte ich das Gefühl, dass Kevins Körper gleich vorbeigeschwemmt würde. Ich musste weiter nach ihm suchen. Ohne mich würde er sterben. Er besaß ja nichts – nichts zu essen, keine Streichhölzer – gar nichts. Er hatte keine Chance, wenn ich ihm nicht zu Hilfe kam.

Wie ein Besessener kletterte ich die Steinwand hoch, um den nächsten Sims zu erreichen, in der Hoffnung, dass ich auf der Ebene darüber weiterlaufen könnte. Auf einer Höhe von ungefähr fünfundsiebzig Metern saß ich dann aber in der Falle. Ich kam nicht mehr weiter, konnte aber auch nicht zurück. Ich sprang auf ein einen Meter entferntes, vorspringendes Felsstück. Als ich darauf landete, brach es unter meinem Gewicht weg. Ich fiel rücklings hinunter, aber zum Glück wurde mein Sturz von einem Baum gebremst. Auch der Rucksack milderte den Aufprall, obwohl dessen Wucht ausreichte, um den Metallrahmen zu verbiegen.

Jetzt fühlte ich mich wieder verloren und ohne Hoffnung. Der ganze Weg war umsonst gewesen. Wieso fiel der Berg einfach so ins Nichts ab? Und wie sollte Kevin jemals hierherkommen? Ich hatte keine andere Wahl, als zur Höhle zurückzukehren, die ich auf dem Weg gesehen hatte. Dort würde ich ein Feuer machen und ein bisschen Reis und Bohnensuppe kochen.

Als ich die Höhle erreichte, brach ich zusammen. Ich lag eine Weile einfach nur da. Schließlich mobilisierte ich meine Kräfte und erhob mich wieder. Ich sammelte trockene Zweige und Äste. Daraus bildete ich einen fachgerechten Haufen: die kleineren nach unten, die größeren obenauf. Ich hatte nur wenige Streichhölzer, und das Feuerzeug hatte auch schon bessere Tage gesehen. Kevins geliebtes Buch steckte im Rucksack. Ich riss ein paar Seiten heraus und stopfte sie unter die Zweige. Es war ganz leicht, eine Flamme zustande zu kriegen. In Nullkommanichts hatten auch die größeren Äste Feuer gefangen. Das Feuer spendete sowohl Wärme als auch Licht.

Wasser war kein Problem. Die ganze Steilwand war nass, das Wasser tropfte herunter. Ich ließ die Blechbüchse volllaufen, setzte einen großen Stein mitten ins Feuer und stellte die Büchse darauf. Schnell fing das Wasser an zu kochen. Ich bekam ein schlechtes Gewissen; Kevin würde doch auch Nahrung benötigen, und das bisschen, was wir hatten, war in meinem Besitz. Ich musste sparsam mit den Vorräten umgehen, denn wir konnten sie beide vielleicht noch brauchen. Sorgfältig maß ich einen Löffel Reis sowie einen Löffel Bohnen ab, die alsdann ins kochende Wasser kamen. Ich schälte zwei Knoblauchzehen und fügte sie mit etwas Salz und Gewürzen hinzu.

Die Blechbüchse fasste ungefähr dreieinhalb Liter Wasser. Die Suppe war nicht gerade dick, aber köstlich. Ich trank ein paar Tassen, wobei ich mich zwang, nur die Flüssigkeit zu verzehren und den Rest für den nächsten Morgen aufzusparen. Mit gefülltem Magen kümmerte ich mich dann um meine Habe. Der Reis und die Bohnen waren nass und leicht schimmlig. Dasselbe galt für den Knoblauch und die Gewürze. Ich breitete alles auf Steinen nahe dem Feuer aus. Dann sammelte ich noch mehr trockenes Holz, um die Flamme die ganze Nacht über in Gang halten zu können. Ich holte den Poncho und die Moskitonetze aus dem Rucksack und machte alles so weit fertig, bevor ich mir die Schuhe auszog. Das bewahrte ich mir bis zum Schluss auf, denn es würde alles andere als angenehm sein.

Der Schmerz war unerträglich. Meine Strümpfe stanken. Sie waren mit gelblich roten Flecken bedeckt. Ich biss die Zähne zusammen, als ich sie herunterpellte. Meine Füße boten einen fürchterlichen Anblick. Fast die ganze Haut war abgepellt, und zwischen meinen Zehen war ein ekliges Gemisch aus entzündetem Fleisch, Blut und Eiter entstanden. Ich bekam Angst, dass ich nicht in der Lage sein würde, weiterzugehen. Mir war klar, dass ich meine Füße trocknen lassen und irgendwie behandeln musste. Erneut wühlte ich im Erste-Hilfe-Kasten herum. Aus Mangel an Vaseline entschied ich mich schließlich für Insektenspray und -creme, da sie ein wenig

Fett enthielten. Ich verbrachte die ganze Nacht damit, meine Füße ans Feuer zu halten und sie dann immer wieder zurückzuziehen. Der quälende Schmerz ließ mich keinen Schlaf finden.

Als der Morgen dämmerte, merkte ich erst, wie schwach ich war. Auf Händen und Füßen kroch ich herum, um weiteres Holz fürs Feuer zu sammeln. Ich fügte der Suppe von gestern frisches Wasser hinzu und erhitzte sie. Es waren noch ein paar matschige Früchte übrig. Da ich nichts verkommen lassen wollte, würgte ich sie auch noch hinunter. So saß ich da neben dem Feuer und ließ meine Füße weiter trocknen; die Haut fing schon an, sich zu kräuseln. Ich versuchte, das Feuer zum Rauchen zu kriegen, weil ich mir dachte, dass Kevin im Tageslicht kein Feuer würde sehen können. Dagegen könnte er den Rauch auch dann bemerken, wenn er sich oben auf einem höher gelegenen Sims befand.

Mir war schwindlig. Überall sah ich schwarze Kreise. Meine Stirn fühlte sich fiebrig an. Irgendetwas kam über mich. Vielleicht fiel ich kurz in Ohnmacht. Jedenfalls verlor ich die Kontrolle über meinen Schließmuskel und verdreckte meine Unterwäsche. Ich fluchte. Nachdem ich mich beruhigt hatte, zog ich Hose und Unterwäsche aus und kroch nackt auf einen Wasserstrahl zu, der vom Berg herunterströmte. Ich hängte meine Unterhose so über ein vorstehendes Stück Klippe, dass das Wasser darüberströmte. Ich kehrte zum Feuer zurück und wickelte mich in die Moskitonetze ein, weil die Viecher sich sofort an jedem Stückchen blanker Haut zu schaffen machten.

Ganze Horden von Affen versammelten sich in den umstehenden Bäumen. Es gab zwei große Gruppen, einmal die kleinen schwarzen *Marimoños* und zum andern die größeren braunen Brüllaffen, die sich wie Tiger anhören. Zuerst fürchtete ich, dass sie sich zusammengerottet hatten, um an mir Rache zu nehmen für die Affen, die wir zuvor auf der Reise getötet hatten. Dann sorgte ich mich aber mehr darum, dass sie sich mit meinen kostbaren Vorräten davonmachen könnten, daher versammelte ich meine gesamte Habe in der

Nähe des Feuers. Dann humpelte ich zum Felsen, um meine Unterhose zu bergen, die inzwischen schon sauber gespült war.

Die Affen sahen mir neugierig zu. Schließlich überwanden sie ihre Scheu und näherten sich mir bis auf wenige Meter. Sie schienen nichts Finsteres im Schilde zu führen. Wahrscheinlich war es einfach das erste Mal, dass sie einen so komisch aussehenden Affen wie mich zu Gesicht bekamen. Alles, woran ich denken konnte, war, dass es toll wäre, wenn ich einen von ihnen überrumpeln könnte. Ich würde ihn die ganze Nacht über räuchern und hätte dann einen Zweiwochenvorrat an Fleisch. Ich erwog, Steine nach ihnen zu schmeißen, aber ich wusste, dass das sinnlos wäre. Sie waren zu schnell, und ich war zu schwach. Ich schaute ihnen stundenlang zu, wie sie ihre akrobatischen Übungen in den Baumwipfeln über mir vorführten. All meine Gedanken bündelten sich in der Hoffnung, dass einer von ihnen einen Ast verfehlen und auf den Kopf stürzen würde. Ich versuchte es mit Gebeten und Beschwörungen – »Lass ihn abstürzen, nur einen lausigen Affen. Bitte, lass ihn abstürzen« –, aber es half nichts. Die Affen vollbrachten ihre Kunststückchen ohne einen einzigen Patzer.

Als es dunkel wurde, bekam ich Angst. Ich war völlig unbewaffnet; außer dem Feuer hatte ich nichts, das mich schützen konnte. Wenn ich nun in der Nacht einschlief und das Feuer ausginge? Wenn nun ein Jaguar im Hinterhalt lauerte? Was sollte ich tun? Ich suchte nach einem langen Stock, den ich als Speer benutzen könnte, aber die Äste waren alle zu trocken und brüchig. In meiner Hilflosigkeit und Angst sammelte ich noch mehr Holz zusammen, um das Feuer in Gang zu halten. Dann hatte ich eine geniale Idee. Ich hatte mal einen Film gesehen, in dem eine Spraydose als Flammenwerfer verwendet wurde. Ich holte das Insektenspray und das Feuerzeug aus dem Rucksack. Ich nahm das Feuerzeug in die linke Hand, drückte den Sprühknopf mit der rechten und zündete das Feuerzeug. Es funktionierte! Das Spray entzündete sich zu einer beträchtlichen Stichflamme. Ich ordnete meine Abwehrwaffen: Spray, Feuerzeug, die Taschenlampe und das Schlangengift-Serum.

In der Nacht lag ich dicht beim Feuer.

Erneut hatte ich Wahnvorstellungen. Kevin schlich sich im Dunkeln an. Im Schein des Feuers sah er mich schlafen. Er bemerkte gleich, dass ich vom Reis und den Bohnen gegessen hatte.

»Du musst teilen, Yossi. Man muss immer teilen«, flüsterte er. »Es ist nicht genug zu essen für uns beide da. Du dachtest wohl, du könntest hier ohne mich rauskommen, wie?«

Er lächelte, hob dann die Machete und ließ sie auf meinen Schädel krachen.

»Nein! Nicht!«

Völlig verängstigt kehrte ich in die Wirklichkeit zurück. Mein Herz hämmerte, und ich war schweißgebadet.

»Kevin, Kevin, bitte komm her! Glaub mir doch, ich habe dich nicht im Stich gelassen. Ich warte auf dich. Ich werde auch nichts mehr von den Vorräten essen.«

Mich überkam das große Zittern und Jammern. Das Feuer warf furchterregende Schatten. Außerhalb seines Lichtkegels gab es nur den Dschungel und die Dunkelheit, und ich hatte Angst. »Ein Mann der Tat, ein Mann der Tat«, flüsterte ich mir zu, als ich mich in dem Moskitonetz zusammenrollte.

Fünf Tage war ich jetzt schon allein im Dschungel. Ich war noch nie so einsam gewesen, so vollständig abgeschnitten von jeder menschlichen Gemeinschaft. Es war unerträglich. Zum ersten Mal in meinem Leben wurde mir bewusst, wie sehr ich die Gesellschaft anderer Menschen brauchte. Ich erinnerte mich an ein Buch, das ich mal gelesen hatte, in dem Barbra Streisand für ihr Lied über »Menschen, die Menschen brauchen« kritisiert wurde. Die Leute müssten lernen, allein zurechtzukommen, behauptete der Autor, sie sollten sich von anderen unabhängig machen; Glück und Geborgenheit kämen von innen. Als ich das Buch damals las, stimmte ich ihm zu, aber jetzt entdeckte ich die Wahrheit, die in dem Lied steckte. Für einen Schriftsteller, der bequem in seinem Penthouse sitzt, ist es leicht, zynisch zu sein. Ich hätte ihn mal jetzt hier an meiner Stelle sehen mögen.

Ich musste mich auf den Weg machen. Körperlich war ich wieder in einem besseren Zustand. Das Fieber hatte nachgelassen. Meine Füße hatten sich etwas erholt. Ich reicherte die Suppe mit jeweils einem weiteren Löffel Reis und Bohnen an und leerte den Topf bis zum letzten Rest, den ich vom Boden kratzte.

Beim Feuer sitzend, studierte ich noch einmal die Karte. Soweit ich es einschätzen konnte, war Curiplaya nicht mehr als zehn bis zwölf Kilometer entfernt. Das würde ich hoffentlich in einem Tagesmarsch bewältigen. Dort würde ich auf Kevin warten. Das schien mir das Vernünftigste zu sein. Kevin würde ja auch versuchen, dorthin zu gelangen. Er wusste so gut wie ich, dass es dort Nahrung und Unterschlupf gab. Bestimmt würden wir uns in Curiplaya treffen. Das heißt, wenn Kevin noch lebte.

Langsam verlor ich jede Hoffnung, dass er noch am Leben war. Vielleicht konnte er gar nicht laufen. Vielleicht war er im Fluss ertrunken oder hatte sich etwas gebrochen. Selbst wenn er nicht ertrunken war, waren seine Kleider jedenfalls noch nass, und er konnte ja kein Feuer anzünden, so wie ich. Und was war mit seinen Füßen? Sicherlich litt er unter demselben Problem wie ich, aber er hatte keine Medikamente. Und er hatte nichts zu essen. Er konnte verhungern. Und nachts musste der Ärmste ja erfrieren! Mir war elend zumute.

Zum ersten Mal trugen mich meine Gedanken weit weg. In meiner Fantasie war ich schon aus dem Dschungel gerettet. Ich hatte den Weg zu einem Dorf gefunden, von da nach La Paz und dann mit dem Flugzeug nach Miami. Von Miami aus reise ich nach Oregon, wo Kevins Familie wohnt. Ich habe sie schon angerufen und ihnen von seinem Tod erzählt, aber ich schulde ihnen noch eine persönliche Erklärung, muss ihnen erzählen, was passiert ist und wie es sich zugetragen hat. Seinen Eltern unter die Augen zu treten ist das Schwerste daran.

Ich fahre mit dem Greyhound. Die Reise von Miami nach Oregon dauert drei Tage. Alle paar Stunden macht der Bus halt, damit man sich die Füße vertreten oder etwas bei McDonald's, Burger King oder »Jack-in-the-Box« essen kann. Ich gehe ins Restaurant, genau wie all die anderen Reisenden, aber am Tresen bestelle ich mir dann vier Big Macs und fünf Fish Macs, sechs Portionen Pommes, zwei große Milchshakes und drei Apfelkuchen. Die Bedienung denkt natürlich, dass ich für die ganze Gruppe bestelle, aber ich setze mich ganz allein an einen Tisch. Ich beiße in den Hamburger, der geschmolzene Käse rinnt heraus, die Zwiebeln und die Gurken knacken; der Milchshake fließt leicht und glatt die Kehle hinunter. Die anderen Reisenden starren mich entgeistert an. So haben sie noch nie jemanden essen sehen.

Schließlich bin ich bei Kevins Eltern.

»Es war nicht meine Schuld. Glauben Sie mir bitte. Ich habe fünf Tage auf ihn gewartet. Ich habe gewartet, aber er kam nicht. Ich habe etwas zu essen für ihn aufbewahrt. Ich hab nicht alles allein aufgegessen. Immer wieder habe ich ihn gerufen. Ich habe gewartet und gewartet, aber er ist einfach nicht gekommen. Ich musste doch weiter! Glauben Sie mir, ich hatte keine Wahl.«

Kevins Vater und seine Mutter weinen, und ich weine mit ihnen. Ich suche in ihren Augen nach Vorwürfen gegen mich, aber sie bitten mich lediglich, ihnen ganz genau zu erzählen, was passiert ist. Ich berichte also, wie wir damals zusammen aufgebrochen sind, wie nahe Kevin und ich uns standen, praktisch wie Brüder. Ich erzähle ihnen auch, dass Kevin mir viel von seiner Familie erzählt hat, und ich wiederhole die Weihnachtsmann-Geschichte für sie und all die anderen Geschichten vom Jagen und Fischen in den Wäldern von Oregon.

Nach einem sehr gefühlvollen Abschied fühle ich mich wieder besser. Sie geben mir keine Schuld. Ich besteige erneut den Greyhound, um nach Miami zurückzufahren. Erneut bestelle ich bei jeder Rast tonnenweise zu essen.

Stundenlang schwelgte ich in diesem Tagtraum; vor allem die verschiedenen Mahlzeiten malte ich mir bis ins letzte Detail aus, bis ich vor Hunger schon zu sabbern anfing und mein Magen heftig knurrte. Ich trank noch eine Tasse Wassersuppe und beschloss, mich nicht weiter zu quälen.

Bis zum Abend hatte ich noch etwas Zeit, um meinen Aufbruch nach Curiplaya am nächsten Tag zu planen. Über mir konnte ich die fernen Berge sehen, deren Kamm eine fortlaufende gezackte Linie bildete. Ich könnte auf den Kamm steigen, dachte ich mir, die Bewachsung war dort sicherlich weniger dicht. Ich würde einfach nur geradeaus gehen müssen und dabei aufpassen, dass ich den Fluss immer zur Linken hatte. So würde ich schneller vorankommen.

Ich zog meine Schuhe an und probierte zögernd, ein wenig herumzugehen, hauptsächlich auf den Hacken und den Fußkanten, denn die Sohlen waren doch sehr empfindlich. Ich ging hinüber zu der Spalte, wo das Wasser herabrann. Es kam im Moment recht spärlich, nur tropfenweise. Ich stellte eine Blechbüchse darunter und wollte mich gerade umdrehen, als ich zwei Schnecken an der feuchten Steinwand sitzen sah. Ich stürzte mich auf diesen Fund, den ich anschließend gleich mit in die Suppe warf. Von nun an wollte ich besser aufpassen. Es gab bestimmt eine ganze Menge Nahrung in dieser Gegend.

Ich zog die Schuhe wieder aus und untersuchte meine Füße. Ich glaubte, dass sie mein Gewicht würden tragen können, aber die Haut war an einigen Stellen immer noch wund und brannte erheblich.

›Es gibt keine andere Möglichkeit‹, sagte ich mir, ›morgen geht's los. Wenn meine Füße nicht mitmachen oder wenn ich in eine neue Sackgasse gerate, dann steige ich hinunter ans Ufer und warte dort auf Hilfe.‹

Karl hatte gesagt, dass es immer das Beste sei, am Ufer zu warten; dorthin würde die Hilfe kommen.

Ich holte ein kleines Notizbuch und einen Kugelschreiber aus dem Rucksack, machte es mir auf die gewohnte Weise, mit den Füßen zum Feuer hin, bequem und fing an zu schreiben. Ich schrieb alles auf, angefangen mit dem Flug von La Paz, bis zu jenem ersten Dezember, dem Tag, an dem wir uns in Ipurama trennten. Ich schrieb über die Beziehungen zwischen uns vieren und darüber, wie wir uns alle verändert hatten. Ich beschrieb den Zwischenfall auf dem Fluss, wie ich dem eigentlich sicheren Tod entronnen war. Ich schilderte meine Einsamkeit und schloss mit diesen Worten: »Der Gedanke an Kevin macht mich verrückt. Kann er sich durchschlagen, nur mit seiner Machete? Wie konnte er seine Sachen trocken kriegen? In welchem Zustand sind seine Füße? Kann er irgendwie Feuer machen? Immerhin hat er Kraft für drei. Ich bete für ihn und für mich. Im Rucksack steckt eine Brieftasche, und darin liegt Onkel Nissims kleines Buch.«

Das war am fünften Dezember.

9. Kapitel

Allein

In der Morgendämmerung packte ich meine Ausrüstung zurück in den Rucksack. Ich schlüpfte behutsam in meine Schuhe, band die Schnürsenkel nur locker zusammen und versuchte, auf dem Lagerplatz herumzuhumpeln. Es tat weh, aber ich konnte gehen. Ich schulterte den Rucksack und brach auf. Ich war überzeugt, dass ich am Abend Curiplaya erreichen würde. Von da aus waren es nur noch ein paar Tagesmärsche bis San José. Dort würde ich einen Rettungstrupp aufstellen können, um nach Kevin zu suchen.

Ich war immer noch entschlossen, den direkten Kurs über den Bergkamm zu nehmen. Nach einigen erfolglosen Versuchen fand ich schließlich eine Stelle, wo ich hinaufklettern konnte, aber mein Rucksack zog mich hintenüber, und ich hatte Angst, erneut zu fallen.

›Verletz dich bloß nicht noch mal, Yossi. Ganz gleich was passiert, du darfst dich auf keinen Fall erneut verletzen. Du brauchst dir nur den Knöchel zu verstauchen, und du bist geliefert.‹

Ich ließ meinen Rucksack zurück, an der Angelschnur festgebunden, kletterte schrittweise langsam weiter hinauf und prüfte sorgfältig jeden Tritt, Stein für Stein. Ich zog die Angelschnur hinter mir her und ließ die Leine Stück um Stück nach. Am Rand der Klippe hielt ich inne, seufzte erleichtert und zog dann den Rucksack zu mir hoch. Er war nicht besonders schwer, aber dennoch schnitt mir die Angelschnur tief in die Handflächen.

So machte ich stundenlang weiter. Die körperliche Anstrengung war schweißtreibend, die Luftfeuchtigkeit hoch und die Hitze gnadenlos. Ich troff förmlich vor Schweiß. Am schlimmsten war, dass ich durstig war und kein Wasser hatte. Es war ein schwerer Fehler gewesen, den Fluss zu verlassen.

Schließlich hörte ich das entfernte Rauschen von fließendem Wasser. Es dröhnte so laut, dass ich schon glaubte, an einen Fluss gekommen zu sein, der mindestens so breit war wie der Tuichi. Das Geräusch wurde lauter, und bald stand ich direkt vor einem Fluss. Er war zwar schmal, stürzte aber über einen hoch gelegenen Felsvorsprung in einem gewaltigen Wasserfall mindestens dreißig Meter hinab. Das schäumende Wasser prallte mit ohrenbetäubendem Getöse auf die Felsen am Fuß des Wasserfalls, die mit Moos und grünen Kletterpflanzen überwuchert waren. Der Anblick raubte mir den Atem. Ich war überrascht, dass ich trotz meiner gegenwärtigen Lage die Schönheit der Natur genießen konnte.

Ich legte mich auf den Bauch, trank etwas von dem klaren Wasser und machte im Schatten eine halbe Stunde Pause. Diesmal war ich klüger und füllte meine beiden Dosen mit Wasser. Das erhöhte zwar das Gewicht auf meinem Rücken um dreizehn Pfund, aber wenigstens würde ich nicht wieder vor Durst fast verdorren.

Der Aufstieg wurde tückischer. Ich ging vorsichtig weiter und betete, dass ich heil auf dem Gipfel ankommen würde. Ich konnte von der Stelle, an der ich kauerte, schon den Bergkamm sehen. Es war nicht mehr sehr weit, und ich musste nur noch diesen Felsen erklettern.

Eine knappe Stunde später schleppte ich mich auf den Gipfel. Hier oben gab es keinen Schutz, und es blies ein starker Wind. Jetzt musste ich zügig weitergehen und darauf achten, dass der Fluss immer zu meiner Linken war. Aber wo war er? Welchen Weg musste ich einschlagen? Von hier aus sah alles gleich aus, und ich konnte mich nicht erinnern, in welcher Richtung die Sonne gestern Abend untergegangen war.

Ich war verwirrt. Wohin ich auch blickte, sah ich bewaldete Hänge. Erst jetzt begriff ich, was für einen dummen Fehler ich gemacht hatte. Von Weitem hatten die Berge wie eine einzige Bergkette mit einem durchgehenden Kamm gewirkt, auf dem man entlanglaufen konnte. In Wirklichkeit aber waren es einzelne Gipfel, und wenn man weiterkommen wollte, musste man den einen hinunter- und dann den nächsten wieder hinaufklettern.

Panik erstickte mich fast, und die Angst presste mir die Brust zusammen. Ich begann zu gehen und weigerte mich, den Fehler einzugestehen, den ich gemacht hatte. Nach ein paar Minuten hatte ich mich jedoch wieder unter Kontrolle und überdachte meine Lage. Morgen würde ich wieder zum Fluss hinabsteigen. Ich würde am Ufer entlanggehen, wenn das möglich war. Andernfalls würde ich am Ufersaum bleiben und warten. Vielleicht kam ja bald Hilfe. Marcus und Karl würden es sicherlich bis morgen oder übermorgen nach La Paz schaffen, und am fünfzehnten dieses Monats würde Lisette die israelische Botschaft anrufen. Bis dahin konnte ich durchhalten.

Es wurde dunkel, und ich konnte keinen Unterschlupf finden. Es gab keine Felsspitzen oder Klippen und weder Höhlen noch Nischen. Wo sollte ich die Nacht verbringen? Ich musste mich schnell für einen Lagerplatz entscheiden und ein Feuer anzünden, solange noch Tageslicht herrschte. Ich wählte eine ebene Stelle aus, reinigte sie von feuchten Blättern und streute frische, trockene darauf. Dann holte ich das Moskitonetz heraus und band es an vier Stämme des Kletterweins, sodass es ein kleines, längliches, lichtdurchlässiges grünes Zelt bildete. Ich suchte nach trockenem Holz, fand aber keins. Ich sammelte ein paar Äste ein, versuchte sie zu brechen und abzuschälen, um an das trockene Innere zu kommen. Ohne Machete war es unmöglich. Meine Versuche, ein Feuer zu entfachen, verschwendeten nur die Feuerzeugflüssigkeit und stürzten mich in Verzweiflung. Zögernd kroch ich unter das Zelt aus Moskitonetz und wickelte mich in das andere Netz und den roten Poncho. Dann holte ich meine Ausrüstung aus dem Sack: die Taschenlampe, das Feuerzeug, das Moskitoschutzmittel und das Serum gegen Schlangenbisse. Ich erweiterte es noch um eine Blechdose und einen Löffel. Sollte sich mir ein wildes Tier nähern, würde ich einen furchtbaren Lärm machen und es vertreiben – dachte ich.

Ich versuchte, die Augen zu schließen und in meine Fantasien zu entkommen, aber ich war zu angespannt und fühlte mich zu unwohl. Mein Magen knurrte vor Hunger, weil ich den ganzen Tag noch nichts gegessen hatte. Doch die Angst war schwerer zu ertragen. Ich war vollkommen schutzlos mitten im Dschungel, ohne Höhle, in der ich mich verkriechen konnte, und ohne Lagerfeuer. Ich hörte die Rufe der Tiere, die Schreie der Vögel und das Summen der Insekten. Ich sicherte die Enden des Moskitonetzes mit Steinen, damit sich kein Tier hereinschleichen konnte. Die Taschenlampe lag dicht neben meinem Knie. Ich hielt sie fest, weil ich Angst hatte, sie in der Dunkelheit nicht zu finden, wenn ich sie brauchte. Von Weitem hörte ich Schreie, die mir das Blut in den Adern gefrieren ließen. Ein Jaguar musste einen Affen oder eine andere Beute gefangen haben.

Die Stunden verstrichen, während ich in völliger Dunkelheit dalag. Plötzlich hörte ich Zweige knacken und verstohlene Fußtritte. Irgendetwas näherte sich. Angst packte mich. ›Das ist nur deine Einbildung‹, sagte ich mir, ›nur Einbildung‹, aber das Rascheln von Blättern und Zweigen auf dem Boden war eindeutig. Ich steckte den Kopf unter meiner Deckung hervor, schob einen Stein von dem Moskitonetz weg und spähte in die Dunkelheit. Dann machte ich die Taschenlampe an. Ich konnte nichts sehen. Erleichtert seufzte ich auf, aber ich fühlte mich dennoch nicht besser. Ich war noch nie im Leben so verängstigt gewesen. Ich versuchte, mich wieder hinzulegen und zuzudecken, aber ich hörte weiterhin überall Geräusche um mich herum, und mein Herz schlug wie rasend.

»Gott, lass mich nicht von einem wilden Tier gefressen werden.«

Ich fuhr mit den Fingern über meine behelfsmäßigen Waffen und fürchtete, hysterisch zu werden. Erneut hörte ich das Rascheln neben mir. Ich setzte mich mit einem Ruck auf, packte den Löffel und fing an, auf die Blechdose zu schlagen. Es gab einen gedämpften Klang, und ich schrie: »Husch! Husch! Verschwindet! Husch!«, als wollte ich eine Hühnerschar aufscheuchen. Dann legte ich mich mit heftig klopfendem Herzen wieder hin. Die Geräusche kamen näher.

›Nein, es ist nichts. Da draußen ist nichts. Alles nur Einbildung. Es ist nur in deinem Kopf.‹

Ich hörte erneut das Rascheln. Diesmal war es zu nah und zu real, als dass ich es hätte ignorieren können. Ich packte die Taschenlampe, steckte meinen Kopf aus dem Moskitonetz, schaltete die Lampe an und ... fand mich Angesicht zu Angesicht einem Jaguar gegenüber.

Er war groß und schwarz gefleckt. Er hatte eine Tatze angehoben, als hätte er gerade einen weiteren Schritt tun wollen. Als ich den Strahl der Lampe auf ihn richtete, setzte er seinen Fuß wieder auf die Erde, ohne weiter vorwärtszugehen. Er war ungefähr vier Meter von mir entfernt, stand nur da und schaute mich an. Er wurde zwar von dem Licht nicht geblendet, blieb aber trotzdem stehen und betrachtete mich. Er wirkte nicht besonders bedrohlich. Er fauchte nicht und leckte sich auch nicht die Lefzen. Seine Augen wirkten weder grausam noch demütig. Es waren einfach nur große Katzenaugen, die mich anstarrten. Der Jaguar stand vollkommen unbeweglich da, nur sein Schwanz schwang langsam hin und her.

»Verschwinde«, wimmerte ich. »Verschwinde hier. Verstehst du? Hau ab.«

Ich zitterte und begann, den Jaguar laut anzuschreien. »Hau ab, du Mistkerl! Verschwinde! Ich werde dich rösten! Verzieh dich!«

Die Taschenlampe hing an einer Kette. Ich klemmte sie mir zwischen die Zähne, damit ich beide Hände frei hatte. Dann tastete ich den Boden zwischen meinen Knien ab und fand das Moskitospray und das Feuerzeug. Ich hielt das Feuerzeug in der linken und das Spray in der rechten Hand. Jetzt war ich ruhig. Ich schrie nicht mehr und zitterte auch nicht.

›Vielleicht sollte ich es nicht ausprobieren.‹ Ich zögerte. ›Es könnte ihn wütend machen, und dann greift er mich vielleicht an.‹ Aber dann drückte ich auf den Sprühknopf und entzündete das Feuerzeug.

Es funktionierte. Das Spray fing Feuer und versprühte eine enorme Flamme. Ich roch das verschmorte Haar an meiner linken Hand und war völlig geblendet. Ich hielt den Kopf ein paar Minuten gedrückt, bis das Spray alle war und die Flamme des Feuerzeugs schwächer wurde. Mein behelfsmäßiger Flammenwerfer war erschöpft.

Langsam kehrte meine Sehkraft zurück, und schließlich sah ich den Strahl der Taschenlampe wieder. Der Jaguar war weg. Ich leuchtete ängstlich herum, rechts und links und auch hinter mir. Der Jaguar war verschwunden. Ich glaubte, sich entfernende Schritte zu hören. Hatte es geklappt? Hatte ich ihn verscheucht? Ich fühlte weder Freude noch Erleichterung. Ich ließ die Taschenlampe eine Weile an, aber dann bekam ich Angst, dass auch sie leer wurde, und machte sie aus.

Ich saß hellwach unter dem Moskitonetz, und mein Herz klopfte bei jedem Geräusch wie wild, bis endlich der Morgen dämmerte. Das Sonnenlicht vermittelte mir ein enormes Sicherheitsgefühl, so, als könnte mir keine Gefahr mehr drohen. Ich packte meine Ausrüstung zusammen, während ich hastig ein Dankgebet murmelte und mich dann so schnell wie möglich aus dem Staub machte.

Jetzt, wo die Sonne schien, erinnerte ich mich genau, in welcher Richtung der Fluss sein musste, und marschierte schnell weiter. »Geradeaus und dann links, geradeaus und dann links«, sang ich zum Rhythmus meiner Schritte, während ich in einer Diagonalen auf den Fluss zuging. Das Singen half mir, den Mut zu behalten.

Hier oben gab es weit weniger Dickicht, und ich kam schnell voran. Von Zeit zu Zeit kreuzte ich einen Fluss und machte halt, um zu trinken. Ich dachte mir, dass ich gefahrlos die beiden Dosen mit Wasser ausleeren könnte, und das geringere Gewicht entlastete meine Schultern.

Doch nach einem Marsch von ein paar Stunden erlag ich erneut dem bedrohlichen Gefühl der Unsicherheit. Die Sonne stand gerade über mir am Himmel, und ich hatte nicht die leiseste Ahnung, wo ich war. Ich befürchtete, dass ich mich möglicherweise vom Fluss entfernte. Vielleicht verirrte ich mich ja auf die andere Seite der Berge, wo mich niemand mehr finden würde. Es war so leicht, die Orientierung und den Mut zu verlieren.

Dennoch, ich wusste, dass mich jeder auch noch so kleine Wasserlauf zum Fluss führen würde, und nach kurzer Zeit fand ich ein Flüsschen, das in unregelmäßigen Richtungen floss. Es rieselte bergab, und ich folgte ihm. Es strömte über Felsen und stürzte in Wasserfällen herunter, sodass ich gezwungen war, es zu verlassen, um einen gangbaren Abstieg für mich zu suchen. Ich ging weiter, bis ich an einen Wasserfall kam, der aus einer immensen Höhe von über fünfzig Metern hinabstürzte, weit höher als jeder andere, den ich gesehen hatte. Der Anblick der herabströmenden Wassermassen war Ehrfurcht einflößend. Einen Moment lang erwog ich, Kevins Kamera auszupacken und ein Foto zu machen, aber das wäre ein schwieriges Kunststück geworden, und ich änderte meine Meinung.

Tief unten, wo der Wasserfall auf den Boden traf, sah ich einen weiteren Fluss. Ich suchte eine Stelle, wo ich hinabklettern konnte, aber als ich eine gefunden hatte, hörte ich das Wasser nicht mehr. Der Fluss war nicht zu sehen. Ich wollte keine Zeit und Kraft verschwenden, um zurückzugehen und danach zu suchen, also entschied ich mich, meinen Weg fortzusetzen, bis ich auf einen anderen Bach stoßen würde, was bald geschah. Diesmal war ich entschlossen, ihm zu folgen, ganz gleich was es kostete.

Ich folgte den tiefen Einschnitten und umging einige kleinere Fälle. Ich musste sehr aufpassen, damit ich keine nassen Füße bekam. Wenn ich den Fluss überqueren musste, tat ich das, indem ich hinübersprang oder auf Zehenspitzen auf größere Steine im Fluss trat. Manchmal halfen mir auch umgestürzte Bäume. Andere Flussläufe mündeten in den, dem ich folgte, und er wurde größer.

Jetzt folgte ich einem Strom. Der Boden war angenehm, aber das Unterholz war ziemlich dicht, und ohne eine Machete, mit der ich mir den Weg hätte bahnen können, kam ich nur mühsam voran. Ich hatte keine andere Wahl, als dem natürlichen Verlauf des Bodens zu folgen, der eine Art Pfad bildete, der manchmal unterbrochen war. Ich kletterte über Felsen und kroch unter Ästen hindurch. Dornen rissen an meinen Kleidern. Gelegentlich stieß ich mit der Hand gegen Nesseln und wurde gestochen. Einmal störte ich in einem Busch den Pfad von Feuerameisen und wurde von ihnen angegriffen. Sie krabbelten mir bis in den Nacken. Das Wetter stellte sich ebenfalls gegen mich, und es regnete wieder in Strömen. Alle meine Bemühungen, meine Füße trocken zu halten, waren vergeblich gewesen.

Da ich ohnehin klatschnass war, konnte ich genauso gut im Fluss weitergehen. Er war ziemlich seicht. Das Wasser reichte mir bis zu den Knien, manchmal auch bis zur Taille. Ab und zu verlor ich den Boden unter den Füßen und ging kurz unter. Obwohl der Rucksack schwimmfähig war, erschwerte er es mir, wieder aufzutauchen. Ich war angespannt und hörte aufmerksam auf das Rauschen des Flusses, achtete sorgfältig auf Wasserfälle und Stromschnellen, die mich vielleicht fortreißen könnten. Ich fühlte, wie sich der Ausschlag an meinen Füßen verbreitete, ohne dass ich etwas dagegen hätte tun können.

Gab es denn dort oben niemand, der auf mich hinabschaute, der bemerkte, in was für Schwierigkeiten ich steckte? Ein Mann, allein im Dschungel, keine anderen Menschen in der Nähe, der Gnade der herzlosen Mutter Natur ausgeliefert?

»Bitte hilf mir. Lass es wenigstens aufhören zu regnen. Lass mich in der Lage sein, auf meinen Füßen zu gehen.«

Ich wusste nicht genau, wann die Dunkelheit hereinbrechen würde. Manchmal verschwand die Sonne hinter einer Wolke, und ich glaubte, schnell das Lager aufschlagen zu müssen. Dann schien sie wieder, und ich marschierte weiter, weil ich die verbleibende Zeit, in der ich gehen konnte, nicht vergeuden wollte. Nach einer kleinen

Krümmung im Fluss kam ich schließlich an einen wunderschönen Strand. Reiner weißer Sand, kristallklares Wasser und ein großer Busch, überladen mit kleinen roten Früchten. In den letzten zwei Tagen hatte ich nur ein paar Knoblauchzehen mit ein bisschen Salz gegessen und stürzte mich hungrig auf die süßen Früchte.

Zunächst pflückte ich die Beeren noch einzeln und steckte sie in den Mund, doch bald sammelte ich ganze Hände voll davon und schlang sie herunter. Sie waren wundervoll süß, und ihr Saft füllte meinen knurrenden Magen. Ich rührte mich mindestens zwanzig Minuten lang nicht von dem Busch weg, bis meine Hände rot vom Beerensaft waren und mein Hunger gestillt war.

Ich legte mich auf den Bauch, schleckte durstig das Wasser aus dem Fluss und wusch mein schweißnasses Gesicht. Der Strom war an dieser Stelle ziemlich breit, so breit wie der Ipurama. Es musste der andere Fluss sein, der auf der Landkarte eingezeichnet war, der Turliamos – daran gab es keinen Zweifel –, und Curiplaya sollte nur eine halbe Meile weiter sein, am Ufer des Tuichi. Fantastisch. Morgen würde ich dort sein. Ich würde morgen weitergehen. Morgen. Jetzt war ich zu erschöpft und beschloss, mein Lager hier am Strand aufzuschlagen. Wenigstens konnte ich so mit einem guten Frühstück rechnen.

Auf der Suche nach einem Schutz vor dem Regen ging ich ein wenig den Fluss hinunter und bemerkte Spuren von Wild auf dem sandigen Ufer. Die Tiere mussten hierhergekommen sein, um zu trinken. Vermutlich würden auch Jaguare kommen. Dennoch war es sicherer, hier am Ufer zu lagern als im dunklen, Furcht einflößenden Dschungel. Ein langer, dicker Baum lag auf dem Strand. Er war riesig, und unter seinen Auswüchsen war ein Zwischenraum mit trockenem Boden. Dort würde ich die Nacht verbringen.

Ich krabbelte unter den Baumstamm. Dort konnte ich nicht aufrecht sitzen und mich nur auf den Ellbogen vorwärtsbewegen. Ich holte das Moskitonetz und den Poncho heraus und begann mich für die Nacht fertig zu machen. Doch bevor ich mich hinlegte, ging ich noch einmal zum Beerenbusch hinaus, um mich vollzustopfen.

Anschließend lag ich unter dem Baum, kaute langsam eine Knoblauchzehe und deckte mich zu. Die Sonne ging unter, und der Mond erschien am Himmel. Es war ein unglaublich schöner Anblick. Aber die herrliche Aussicht half nicht besonders, meine Angst zu vertreiben. Ich zählte die Stunden und Minuten, bis der Morgen endlich kam.

Im Morgengrauen sah ich ein Reh und ihr Kitz, die an den Strand kamen, um zu trinken. Sie kamen nah ans Wasser, lebhaft und leichtfüßig, bis die Mutter auf meine Fußspuren stieß. Sie hielt einen Augenblick inne und floh dann, das Kitz rannte hinter ihr her. Wären sie dageblieben und hätten getrunken, hätte ich das Junge sicher fangen können, wenn es mir gelungen wäre, es zu verletzen. Sein Fleisch wäre bestimmt zart und köstlich gewesen. So musste ich mich zum Frühstück mit Beeren begnügen statt mit Wildbret. Aber ich genoss sie nicht mehr, sondern aß mechanisch und verschlang große Mengen. Ich erwog, einige in der Blechdose mitzunehmen, aber sie war rostig und roch nach Knoblauch, und außerdem bemerkte ich, dass an dem Busch kaum noch essbare Beeren übrig geblieben waren.

›Macht nichts‹, dachte ich. ›Irgendjemand wird nach mir suchen, und ich werde heute auch etwas zu essen finden.‹

Ich ging weiter, meine ganze Ausrüstung auf dem Buckel. Es regnete immer noch. Ich watete den Fluss entlang und versuchte, schnell und vorsichtig zugleich voranzukommen. Ich setzte alle Hoffnungen darauf, den Weg zurück zum Tuichi zu finden. Der Regen wurde stärker. Mein nasses Haar geriet mir in die Augen, und von meinem zehn Tage alten Schnurrbart tropfte mir das Wasser direkt in den Mund. Mir war so kalt und elend, dass ich noch nicht einmal bemerkte, dass das Rauschen des Flusses lauter geworden war. Plötzlich stürzte ich. Der Boden war mir unter den Füßen weggerissen worden, und ich wurde von der Strömung flussabwärts getragen. Jetzt hörte ich das donnernde Rauschen des Flusses nur allzugut. Es war der vertraute Klang eines Wasserfalls, der sich über Felsen ergoss. Mein Gott, ich würde einen Wasserfall herabgerissen werden!

Ich versuchte, ans Ufer zu gelangen, aber der Rucksack war zu groß und sperrig. Er zog mich hinunter, und ich wäre beinahe ertrunken. Unter Wasser streifte ich die Schultergurte ab. Der Rucksack war jetzt nur noch mit dem Gürtel an mir befestigt. Ich hob den Kopf aus dem Wasser und sah den Wasserfall schon bedrohlich nahe vor mir. Ich schwamm wie verrückt und schaffte es schließlich, einen Felsbrocken dicht am Ufer zu packen. Der Felsen war glatt und von schlüpfrigem Moos überwuchert, und ich drohte wieder fortgerissen zu werden. Ich konnte den Wasserfall sehen, fast direkt unter mir. Er war ungefähr neun Meter hoch und ergoss sich in einen kleinen Pool, den das Wasser unten in die Felsen gewaschen hatte. Ich glitt gefährlich von dem Felsen, den ich umklammert hielt. Das Gewicht des Rucksacks an meiner Taille zog mich unaufhaltsam in den Fluss zurück. Ich löste eine Hand von dem Felsen und versuchte, den Riemen des Rucksacks zu packen. Dabei beugte ich mich zu weit hinüber und fiel wieder in den Fluss. Mit der Brust rammte ich gegen den Felsen und dachte, ich müsste ersticken. Meine Beine waren in der Strömung gefangen, aber ich hielt mich mit aller Kraft an dem Stein fest und grub meine Fingernägel tief ins Moos. Ich schaffte es, mich erneut aus dem Wasser zu ziehen, und kroch auf den Felsen. Ich ruhte mich einen Moment aus, während die Angst mich schüttelte. Dann fischte ich den Rucksack aus dem Wasser und schulterte ihn wieder.

»Ich werde dich nicht aufgeben, egal wie viel Ärger du mir auch machst«, sagte ich zu dem Rucksack.

Ich straffte die Schulterriemen und watete zum Ufer.

Kurz danach stand ich auf einem steilen Hügel, von dem aus ich den Fluss überschauen konnte. Meine Sachen waren von dem Bad und dem anhaltenden Regen vollkommen durchnässt. Und der

Marsch durch den Dschungel hatte auch von meiner Kleidung Tribut gefordert. Mein Flanellhemd war zerfetzt, und meine Unterwäsche schaute aus der zerrissenen Jeans hervor. Ich hatte nasse Füße und konnte fühlen, wie der schreckliche Ausschlag sich weiter ausbreitete. Selbst die Innenseiten meiner Schenkel waren von dem langen Gehen in nasser Kleidung aufgeraut.

›Versuch nur, es bis zum Tuichi zurück zu schaffen‹, munterte ich mich auf. ›Dann ist Curiplaya nur noch ein paar Stunden entfernt. Da kannst du dich ausruhen und wieder in Form bringen. Vielleicht findest du sogar Nahrung und Ausrüstung. Und gibt es da nicht auch die hauchdünne Chance, auf Menschen zu stoßen?‹

Ich begann mir meine Ankunft in Curiplaya auszumalen. Kleine Grashütten, ein Bananenwäldchen und Menschen, die an einem Lagerfeuer saßen und Fisch grillten. Ich trat auf die Bildfläche, erblickte sie und rief sie schon von Weitem an. Sie hörten mein Rufen, kamen auf mich zugelaufen und trugen mich ins Lager. Man kümmerte sich um mich, ich wurde gefüttert und auf einer Trage nach San José gebracht.

Das Ufer war erneut unpassierbar, und ich ging wieder im Fluss. Ich fühlte einen heftigen Druck in meiner Brust, wo ich gegen den Felsen gestoßen war, und meine Füße quälten mich. Ich behielt dennoch ein stetiges Tempo bei, ohne anzuhalten.

›Ich muss es einfach bis zum Tuichi schaffen‹, sagte ich zu mir. ›Ich muss es einfach bis zum Tuichi schaffen.‹

Allein, mitten im Dschungel, so klein und unbedeutend, armselig gegen die Natur, spürte ich dennoch, dass mich jemand beobachtete. Oder über mich wachte. Jemand konnte mich sehen, und jemand sorgte für mich.

Es wurde langsam dunkel, aber ich marschierte entschlossen weiter. Ich wollte auf keinen Fall noch einmal im Dschungel übernachten müssen. Ich musste den Tuichi erreichen. Nach kurzer Zeit konnte ich bereits sein entferntes, stetiges Dröhnen ausmachen, das vertraute Geräusch des großen Stromes. Wie ein Pferd, das den

Geruch seines Stalls aufnimmt, stürmte ich mit frischer Kraft voran. Noch eine Kurve – und da war er.

Der Fluss, dem ich gefolgt war, weitete sich zu einem Strom von zwanzig bis fünfundzwanzig Meter Breite. Der Tuichi selbst war mehr als hundert Meter breit. Ein ausgedehntes Ufer erstreckte sich vor mir, und der ganze Platz war der Mündung des Ipurama sehr ähnlich, wo Kevin und ich uns von Karl und Marcus getrennt hatten.

Erleichterung und Freude überkamen mich. Wenigstens wusste ich jetzt genau, wo ich war. Von jetzt an würde ich am Tuichi entlanggehen.

Die einbrechende Dunkelheit machte mich krank. Es war eine undefinierbare Furcht. Nichts war mehr klar zu erkennen; lange Schatten umgaben mich. Plötzlich war der Dschungel still geworden, was das gelegentliche Rascheln und Schreien nur verstärkte. Ich fand keinen Ort, wo ich Schutz suchen konnte, keinen Felsen, keinen Baumstamm, keine Nische und keinen Spalt. Nur der Dschungel versprach solche Höhlen, und ich hatte nicht die geringste Lust, freiwillig wieder in den Dschungel zurückzugehen. Aber wo sollte ich schlafen?

Ich erwog, mich auf das sandige Ufer zu legen, und nahm den Rucksack vom Rücken. Mein ganzer Körper schmerzte, meine Füße brannten, und mein Magen knurrte vor Hunger. Ich breitete den Poncho auf dem schlammigen Boden aus und streckte mich darauf aus. Ich zitterte vor Kälte und versuchte, mich mit den Moskitonetzen zuzudecken. Flusswasser und Regen waren in den Rucksack gedrungen und hatten alles darin durchnässt. Ich betete, dass das Essen nicht nass geworden war. Ich würde es morgen überprüfen.

Die letzten Strahlen der untergehenden Sonne wärmten zwar nicht, aber ein Lichtstrahl fiel auf den Boden neben mir. Verblüfft bemerkte ich eine Höhle direkt am Rand des Dschungels. Ich kroch näher heran und spähte hinein, aber ich konnte nichts erkennen. Drinnen war alles stockfinster.

›Hoffentlich ist es nicht die Höhle eines Jaguars oder eines anderen wilden Tieres‹, sagte ich mir.

Ich nahm die Taschenlampe heraus und leuchtete damit hinein. Es war eine runde, tiefe Höhle, etwas über zwei Meter lang und ungefähr einszwanzig breit. Das Wasser hatte den Boden eines enormen Geflechtes von Baumwurzeln freigewaschen und einen Hohlraum hinterlassen. Ich ging schnell hinein, bevor es völlig dunkel wurde.

Die Höhle war der reinste Palast. Ich war von Kopf bis Fuß durchnässt, aber wenigstens würde der Wind mich hier nicht auskühlen. Ich wickelte mich wie gewöhnlich in die Moskitonetze ein und zog die Kapuze des Ponchos über den Mund. Ich atmete hinein und wärmte mich mit meinem eigenen Atem. Erneut spürte ich, diesmal ohne den geringsten Zweifel, dass jemand über mich wachte.

Es hatte aufgehört zu regnen. Die Nacht war klar, und zwischen den Wurzeln des Baumes hindurch sah ich die hellen Sterne am Nachthimmel funkeln.

Von Tagesanbruch an spürte ich, dass dieser Tag heiß werden würde. Die Sonne stand groß und brennend am Himmel. Ich kroch mit schmerzenden Knochen aus der feuchten Höhle. Am Tag wirkte der Platz sogar noch schöner. Das Ufer war ziemlich breit und wurde von den Wassern zweier Flüsse umspielt. Dem Turliamos, so hatte ich entschieden, und dem Tuichi. Ein großer Baumstumpf war genau an die Stelle getrieben worden, wo die beiden Ströme zusammenflossen. Ich zog aus, was von meinem Flanellhemd noch übrig war, und breitete es zum Trocknen aus. Da bemerkte ich einen Haufen Scheite am Fluss. Sie würden bald trocken sein und hervorragendes Feuerholz abgeben. Ein Feuer, etwas heiße Suppe, ein Bad, Wäsche waschen und mich um meine wunden Füße kümmern: Das alles konnte ich hier machen. Also konnte ich genauso gut den Tag hier verbringen. Diese Idee gefiel mir. Es war der perfekte Flecken für Ruhe und Erholung. Nach neun Tagen, die ich allein verbracht hatte, hatte ich mir wenigstens das verdient.

Ich suchte die Gegend ab und fand einen Beerenbusch am Ufer des Tuichi. Aber die Früchte waren noch nicht reif, sie waren grün und schmeckten sauer. Dann schaute ich mich nach einem guten Platz zum Fischen um. Wenn ich nur einen Dorado fangen könnte wie den, den wir am Ipurama gefangen hatten. Für mich allein würde er mindestens zwei Wochen reichen. Der Fluss strömte schnell dahin, und ich bezweifelte, dass ich es überhaupt schaffen würde, Fische zu fangen. Ich kletterte über die Felsen zurück zu meinem Privatstrand. Auf dem Weg dorthin trat ich auf eine Art flacher Frucht, die von der Form her einem Johannisbrot ähnlich sah. Sie war grün mit gelben Flecken. Als ich die äußere Haut abgeschält hatte, fand ich schwarze Kerne, umschlossen von weißem samtigem Fruchtfleisch. Ich probierte die Frucht. Es musste eine Art wilder Tamarinde sein.

Die Frucht auf dem Boden war faulig und mit Ameisen übersät. Ich schaute an dem dicken Baumstamm hinauf. Seine hohen Äste waren mit Früchten überladen, aber alle waren außerhalb meiner Reichweite. Der Stamm des Baums war glatt und bot keinen Halt für die Füße. Eine Machete hätte mir eine Menge Schwierigkeiten erspart. Da ich aber keine Machete hatte, versuchte ich, die Früchte mit Steinen herunterzuholen. Aber ich kam schnell zu dem Schluss, dass das sowohl zwecklos als auch gefährlich war. Einer der Steine hätte mir fast den Schädel eingeschlagen. Ich versuchte, mich langsam am Stamm hochzuschieben, umklammerte ihn fest mit den Knien und grub meine Fingernägel in seine Rinde. Aber ich fiel wieder in den Schlamm zurück. Mein Scheitern machte mich wütend. Ich konnte den Gedanken nicht ertragen, dass ich hungers sterben sollte, während über meinem Kopf Berge von Früchten hingen, alle außerhalb meiner Reichweite. Das war nicht fair! Wofür waren die Früchte sonst? Innerlich brannte ich vor Enttäuschung. Dann hatte ich eine andere Idee.

Ich kramte im Rucksack nach der Angelschnur. Ich band sie fest um einen Stein und schleuderte sie in den Baum. Die Schnur wickelte sich um einen Ast und packte ihn. Ich zog an der Schnur ... und es klappte! Die Früchte regneten zu Boden. Immer wieder zog ich an der Leine, bis der Boden mit Früchten und Blättern geradezu übersät war. Hungrig zerteilte ich eine Frucht und steckte die Stücke in den Mund. Sie hatten zwar nicht viel Fruchtfleisch, aber ich hatte im Überfluss davon. Jetzt konnte ich mich ein bisschen entspannen.

Ich begann, Holz für ein Feuer zu suchen. Am Ufer gab es jede Menge Äste. Sorgfältig wählte ich die besten Stücke aus. Karl hatte mir beigebracht, wonach ich suchen musste. Es gibt Zweige, die niemals Wasser aufnehmen. Sie sind grau, hart, schwer und brennen sehr lange. Als Erstes sammelte ich Holz dieser Qualität. Dann wählte ich dicke Scheite aus, die ich zum Austrocknen neben das Feuer legen wollte. Sie würden später Feuer fangen und stundenlang brennen. Am Morgen würden sie immer noch glühen, und das Feuer würde sich leicht neu entfachen lassen.

Während ich Holz sammelte, fühlte ich mich plötzlich benommen. Schwarze Ringe schwammen vor meinen Augen, die Welt drehte sich, meine Beine gaben unter mir nach, und ich sank zu Boden. Ich weiß nicht, wie lange ich dort bewusstlos gelegen habe, aber es kann nicht lange gewesen sein, denn als ich wieder zu mir kam, hatte die Sonne ihre Stellung noch nicht verändert. Ich stolperte zum Fluss, spritzte mir Wasser ins Gesicht und trank durstig. Dann ging ich wieder an die Arbeit und schichtete das Feuerholz sorgfältig am Eingang meiner Höhle auf. Die Zweige fingen schnell Feuer, aber mein Feuerzeug war bald leer. Es würde vielleicht noch ein- oder zweimal zünden, aber das war es dann auch. Ich verdankte diesem billigen Wegwerffeuerzeug mein Leben. Die Zweige entzündeten die Äste, die die Flammen zu den großen Stämmen weitertrugen, bis ich ein fauchendes Feuer hatte.

Ich holte Rucksack und Moskitonetze aus der Höhle und breitete sie um das Feuer herum aus. Die Beutel mit Reis und Bohnen waren feucht und angeschimmelt. Ich wusch meine Socken im Fluss aus und hängte sie zum Trocknen auf.

Meine Füße waren eine erfreuliche Überraschung. Sie waren zwar noch mit leichtem Ausschlag bedeckt, aber die Haut schälte sich nicht ab. Und sie bluteten und eiterten auch nicht.

Ich ging mit der Angelschnur vorsichtig barfuß über die Felsen und kletterte auf einen großen Stamm, der an der Einmündung der beiden Flüsse lag. Dort legte ich die Schnur aus. Als Erstes musste ich eine Elritze fangen, aber selbst dafür brauchte ich einen Köder. Die Pferdefliegen, die ständig herumsummten, würden für diesen Zweck reichen. Ich lauerte ihnen auf, ließ sie auf meinen nackten Beinen landen und eine schöne Stelle suchen. Gerade wenn sie sich darüber hermachen wollten, überrumpelte ich sie. Ich zerdrückte eine Fliege zwischen zwei Fingern und schmierte sie auf den kleinen Haken, der weder einen Schwimmer noch ein Gewicht hatte, und warf die Schnur ins Wasser. Zuerst trieb sie noch auf der Oberfläche, doch nachdem die Fliege nass geworden war, ging sie unter. Ich verlor ein paar Fliegen, bevor es mir endlich gelang, eine Elritze zu fangen.

Die Sonne schien warm über mir. Ab und an steckte ich mir eine weitere reife Tamarinde in den Mund und saugte gierig das weiche Fruchtfleisch von den Kernen. Die Schönheit der Wildnis umgab mich. Die beiden Flüsse, die Berge und der unendliche Dschungel. Und ich war allein mittendrin, zusammen mit irgendjemandem, der über mich wachte. In kurzer Zeit hatte ich vier Elritzen gefangen. Dann ging ich los, um mit ihnen mein Glück im mächtigen Tuichi zu versuchen.

Ich befestigte eine ganze Elritze an einem größeren Haken, holte aus und warf ihn ins Wasser. Die Strömung war kräftig, und die Schnur versank schnell unter den schäumenden Fluten. Ich wartete eine Weile, und als ich versuchte, die Schnur einzuholen, fühlte ich, dass sie sich an einem Felsen festgeklemmt hatte. Es gelang mir nicht, sie freizubekommen. Ich ließ locker, gab ihr dann einen kräftigen Ruck und dann noch einen. Ich versuchte, sie in verschiedene Richtungen zu ziehen, wartete darauf, dass der Fluss die Leine frei machte, aber sie blieb fest verklemmt. Die Strömung war reißend, und das Wasser schäumte. Es wäre zu gefährlich gewesen hineinzuwaten. Allein der Gedanke daran erfüllte mich mit lähmender Furcht. Ich würde mich nicht noch einmal der Gnade des Tuichi ausliefern. Also hatte ich keine andere Wahl, als die Leine zu kappen. Das bedeutete, dass ich einen meiner beiden letzten Haken verlor. Die Schnur selbst war kräftig und widerstandsfähig und schwer zu kappen. Ich wickelte sie ein paarmal um mein Handgelenk und wich zurück, straffte die Schnur, bis sie mit einem peitschenden Laut zerriss und auf das Ufer flog.

Ich trug meinen Vorrat an Elritzen zurück zum Feuer und legte Holz nach. Dann füllte ich eine Dose mit Wasser und stellte sie auf die heißeste Stelle. Mit den Fingernägeln schabte ich die Schuppen des Fisches ab und nahm ihn mit einem Löffel aus, den ich an einem Stein geschärft hatte. Ich warf die Elritzen in das kochende Wasser und fügte ein paar Gewürze und Salz hinzu. Drei Elritzen auf drei Liter Wasser war nicht gerade ein Rezept für die köstlichste Suppe der Welt. Wässrig, lau und ekelhaft wäre sicher eine bessere Beschreibung gewesen, aber ich trank sie bis zum letzten Tropfen aus. Ich zerkaute sogar die knackenden Knochen. Ich war stolz auf mich, dass ich weder Reis noch Bohnen zubereitet hatte. Ich würde sie für den Notfall aufbewahren. Ich dachte nicht länger daran, dass ich sie für Kevin aufbewahrte, obwohl ich die schwache Hoffnung hegte, dass ich in Curiplaya auf ihn stoßen würde.

Das X, das Karl auf die Karte gezeichnet hatte, schien genau am Ufer des Tuichi dicht hinter der Einmündung des Turliamos zu sein. Ich würde das Lager bestimmt am nächsten Tag erreichen. Ich wurde ungeduldig. Meine Kleidung war vollkommen trocken, und die Haut an meinem Fuß war geheilt. Nur die Fliegen und Moskitos belästigten mich noch. Am Anfang unserer Reise hatten wir Tabletten gegen Malaria genommen, aber sie waren schon lange aufgebraucht oder verloren gegangen, und ich hoffte, dass ich nicht ausgerechnet hier diese Krankheit bekommen würde. Die Moskitos fanden jeden Flecken nackter Haut unter meiner zerrissenen Kleidung und griffen unbarmherzig an. Seit meiner Begegnung mit dem Jaguar hatte ich kein Moskitospray mehr und konnte mich nur noch gegen sie wehren, indem ich sie mit bloßen Händen zerquetschte. Die Moskitos waren jedoch ebenfalls zu allem entschlossen, und schließlich gab ich als Erster auf. Doch dann hatte ich eine Idee. Ich würde meine Kleidung zusammennähen, damit ich ihnen weniger Ziele bot. Ich nähte lange an meinem Hemd, indem ich die dünne Angelschnur und einen Haken benutzte. Dann reparierte ich auf dieselbe Weise auch meine Hose.

Stolz über meinen Einfallsreichtum und Fleiß begann ich, mein Bett zu bauen. Ich ließ mich nicht faul hängen, sondern zog die Schuhe wieder an und ging in den Dschungel, um große Blätter zu sammeln, die mein Lager weicher machen sollten. Ich stapelte einen hohen Haufen vor dem Eingang der Höhle auf und bedeckte sorgfältig den feuchten Boden. Die Blätter boten einen hervorragenden Schutz gegen Kälte und Feuchtigkeit. Ich entschied mich, sogar eine Zentralheizung einzubauen. Vorsichtig holte ich ein paar glühende Scheite in die Höhle. Ich ordnete sie zu einem Dreieck an und stopfte Zweige und Blätter dazwischen. Nachdem ich ein paarmal hineingeblasen hatte, fingen sie Feuer. Dann holte ich, für den Fall, dass es regnete, den Rest meiner Habseligkeiten in die Höhle. Ich benutzte die Beutel mit Reis und Bohnen als Kopfkissen und deckte mich wie gewöhnlich zu.

Ich war versucht, am Strand zu bleiben und auf Rettung zu warten. Jedes Flugzeug, das mich überflog, würde mich mit Leichtigkeit wahrnehmen können. Und es gab genug Lichtungen, auf denen ein Hubschrauber hätte landen können. Außerdem würde ich hier nicht verhungern. Die Tamarinden würden mich einen Monat am Leben erhalten, und ich hatte auch eine Höhle, in der ich schlafen konnte. Ich hätte ein paar Umbauten vornehmen können. Zum Beispiel die Löcher stopfen, einen Kamin einbauen und noch mehr Blätter für die Polsterung holen. Es war ein idealer Platz, aber ich packte trotzdem zusammen. Ich band die Schnürsenkel der Schuhe zusammen und legte sie mir um den Hals. Ich würde den Turliamos barfuß durchqueren, meine Füße auf der anderen Seite trocknen und den Marsch mit trockenen Schuhen fortsetzen.

Ich wollte gerade den Turliamos durchqueren, als ich bemerkte, dass das Bandana, das Tuch, das Kevin mir gegeben hatte, verschwunden war. Es hatte sich als sehr nützlich erwiesen. Ich benutzte es als Hut, Schal, Bandage, sogar als Tagesdecke, und es erinnerte mich an meinen Freund, den ich so schmerzlich vermisste. Ich ging zur Höhle zurück und durchsuchte sie gründlich. Ich fuhr durch die Blätter, ging den Tuichi hinauf, schaute unter dem Tamarindenbaum nach. Ich ging zurück in den Dschungel und fand die Stelle, an der ich angehalten hatte, um meinen Darm zu leeren, aber das Bandana war nirgendwo zu sehen. Voller Enttäuschung gab ich die Suche auf und durchquerte den Fluss.

Eine Zeit lang konnte ich am Strand des Tuichi entlanggehen. Dann wurde das Ufer felsig. Ich kroch vorsichtig über Felsbrocken und achtete darauf, dass ich nicht ausrutschte und in den Fluss fiel. Die Felsen wurden größer und bildeten eine niedrige Klippe parallel zum Fluss. Der Dschungel erstreckte sich auf einer Anhöhe über dem Kliff. Es gab keine geeignete Stelle zum Gehen. Ich wäre vielleicht einfacher vorwärtsgekommen, wenn ich auf dem Grat der Klippe weitergegangen wäre, aber ich hatte Angst, mich erneut zu verirren. Curiplaya musste in der Nähe sein. Es lag am Flussufer, und ich durfte es nicht verpassen. Komme, was da wolle, ich würde mich dicht am Tuichi halten.

Ich kam nur langsam und mühsam weiter. Ich fürchtete, dass ich mir den Knöchel ausrenken und direkt in den reißenden Fluss fallen würde, also ging ich an dem Felsen entlang, kletterte in den Dschungel hinauf und trottete eine Weile an seinem Rand entlang. Dann stieg ich wieder hinab, um über die Felsen zu klettern, und so weiter. Ich hielt oft an und machte ein paar Stunden Pause. Ich trank, aß ein paar Früchte und mühte mich weiter. Der Hang wurde flacher. Ich gab es auf, über die Felsen zu klettern, und ging in den Dschungel hinauf, ohne jedoch dabei den Fluss auch nur eine Sekunde aus den Augen zu lassen.

Ein paar Stunden vergingen, und ich war sicher, dass ich mehr als eine halbe Meile gegangen sein musste. Nagende Zweifel packten mich. Was war, wenn ich Curiplaya nicht fand? Woher wusste ich eigentlich, ob es überhaupt existierte? Da es auf der Karte nicht eingezeichnet war, konnte ich mich nur auf Karls Wort verlassen. Vielleicht hatte er sich geirrt oder sogar gelogen. Nein, Karl würde nicht so direkt lügen.

Ich erinnerte mich daran, wie sehr er sich um uns gekümmert hatte. Aber er war ein komischer Kerl. Und wir hatten weder die Insel noch den kleinen Brückenkopf gesehen, die uns hätten warnen sollen, dass wir auf den Canyon zutrieben. Es hätte uns das Leben kosten können, vielleicht hatte es Kevin sogar das Leben gekostet. Erst hatte Karl behauptet, dass er den Fluss schon zweimal ganz befahren hätte. Dann hatte er sich selbst widersprochen, als er sagte, er wäre noch nie da gewesen. Und er hatte uns auch nichts über den San-Pedro-Canyon gesagt, bis wir schon fast dort gewesen waren.

Nein, Karl war nicht besonders verlässlich. Ich erinnerte mich noch an eine andere schlimme Sache. Karl hatte dauernd den Zeitpunkt verschoben, an dem er nach La Paz zurückkehren wollte. Im Nachhinein erschien mir auch die ganze Geschichte mit dem Lastwagen, den er zur Ranch seines Onkels bringen musste, faul zu sein. Aber schließlich hatte ich den Brief mit eigenen Augen gesehen. Ich wusste nicht, was ich glauben sollte. Es war sehr schwer, aus Karl schlau zu werden.

Wenn Karl uns nun auch mit Curiplaya irregeführt hatte, wenn dieses Lager gar nicht existierte, was sollte ich dann machen? Ich konnte zum Turliamos zurückgehen und auf einen Rettungstrupp warten, der sicherlich in Kürze auftauchen würde. Oder ich konnte versuchen weiterzugehen, direkt nach San José. Ich war jedoch davon überzeugt, dass es das Lager gab. Es war zu deutlich auf Karls Landkarte eingezeichnet.

Ich war immer noch dabei, mir zu überlegen, was ich tun sollte, als ich eine umgestürzte Palme bemerkte. Sie war gefällt worden, und zwar eindeutig mit einer Machete. Ich schrie vor Freude auf. Ich hatte es geschafft! Hier waren Menschen gewesen!

Ich rannte vorwärts, um sie zu suchen. Ich sah wundervolle Machetespuren an Zweigen und Baumstämmen, und es lagen noch mehr gefällte Palmen herum. Ja, die Menschen in Curiplaya hatten Palmherzen gegessen. Ich lief weiter und folgte den Machetespuren. Ich wurde von Freude überwältigt, und eine flackernde Hoffnung keimte in mir. Vielleicht lebten dort immer noch Menschen. Im Nu stand ich auf einem Hügel und blickte über ein flaches, felsiges Ufer, auf dem vier Hütten standen. »Juhuu-huu!«, schrie ich und rutschte zum Ufer herunter.

Der Ort war eindeutig verlassen, aber wenigstens hatte ich es bis Curiplaya geschafft. Ich legte meinen Rucksack ab und stellte ihn unter eine der strohgedeckten Hütten. Überall gab es Spuren von Leben. Flache, rostige Blechdosen, Pappkartons, einen Kreis aus Steinen um ein ausgebranntes Lagerfeuer. Die Schutzhütten waren sehr klug erbaut worden. Sie hatten vier solide Stämme, auf denen ein spitzes Dach ruhte, das mit Palmwedeln so gedeckt war, dass kein Regen durchdringen konnte. Dort, wo die Stützpfosten von jeder Hütte mit dem Dach zusammentrafen, gab es eine Decke und darüber eine Art kegelförmigen Stauraum. Im Stauraum der ersten Hütte lag eine Menge Ausrüstung: Bretter aus Chontaholz und alle Arten von Pfosten, Stangen und großen Blechdosen. Ich wühlte weiter herum, weil ich hoffte, mehr Schätze zu finden, aber die anderen Hütten enthielten nichts Brauchbares.

Im Boden der Hütten steckten V-förmige Pfähle. Zwischen jedem Paar dieser Pfähle lag ein langes rundes Holz, und der Raum zwischen den Rundhölzern konnte mit den flachen Brettern aus

Chontaholz abgedeckt werden. Das ergab ein Bett, ungefähr dreißig Zentimeter über dem Boden. Eine kluge Idee.

Ich fand in dem Stauraum alles, was ich dafür brauchte, und baute mir ein gutes, solides Bett. Heute Abend würde ich in einem Bett schlafen, mit einem Dach über dem Kopf. Unglaublich.

»Verzeih mir, Karl, dass ich an dir gezweifelt habe.«

Ich streckte mich auf dem Bett aus, um es auszuprobieren. Die Holzbretter waren hart, aber eben. Sie kamen mir fast wie ein Federbett vor. Ich bemerkte einige Seilenden, die von den Pfosten herunterhingen, und begriff, dass man daran das Moskitonetz befestigen konnte. Ich nahm ein Netz heraus und band seine Enden an das baumelnde Seil. Jetzt hatte ich ein luftiges Zelt über meinem Bett. Ich fühlte mich wie ein König, hatte die Säcke mit Reis und Bohnen unter meinen Kopf gelegt, meine Beine behaglich ausgestreckt und genoss diesen Luxus.

Da es aufgehört hatte zu regnen, ging ich hinaus, um mir die Gegend anzusehen. In einer der Hütten fand ich eine Tube mit Insektenschutz. In einer anderen eine abgebrochene Stange mit einem angespitzten Ende. Sie würde mir als Spazierstock und Speer dienen, mit dem ich mich verteidigen konnte.

Ich ging in einem weiten Kreis um das Lager, fand aber kein Zeichen eines Bananenwäldchens. Also kehrte ich zurück zu meinem Palast, streckte mich auf meinem Himmelbett aus und wartete auf den Sonnenuntergang.

Heute Nacht hatte ich nichts zu befürchten. Das Feuer in der Hütte brannte großartig. Ich bereitete eine Suppe aus Reis und Bohnen zu, einen Esslöffel von jedem. Ich saß gemütlich auf dem Bett und hielt meine Füße ans Feuer. Die Fliegen und die Moskitos störten mich kaum. Ich gab mich dem Hauch von Luxus hin, und plötzlich war es nicht mehr so wichtig, dass ich verlassen und allein war. Ich war mit meinem Los zufrieden. Heiße Suppe, Früchte, Schutz, ein Bett und Bettdecken. Ich fühlte mich gut, sicher und war voller Optimismus.

›In ein paar Tagen werde ich es nach San José schaffen‹, sagte ich mir. ›Von hier aus führt bestimmt ein Weg dorthin. Die Menschen kommen jedes Jahr von San José hierher, also muss der Pfad deutlich und sichtbar markiert sein. Ich brauche mir keine Sorgen zu machen. Ich muss nur auf dem Weg bleiben und hoffen, dass es nicht zu sehr regnet, damit ich nachts ein Feuer anzünden kann. Fantastisch.‹

Ich würde mich selbst retten. Jetzt hoffte ich, dass noch niemand nach mir suchte. Es wäre ziemlich niederschmetternd, wenn sie mich in dem Moment finden würden, in dem ich gerade dabei war, dem Dschungel zu entkommen. Es würde ganz einfach sein. Ich konnte es allein schaffen.

Am Morgen nieselte es draußen, aber in der warmen, behaglichen Hütte war es wundervoll. Es erinnerte mich an regnerische Wintertage, als ich in einem angenehm warmen Zimmer saß und meine Nase gegen die Fensterscheibe presste. Ich beschloss, den Tag hier zu verbringen. Ich brauchte eine Pause, bevor ich zu dem langen Marsch aufbrach. Ich würde meine Füße gründlich trocknen, meine Kräfte sammeln, mich satt essen und morgen … morgen würde es vielleicht nicht regnen. Auf jeden Fall würde ich morgen aufbrechen.

Ich hatte Schuldgefühle, dass ich so verweichlicht war, mich so verwöhnte, aber es war einfach so angenehm. Ich hatte keine Schwierigkeiten, mein Gewissen zu beschwichtigen.

Träume stiegen in meinem Kopf hoch, und ich überließ mich gern den Fantasien. Gute Tagträumereien brauchen Übung. Wenn man sich ihnen erst einmal hingegeben hat, überquert man nur mit seinem Willen Ozeane und Kontinente. Doch plötzlich juckte mein Knie. Ich kratzte mich und fühlte etwas Rundes, das nicht loslassen wollte. Ich zog kräftig und hatte einen Blutegel in der Hand. Er war ungefähr anderthalb Zentimeter lang und einen halben Zentimeter breit, vollgesogen mit Blut. Ich warf ihn angeekelt ins Feuer und begann, mich von Kopf bis Fuß zu untersuchen.

Ich geriet in Panik. Ich fand ungefähr zwanzig Egel an meinem Körper. Sie waren überall. In meinen Achselhöhlen, meinem Nacken, auf meinem Rücken, zwischen meinen Beinen, sogar zwischen den Pobacken. Alle waren sie voller Blut und widerlich. Verdammte Blutsauger! Ich zerquetschte einen nach dem anderen und warf sie ins Feuer. Ich schwor mir, mich in Zukunft jeden Abend zu untersuchen, bevor ich schlafen ging, damit ich nicht noch einmal von Parasiten befallen wurde.

Am Nachmittag klarte es auf. Ich nutzte die Gelegenheit und sammelte mehr Zweige und Feuerholz. Unter ein paar Ästen fand ich einen großen Grashüpfer, ungefähr zehn Zentimeter lang. Ich fing ihn, um ihn als Köder für Fische zu benutzen, band meinen letzten Haken an die Leine und spießte den Grashüpfer darauf. Die Strömung war stark, und ich konnte nicht verstehen, warum Karl uns gesagt hatte, dass dies ein guter, ruhiger Platz zum Fischen war. Es hatte nicht viel Sinn, es zu versuchen, und ich hatte Angst, den Haken zu verlieren. Der Grashüpfer steckte immer noch am Haken, aber die Strömung hatte ihn zerfetzt, und er sah ekelhaft aus. Ich beschloss, ihn nicht in die Suppe zu tun.

Erneut suchte ich das Bananenwäldchen, die getrockneten Balsahölzer und die versteckten Werkzeuge, aber ich fand nichts. Dennoch glaubte ich, den Weg nach San José entdeckt zu haben. Morgen würde ich aufbrechen, ihm folgen, und das wäre es dann.

Auf dem Weg zurück zur Hütte bemerkte ich einen riesigen Obstbaum. Eine Menge großer, schwerer Früchte lagen vor ihm auf dem Boden. Glücklich schlug ich eine an einem Stein auf, aber das Innere war hart und grün und verströmte eine weiße ölige Substanz. Sie war ungenießbar. Ich probierte trotzdem einen Bissen und spie ihn angeekelt wieder aus. Ich hätte es besser wissen müssen. Früchte, die nicht verfault oder von Ameisen verspeist wurden, waren vermutlich ungenießbar. Ich hatte jedoch noch Tamarinden in der Hütte und aß ein paar, um den schrecklichen Geschmack aus dem Mund zu bekommen.

Dann bemerkte ich einen mächtigen Stumpf mitten im Lager, in dem mit großen Buchstaben der Name »Pam« eingraviert war. War das der Name eines Mädchens? Oder vielleicht das Wort für »Frauen«? In weiteren vier Tagen, wenn ich nach San José gekommen war, würde ich jemanden fragen können. Ich würde noch vier Nächte im Dschungel verbringen müssen, aber dann würde ich endlich ein weiches Bett haben und wieder unter Menschen sein. Wie sehnte ich mich danach, wieder Menschen zu sehen! Ich studierte ausgiebig die Landkarte. Es sah so nah aus, nur ein paar Zentimeter.

Ich konnte es schaffen.

10. Kapitel

»Auf, auf, juchhe! Nach San José!«

Meine Hoffnung auf klares Wetter wurde enttäuscht; es regnete in Strömen, aber davon ließ ich mich nicht aufhalten. Ich packte meine Sachen zusammen, schulterte den Rucksack, befestigte Gürtel und Schulterriemen, griff mir meinen neu erworbenen Wanderstab, und auf ging's.

Am Anfang war der Pfad breit und gut zu erkennen, aber nach wenigen Minuten wurde er schon beträchtlich schmaler, und ich musste nach Machetespuren an den Bäumen suchen, um ihm folgen zu können. Er verlief allerdings parallel zum Tuichi, sodass ich, wenn ich vom Pfad abgekommen war, nur weiter am Ufer entlanggehen musste, bis ich ihn wiederfand.

Ich gewöhnte mich daran, durch den Regen zu gehen, und war bester Stimmung. Ich hatte den Eindruck, dass ich gut und gleichmäßig vorankam; wenn nichts Unvorhergesehenes passierte, müsste ich die Strecke bis zum Dorf in vier Tagen bewältigen. Während ich so einherschritt, komponierte ich ein Marschlied. Es war zwar alles andere als genial und originell, aber es beschäftigte mich wenigstens für eine Weile. Ich übernahm das beliebte israelische Lied »Auf, auf, juchhe! Nach Beit Shean!«, änderte nur den Bestimmungsort und sang laut heraus:

Auf, auf, juchhe! Nach San José!
Frischauf ich geh, yeah, yeah, juchhe!
Auf, auf, juchhe! Nach San José!

So marschierte ich gut gelaunt durch den üppigen Urwald.

Der Untergrund war einigermaßen eben. Ab und zu erhoben sich zwar ein paar Hügel auf dem Weg, aber sie waren nicht sehr steil. Die Bäche waren da schon ein größeres Hindernis. Es gab eine ganze Menge davon, und da sie an den Einmündungen in den Tuichi Becken bildeten, die zu breit waren, als dass ich sie hätte überqueren können, war ich jedes Mal gezwungen, ihnen flussaufwärts in den Dschungel zu folgen, bis ich eine bequeme Furt fand. Die Machetespuren an den Bäumen erwiesen sich als großartige Wegweiser. Sie führten mich genau dorthin, wo die Flüsse passierbar waren. Manchmal verlor ich den Fluss völlig aus den Augen, aber dann entdeckte ich am Ende doch, dass es sich um eine Abkürzung gehandelt hatte.

Einmal traf ich auf einen breiten, sandigen Strand, wie geschaffen für ein Picknick oder ein kleines Liebesabenteuer. Der Sand war weich, sauber und von Bäumen beschattet. Von der Strömung angeschwemmte Baumstämme stapelten sich am Ufer. Ich hatte eine Idee. Vielleicht würden ja etwaige Rettungsmannschaften mit einem Flugzeug oder Hubschrauber nach mir suchen; für diesen Fall sollte ich ein Signal hinterlassen, das man von oben aus bemerken würde. Ich machte mich also daran, Stämme und große Steine durch die Gegend zu schleppen, um sie so zu platzieren, dass sie einen flussabwärts gerichteten Pfeil bildeten. Daneben legte ich noch ein Y als Abkürzung für meinen Namen aus und schließlich die Zahl zwölf für das Datum. Ich freute mich über meinen Einfallsreichtum und war mir sicher, dass man mein Signal entdecken würde. Tatsächlich aber dachte ich immer noch, dass ich enttäuscht wäre, wenn mich jemand aufspüren sollte. Ich war überzeugt davon, meiner Rettung so nahe zu sein, dass es eine Schande schien, es nicht allein zu schaffen.

Im Laufe des späteren Nachmittags traf ich auf einen Wasserlauf, der in eine flache Klamm floss. Schnell war ich die Felswand hinabgestiegen, aber auf der gegenüberliegenden Seite erwartete mich eine beschwerliche Kletterei, bei der mir mein Wanderstab hinderlich war. Ich schleuderte ihn voraus und kämpfte mich dann nach oben, indem ich mich an Büschen und vorstehenden Felsstücken festhielt. Ich las den Wanderstab wieder auf und ging weiter. Bald entdeckte ich auf einem umgestürzten Baum ein Nest, in dem vier braun gepunktete Eier lagen. Sie waren nur ein wenig kleiner als Hühnereier und noch warm. Das Muttertier musste das Nest eben verlassen haben. Ich war dankbar, auf so nahrhafte Speise gestoßen zu sein, brach eines der Eier auf und war gerade im Begriff, mir den Inhalt in den Mund zu gießen, als ich das winzige Vogelbaby dort zusammengerollt liegen sah. Sollte ich es essen oder nicht? Nein, ich konnte mich nicht dazu überwinden. Ich legte das zerbrochene Ei zurück ins Nest zu seinen Brüdern und Schwestern.

›Wenn jemand da oben auf mich aufpasst‹, dachte ich, ›wird er mir bestimmt andere Nahrung zukommen lassen.‹

Keine fünf Minuten später stieß ich auf einen großen Obstbaum. Die Frucht, die *Trestepita* heißt, ist gelb und rund. Wenn man sie aufbricht, teilt sie sich in drei gleiche Stücke. Jedes enthält etwa zwanzig Fruchtfelder, vergleichbar mit denen einer Zitrone, nur dass sie hier mit einer süßen, glitschigen Membran bedeckt sind. Viel Fleisch bietet diese Frucht zwar nicht, aber ich labte mich an ihrem Saft. Ich lehnte mich gegen einen umgestürzten Baumstamm und holte meine Dosen hervor. Eine davon enthielt noch ein paar Tamarinden, die ich wegwarf, um nun Trestepitas darin sammeln zu können. Der Baum war so niedrig, dass ich die Früchte erreichen konnte, indem ich die Zweige nach unten bog. Ich ließ keine einzige zurück.

Ich setzte meinen Marsch nach San José mit neuem Schwung fort. Diesmal führte mich der Pfad tief in den Dschungel hinein. Ich war nun so weit vom Fluss entfernt, dass sein Getöse nicht mal mehr schwach zu hören war. Nachdem ich lange Zeit gegangen war, fand ich mich von hoch aufragenden Bäumen umgeben. Ich hatte jede Orientierung verloren. Ich wusste weder, wo Norden noch, wo der

Fluss war. Der Pfad sah merkwürdig aus. Er war äußerst schmal; ich musste ganz langsam gehen, um ihn nicht zu verlieren. Oft war der Weg von wildem Unterholz und umgestürzten Bäumen versperrt. Das ergab doch keinen Sinn. Erst vor wenigen Monaten mussten Leute hier gegangen sein. Ich stapfte weiter, immer noch überzeugt, jeden Moment den Fluss wiederzufinden, aber jetzt waren schon zwei Stunden vergangen, und es wurde langsam dunkel. Dann hörte ich endlich das vertraute Rauschen des Flusses. Es erleichterte mich ungemein zu wissen, dass ich mich auf den Pfad verlassen konnte.

Ich stieß genau dort wieder auf den Fluss, wo einer der Bäche in ihn einmündete. Es war ein Bach, der eine schmale Klamm herabfloss. Ich blieb wie angewurzelt stehen; da war ein großer Fußabdruck im Schlamm zu sehen! Die Schuhsohle, von der er herrührte, sah genau wie meine aus. Mein Gott, das musste Kevin sein! Er war am Leben! Kevin hatte große Füße und trug die gleichen Stiefel wie ich. Wer sonst hätte diese Spur hinterlassen sollen? Ich war außer mir vor Freude. Wieder starrte ich den Abdruck an. Wie kam es, dass ihn der Regen nicht weggewaschen hatte?

Der Aufstieg auf der anderen Seite der Klamm war mühsam. Die Wand stieg fast senkrecht an. Ich musste meinen Stock vorauswerfen, aber so müde ich nach einem langen Wandertag eigentlich war, so fühlte ich doch übermenschliche Kräfte in mir. Mich mit den Knien abstoßend und mit den Armen emporziehend, erreichte ich die Höhe. Aber irgendetwas stimmte nicht. Fünf Minuten später kam ich an einem umgestürzten Baum vorbei. Um ihn herum lagen haufenweise Tamarinden und Trestepitaschalen. Da wusste ich, was los war. Entmutigt ließ ich mich zu Boden fallen und brach fast in Tränen aus. Das war nicht Kevin gewesen. Das war ich selber! Mehr als drei Stunden hatte ich verschwendet, indem ich im Kreis gegangen war! Der Pfad hatte mich an meinen Ausgangspunkt zurückgeführt.

Verzweiflung nagte an mir. Ich erwog, aufzugeben und nach Curiplaya zurückzukehren. Ich war nur zwei oder drei Wegstunden von dort entfernt. Ich könnte meine Hütte und mein Bett wiederhaben. Aber der Gedanke an das Dorf, das in der Nähe sein musste, und an die Leute und das Essen, das mich dort erwartete, vertrieb meine vorübergehende Schwäche. Hatte ich eben einen Fehler gemacht. Das war ja nicht das Ende der Welt. Ich würde daraus lernen. Ich würde den Pfad nur noch benutzen, wenn er dem Lauf des Flusses folgte. Wenn er in den Dschungel hineinführte, würde ich ihn verlassen und mir meinen eigenen Weg bahnen, bis ich ihn am Flussufer wiederfände.

Erschöpft und hungrig holte ich das Obst aus dem Rucksack. Eine lächerliche Mahlzeit angesichts meines Appetits. Es blieben nur einige fleischlose Reste übrig. Ich biss die Zähne zusammen und eilte zurück in Richtung der Klamm. Dort fand ich, was ich suchte. Das Muttertier hatte wohl das Nest aufgegeben, denn die Eier waren kalt geworden. Ich zerbrach sie Stück für Stück und verschlang die ungeborenen Vögel, ohne irgendetwas übrig zu lassen. Ich hatte eigentlich erwartet, dass es mich ekeln würde, aber sie erwiesen sich als recht schmackhaft.

Die Sonne, die hinter einer Wolke verschwunden war, kam nun wieder hervor und leuchtete hell. Ich könnte heute immer noch gut vorankommen. Ich hatte mich verlaufen, aber der Tag war noch nicht verloren; so übel war ich nicht dran.

»Es ist nicht schlimm. Es ist nicht schlimm«, fing ich an zu singen.

Wir hatten früher immer so ein Lied bei den Pfadfindern gesungen, und es klingt vielleicht albern, aber es hatte sich jetzt in meinem Kopf festgesetzt:

Oh, Mama, mir ist was geschehen.
Ich krieg ein Kind, kann's nicht verstehen.
Sag mir doch, es ist nicht wahr.
Versprich, ich leb noch nächstes Jahr.
Sag mir, es ist nicht schlimm.

Ich sang das Lied wieder und wieder. Dann schmückte ich es noch aus, erfand Personen und alberne Dialoge.

»Du bekommst also ein Baby, und du glaubst, das sei nicht so schlimm? Na gut, du wirst schon nicht sterben, aber warte nur, bis dein Vater ihn in die Finger bekommt. Du wirst weiterleben, aber dein Freund hat Pech gehabt. Dein Vater wird ihn umbringen.«

Ich machte ein richtiges Drama daraus, und dabei vergaß ich meine Mühsal und die verstreichende Zeit.

Dann fiel mir noch ein anderes Lied ein:

Als seine Frau will er mich ehren.
Willst du uns da dein Ja verwehren?
Und sträubst du dich und sagst auch Nein,
So werden doch vereint wir sein.
Willst du uns da dein Ja verwehren?

Auch hier entwickelte ich in meiner Vorstellung dramatische Zuspitzungen, in denen ein junger Mann, ein junges Mädchen und eine fiese alte Tante vorkamen. Ich erfand eine alberne Geschichte mit Dialog und allem.

Ich war müde und nass bis auf die Haut und schaute mich nach einem Lagerplatz um, aber ich sah weder irgendwelche Vorsprünge noch Felsbrocken, noch umgestürzte Bäume zum Unterkriechen. Schließlich entschied ich mich für einen großen Baum, dessen Wurzeln in unregelmäßigen Abständen rundherum aus dem Boden ragten. Ich suchte mir einen Platz zwischen zwei Wurzelsträngen, der genauso breit war wie mein Körper, fegte die nassen Blätter weg, stellte den Rucksack ab und ging, den Wanderstab in der Hand, nach einer geeigneten Schlafunterlage suchen.

Es gab Büschc, Bäume und Pflanzen fast jeder Art. Die Vielfalt und Schönheit des Laubwerks war verblüffend. Ich sammelte große, dem Bananenblatt ähnliche Blätter, die ich zwischen den schützenden Baumwurzeln ausbreitete. Ich entdeckte auch ein paar Palmen. Ohne Machete waren die Wedel kaum abzutrennen. Ich knickte sie oben am Stiel ein und drehte sie dann so lange, bis sie sich abbrechen ließen. Auf diese Weise bekam ich ungefähr zwanzig große Palmwedel zusammen, die ich über meiner Schlafstatt symmetrisch anordnete, eins über das andere und alle in die gleiche Richtung zeigend. Dann kroch ich darunter.

Es gab keine Möglichkeit, ein Feuer zu entfachen. Meine Füße waren feucht. Ich zog die Schuhe aus und wrang das Wasser aus den Socken. Dann holte ich den wasserdichten Gummibeutel aus dem Rucksack, steckte meine Füße hinein und zog ihn bis zu den Knien hoch. Wie üblich deckte ich mich mit den Moskitonetzen und dem Poncho zu. Bevor ich auch den Kopf bedeckte, aß ich noch ein paar Trestepitas.

Der Gedanke an Kevin bedrückte mich. Mir wurde klar, dass es keinen Grund gab, anzunehmen, er sei tot. In Wirklichkeit hatte er bessere Aussichten als ich. Mein Vorteil bestand aus Feuer und Lebensmitteln, aber ich hatte ja bereits viele Nächte ohne Feuer verbracht und nur einen Bruchteil des Vorrats an Reis und Bohnen verbraucht. Andererseits gab es Eier und Früchte im Urwald, und Kevin hatte eine Machete. Damit konnte er Obstbäume fällen und Palmherzen aufstöbern. Selbst wenn er nichts anderes zu essen hätte, würde er so nicht verhungern. Ich hatte alles um mich und konnte doch keinen Bissen davon essen. Wenn ich versuchte, ein Palmherz zu knacken, würde ich dabei mehr Energie verbrauchen, als es mir einbrachte. Kevin war außerdem kräftiger und härter im Nehmen als ich. Er war an Einsamkeit gewöhnt und an schwieriges Gelände; er hatte eine Waffe, und er musste keinen schweren Rucksack schleppen. Verdammt, seine Chancen waren viel besser als meine. Es würde mich gar nicht überraschen, wenn er sich schon längst in bewohntes Gebiet durchgeschlagen hätte und gerettet wäre. Je länger ich darüber nachdachte, desto sicherer war ich mir, dass Kevin am Leben war. Ich hoffte nur, dass ihm im Fluss nichts passiert war.

Die Palmwedel erwiesen sich als undurchdringliche Decke. Der darauf fallende Regen lief gleich zu den Seiten ab. Es gelang mir sogar, mich unter ihrem Schutz etwas aufzuwärmen. Meine Füße steckten bequem im Beutel. Die einzige Quelle des Unbehagens waren die Steine, die in meinen Rücken drückten, aber dagegen konnte ich nichts machen. Der Wanderstab lag an meiner Seite. Nachts konnte er mir als Waffe dienen, zusammen mit der Blechbüchse, dem Löffel und der kläglichen Taschenlampe. Ich sprach ein kurzes Gebet und bat Gott um Vergebung dafür, dass ich die ungeborenen Vögel verspeist hatte. Dann übergab ich mich bis zum Morgengrauen meinen Fantasien.

Den Rucksack geschultert, den Stab in der Hand, machte ich mich wieder auf den Weg. Meine Füße waren feucht und wund, aber es war kein Ausschlag zu erkennen. Der Regen hatte erst nachgelassen und dann erneut eingesetzt. Ich schritt unverdrossen voran. Unterwegs sang ich dieselben Lieder wie am Tag zuvor. Als ich mein ganzes Repertoire erschöpft hatte, unterhielt ich mich ausgiebig mit meinen Angehörigen und träumte dann wieder vor mich hin.

Plötzlich sprang etwas hervor, direkt vor meinen Füßen. Mir blieb fast das Herz stehen, aber ich fand meine Fassung wieder, als ich sah, dass es sich nur um ein Wildhuhn handelte. Seine Flügel waren schwach, es kam kaum vom Boden hoch. Hüpfend und springend flüchtete es vor mir. Ich jagte ihm durchs Unterholz hinterher, immer den Speer bereithaltend. So stürmten wir durch die Gegend, ich mit dem Ausdruck grimmiger Entschlossenheit, das Huhn gackernd und kreischend. Natürlich fing ich es nicht, aber mir fiel ein, dass es ein Nest mit Eiern in der Nähe geben könnte. Ich kehrte zu der Stelle zurück, wo ich den Vogel aufgescheucht hatte, und dort hinter dem Busch befand sich tatsächlich ein großes Nest mit sechs herrlichen Eiern. Sie schimmerten türkis und waren größer als die Eier von Haushühnern. Sie fühlten sich noch warm an. Vorsichtig brach ich eins auf und goß mir den Inhalt in den Mund. Es schmeckte so gut, dass ich mich nicht davon abhalten konnte, drei weitere wegzuputzen. Die beiden anderen umhüllte ich sorgfältig mit Blättern und legte sie in die Dose zu den Früchten.

»Was bin ich doch für ein Glückspilz! Sechs Eier! Danke, Gott, danke sehr!«

Ich entdeckte auch Obstbäume auf dem Weg. Die Früchte waren wie üblich außer Reichweite, aber hin und wieder fand ich ein Stück, das gerade herabgefallen und daher noch nicht verfault oder von Ameisen und Würmern angefressen war. Die Affen feierten ein Gelage in den Baumwipfeln. Sie stopften sich voll und warfen dann die Reste, Schalen und Kerne unter schnatterndem Gekreische herunter, als wollten sie sich über mich lustig machen. Ich verfluchte sie und hoffte, dass endlich mal einer auf den Kopf fallen würde. Der Fluch wirkte – aber nicht auf sie, sondern auf mich.

Kurz vor Mittag stieg ich einen steilen Hügel hinab; das Gras unter meinen Füßen war nass. Ich rutschte, stürzte und landete mit dem Hinterteil genau auf einem großen, trockenen Ast, der dort auf dem Boden lag. Der Ast zerbrach unter meinem Gewicht, und das scharfe Ende drang in meine Rückseite, durch die Unterwäsche und tief in den After hinein. Ich war gelähmt vor Schmerz. Ich schrie meine Qual heraus und erhob mich stöhnend. Der Schmerz war unerträglich. Ich legte mich wieder hin und krümmte mich am Boden, wobei mir die Augen voller Tränen standen. Meine Unterwäsche war blutverschmiert. Ich schrie, als ich den Ast herauszog, dann betastete ich die Wunde und versuchte, die Blutung zu stoppen. Einen Verband anzulegen war nicht möglich. Ich lag noch eine halbe Stunde einfach da, und als die Blutung aufgehört hatte, versuchte ich mit zusammengebissenen Zähnen, langsam zu gehen. Ich war außer mir vor Schmerz und Wut.

Ich beschimpfte und tröstete mich zugleich. »Du hast dich selbst zu Schaden gebracht, du Idiot. Warst nicht vorsichtig genug, alter Blödmann. Hast noch Glück gehabt, dass du dir nichts gebrochen hast. Das wäre nun echt das Ende gewesen. Oh, Mama, wenn du mich jetzt hier sehen könntest, wie würdest du um mich weinen. Liebe Mama …«

Bei meiner nächsten Rast aß ich die restlichen zwei Eier, die bei dem Sturz wundersamerweise unversehrt geblieben waren. Auch die übrigen Früchte aß ich auf. Damit waren meine Vorräte erschöpft, aber ich war mir sicher, dass ich vor dem Abend noch etwas auftreiben würde.

Der Pfad entfernte sich einmal mehr vom Fluss, daher zögerte ich, ihm zu folgen. Seit er mich zuletzt in die Irre getrieben hatte, war ich immer vom Pfad abgewichen, sobald ich bemerkte, dass er mich vom Fluss wegführte. Das tat ich auch diesmal.

Ohne ausgeschlagenen Pfad oder auch nur Machetespuren, an denen ich mich orientieren konnte, war das Gehen nicht leicht. Ich lief in viele Sackgassen hinein, wo mir dichtes Gebüsch und Astwerk, undurchdringliche Bambusdickichte oder große Felsbrocken den Weg versperrten. Mein Zeug hing schon wieder in Fetzen, die behelfsmäßigen Nähte platzten eine nach der anderen auf. Ich kam an ein dichtes Gebüsch und bog die Zweige herunter, um mir einen Weg zu bahnen. Dabei störte ich ein Wespennest auf. In rasenden Attacken umschwärmten sie mich. Unzählige Male wurde ich ins Gesicht gestochen. Ich steckte im Gebüsch fest und kam nicht schnell genug weg. Ich fühlte meine Lippen dick werden und meine Augen zuschwellen. Nach einigen hysterischen Versuchen gelang es mir, mich loszureißen und blindwütig in weitere Büsche zu stolpern und zu fallen. Ich eilte zum Fluss, trank und kühlte mein Gesicht. Das war wirklich nicht mein Tag. Erst mein lausiger Hintern und jetzt mein Gesicht. Verbittert und wütend machte ich mich wieder auf den Weg.

Bald traf ich wieder glücklich auf den Pfad und folgte ihm. Der Abend nahte, als ich plötzlich eine Gruppe von Tieren bemerkte, kaum fünf Meter vor mir. Schnell versteckte ich mich hinter einem Baum, von wo aus ich vorsichtig hervorlugte. Es waren sechs Wildschweine, vier ausgewachsene und zwei Frischlinge. Sie hüpften herum und wackelten mit ihren Hinterteilen, wobei sie sich von mir weg bewegten.

»Wenn ich bloß ein Gewehr hätte, dann würde ich eins nach dem anderen abknallen«, murmelte ich vor mich hin.

Ich war sicher, solange sie mich nicht bemerkten, nicht meine Witterung aufnahmen. Ich sah zu, wie sie sich langsam entfernten, aber dann fingen sie an zu spielen. Ausgelassen jagten sie einander.

»Verschwindet, ihr Idioten. Ich kann hier nicht den ganzen Tag herumhängen.«

Ich schnallte den Rucksack ab, holte den Löffel heraus und trommelte damit auf die Blechbüchse ein. Sie hörten das dumpfe Geräusch, spitzten die Ohren und liefen dann davon. Ich konnte nur hoffen, dass sie nicht an der nächsten Ecke auf mich warteten.

Ich beschleunigte meinen Schritt, um vor Einbruch der Dunkelheit aus dem Wildschweinrevier herauszukommen. Ich fand noch ein Hühnernest mit fünf türkisen Eiern. Zwei davon aß ich und hob den Rest für den nächsten Morgen auf. Ich suchte mir einen Baum mit herausragenden Wurzeln in der Nähe und schaffte mir dieselben Schlafbedingungen wie in der Nacht zuvor: eine Matratze aus weichen Blättern und zwanzig Palmwedel als Decke.

Ich war froh, in dieses Bett steigen zu können, meine Füße in den Beutel zu stecken und meinem müden Körper, meinem verwundeten Hinterteil und meinem geschwollenen Gesicht etwas Ruhe zu gönnen. Ich hatte ja eine Medizin gegen das alles, ein Zaubermittel: meine Fantasie.

Die Nacht beruhigte mich. Ich hatte keine Angst mehr vor wilden Tieren. Das beruhte jedoch lediglich auf meiner Apathie, denn außer dem Wanderstab hatte ich ja nichts, womit ich mich schützen konnte. Ab und zu hörte ich Rascheln und Schritte, aber ich achtete nicht darauf und träumte lieber weiter. Anstelle eines Feuers wärmte mich meine Blätterdecke. Ich hatte ja kein trockenes Holz. Auf jeden Fall wollte ich die wenigen Streichhölzer, die ich noch hatte, aufheben. Am meisten litt ich unter der Einsamkeit. Sie brachte mich dazu, mir Freunde zu erfinden, die ich auf ein Schwätzchen vorbeischauen ließ. Häufig ertappte ich mich dabei, laut vor mich hin zu reden. Immer wenn ich dergleichen bemerkte, geriet ich in Panik und schalt mich selbst: »Das reicht, Yossi. Werd nicht komisch.«

Es war kaum zu begreifen, dass ich jetzt schon zwei Wochen lang im Dschungel war. Zwei Wochen allein. Ich würde es nicht mehr viel länger aushalten können. Ich war körperlich ziemlich am Ende und lief Gefahr, den Verstand zu verlieren. Zwei Tage waren schon vergangen, seit ich Curiplaya verlassen hatte. Das hieß, dass ich San José am nächsten Tag erreichen müsste. Morgen würde ich Menschen treffen. Ich wollte mir aber nichts vormachen. Nicht bedingungslos daran glauben und darauf bauen. Wenn ich es nun morgen nicht schaffte? Ich war ja langsam gegangen, hatte mich verlaufen und viel Zeit verschwendet. Jedenfalls machten die Indianer diese Wanderung während der Trockenzeit. Sie waren bestimmt auch bessere Läufer als ich. Was sie in vier Tagen schafften, dafür würde ich vielleicht sieben oder acht Tage brauchen. Das war einleuchtend. Ich hörte auf, über den nächsten Tag nachzudenken, aber im tiefsten Inneren hoffte ich doch inständig, dass ich das Dorf finden würde. Was für eine wundervolle Überraschung das wäre! Es hatte aufgehört zu regnen, aber die Feuchtigkeit der letzten Tage hatte ihren Tribut gefordert. Der Ausschlag breitete sich über meine Füße aus, und die Innenseiten meiner Schenkel waren gerötet und wund. Außerdem hatte ich eine lästige Entzündung zwischen den Pobacken und litt weiterhin unter der tiefen, schmerzhaften Wunde im Hintern.

»Ich darf mich nicht verhätscheln, ich muss hart sein. Den Schmerz ignorieren und weitermachen«, sagte ich mir vor.

Zum Frühstück, das aus zwei Eiern bestand, schluckte ich eine Amphetamintablette. Das war seit dem Unfall das zweite Mal, dass ich eine genommen hatte. Es dauerte nicht lange, bis sie Wirkung zeigte. Ich sprintete durch den Dschungel, als wäre der Teufel hinter mir her, ich nahm den zugewachsenen Pfad im Sturm, brach durch

Astwerk, fegte über Hügel hinweg und sprang über umgestürzte Bäume. Ich kam erneut vom Pfad ab und hielt mich hartnäckig in der Nähe des Flusses, immer darauf bedacht, ihn in Sicht- oder wenigstens Hörweite zu behalten.

Das erste Tier, das mir an diesem Tag begegnete, war eine Schlange, braun und ungefähr zwei Meter lang, aber nicht besonders dick. Sie glitt durchs Gras, und ich bemerkte sie nur, weil sie sich schnell davonmachte, als ich mich näherte. Ohne nachzudenken schnappte ich mir einen Stein und stürmte wie ein Verrückter hinter ihr her. Ich wollte nahe genug herankommen, um einen aussichtsreichen Wurf anbringen zu können, aber die Schlange war schneller und verschwand im Unterholz. Das war schade. Sie hätte ein gehaltvolles Mahl abgegeben, auch roh. Ich hätte sie mit Salz abgeschmeckt. Die letzten Tage hatte ich ja nichts als Eier und Obst gegessen.

Später traf ich auf zwei Tapire, eine Mutter und ihr Junges. Sie waren gewaltig, und die Erde bebte unter ihren Schritten. Als die armen Dinger mich bemerkten, liefen sie vor Schreck davon.

Das dritte Tier sah ich nicht, aber ich wusste, dass es da war. Es war noch Vormittag. Ich war gerade aus dem Dschungel getreten und fand mich auf einem wunderschönen Strand wieder, dem größten, den ich gesehen hatte, seit wir aus Asriamas fort waren. Der Sand war so weiß, dass es schon blendete. Der Fluss schwappte sanft ans Ufer. Die brennende Sonne stand senkrecht über mir. Endlich mal wieder ein bisschen Sonnenschein! Ich fand, das sei der richtige Ort, um alles richtig trocknen und meine wunde Fußhaut ausheilen zu lassen. Ich beugte mich vor, um den Rucksack abzusetzen, und in dem Moment bemerkte ich die Jaguarspuren am Ufer, und zwar viele Spuren verschiedener Größe. Kein Zweifel, dass dies kein einzelner Jaguar gewesen war, sondern ein ganzes Rudel. Ich folgte den Pfotenabdrücken im Sand. Unter einem schattigen Baum fand ich kleine Fäkalienhaufen, mindestens sechs Stück. Ich trat auf einen drauf. Obwohl ich kein Fährtensucher oder ein indianischer

Führer war, kannte ich mich gut genug aus, um zu sehen, dass die Haufen frisch waren; weich und nicht bröckelig. Es waren also viele Jaguare an diesem Strand gewesen. Er schien ihnen als Treffpunkt zu dienen, aber ich wollte trotzdem nicht wieder weggehen, und ich hatte eigentlich auch keine Angst. Ich konnte mir einfach nicht vorstellen, dass ich am helllichten Tag von Jaguaren gefressen würde. Ich fühlte mich sicher.

Ich machte es mir in der Nähe des Wassers gemütlich und breitete alle meine nassen Sachen im warmen Sand aus. Dann sammelte ich mir einen riesigen Stapel Holz zum Anfeuern und brauchte nur zwei Streichhölzer, um das Feuer zu entfachen. Ich hielt es ordentlich am Brennen und stellte eine Dose voll Wasser hinein. Meine nasse Kleidung zog ich aus, um sie zum Trocknen neben den Poncho und die Moskitonetze zu legen. Ich streckte mich im Adamskostüm auf dem Sand aus und spreizte die Beine weit auseinander, um das Sonnenlicht an die wunden Innenseiten meiner Schenkel heranzulassen. Die Fliegen und Moskitos fielen über mich her, deshalb war ich gezwungen, mich mit einem der Netze zu bedecken. Die Sonne drang jedoch auch da hindurch und liebkoste sanft meinen Körper.

Ich blieb etwa eine Stunde lang so liegen; dann stand ich auf, um Suppe zu kochen. Diesmal tat ich je zwei Löffel Reis und Bohnen hinein, weil ich feste Nahrung daraus gewinnen wollte, die ich transportieren konnte. Das Wasser löffelte ich aus der Dose und trank es, bis nur noch ein haferbreiartiger Rest übrig war. Der Reis war so weit in Ordnung, obwohl er nicht gerade frisch roch, aber die Bohnen hatten nicht lange genug gekocht. Außerdem hatte ich zu viel Salz zugegeben. Es schmeckte fürchterlich, aber selbst so fiel es mir schwer, meinem Vorsatz treu zu bleiben und das meiste für später aufzuheben.

Wo ich schon mal so ein schönes Feuer hatte, wollte ich auch einen Fisch fangen und ihn kochen. Dies schien ein geeigneter Platz zum Angeln zu sein. Der Fluss mochte gut und gern hundert Meter breit sein – das war vom Ufer aus schwer zu schätzen –, und die Strömung war nicht sehr stark. Ich konnte ohne Schwierigkeiten ein paar große Fliegen totschlagen, mit denen ich eine Elritze fangen wollte. Ich stand am Ufer, hatte mich in das Moskitonetz eingehüllt und achtete darauf, dass die Leine locker hing. Die Sonne brannte mir auf den Kopf. Plötzlich wurde mir schwarz vor Augen, und ich wurde ohnmächtig. Das kalte Wasser ließ mich gleich wieder zur Besinnung kommen. Ich sprang aus dem Fluss, nass und schockiert. Das durfte nicht wieder passieren. Das war erschreckend und auch gefährlich.

Ich legte mich noch mal für eine Weile hin, bevor ich in meine inzwischen trockene Kleidung schlüpfte und vorsichtig meine Socken sowie die wunderbar stabilen Schuhe anzog. Ich verließ diesen großartigen Strand aber nicht, ohne ihn vorher mit viel Mühe zu markieren. Schwere Baumstümpfe lagen in der Gegend herum, die ich eifrig so zurechtzog und -rollte, dass sie einen Pfeil bildeten, der in die Richtung zeigte, die ich einschlagen wollte. Wie zuvor fügte ich noch mein Y hinzu und das Datum: den Vierzehnten.

Die Karte war ebenfalls trocken geworden, sodass ich sie ausgiebig studieren konnte. Die Entfernung zwischen Curiplaya und San José schien ungefähr fünfunddreißig Kilometer Flussstrecke zu betragen oder fünfundvierzig Kilometer, wenn man den Pfad am Fluss entlang zugrunde legte. Ich war fast zwölf Stunden pro Tag gelaufen. Es gab keinen Grund, daran zu zweifeln, dass ich in ein oder zwei Tagen San José erreichen würde. Nur eins machte mir Sorgen: San José lag am linken Ufer, also auf der anderen Seite des Flusses. Das einzige landschaftliche Erkennungszeichen vor dem Dorf war ein großer Fluss, der von links in den Tuichi mündete. Karl hatte uns erzählt, dass er die Wasserquelle des Dorfes bildete. Seiner Auskunft nach lag San José nicht am Tuichi, sondern ein paar Kilometer weiter oben an dem anderen Fluss. Am rechten Ufer, wo ich mich befand, gab es kein einziges Erkennungszeichen, an dem ich mich orientieren konnte. Daher durfte ich mich nicht völlig auf die Karte verlassen. Ich befürchtete, dass ich San José nicht bemerken und aus Versehen daran vorbeilaufen könnte. Dann wäre ich verloren. Und zwar endgültig. Zwischen San José und Rurrenabaque gab es keine weiteren Dörfer; es war ausgeschlossen, den ganzen Weg zu Fuß zu gehen. Um wirklich sicherzugehen, musste ich den Tuichi überqueren und auf der anderen Seite weitergehen. Dann konnte ich das Dorf eigentlich nicht verfehlen. Ich ging los und suchte einen geeigneten Punkt zum Queren des Flusses.

Ein Stück weiter geriet ich in eine Sackgasse. Ein Fluss ergoss sich in einem tiefen, unpassierbaren Wadi in den Tuichi. Ich musste meine Richtung ändern und flussaufwärts in den Dschungel marschieren, bis das Wadi abflachte und ich eine gute Möglichkeit fand, es zu überqueren. Dieser Umweg kostete mich mehrere Stunden. Ich lief auf der anderen Seite des Flusses zurück, immer nach links und auf den Tuichi zu. Ein weiterer Fluss schnitt mir den Weg ab, aber ihn konnte ich leicht überqueren, indem ich von Stein zu Stein sprang, wobei ich darauf achtete, nicht das Gleichgewicht zu verlieren und hineinzufallen. Auf der anderen Seite standen Dornensträucher. Es gab keinerlei Bäume, nur mannshohe Büsche und Disteln. Ich hatte keine Wahl, also stapfte ich hinein und versuchte, mir einen Weg zu bahnen.

In diesem Dornenfeld lernte ich eine neue Art von Hölle kennen. Ich verlor die Orientierung, während ich am ganzen Körper zerkratzt und misshandelt wurde. Scharfe Nesseln stachen auf mich ein, sodass mich vor Angst und Schmerz ein Schauder überlief. Zu guter Letzt fand ich aber doch in den Dschungel und auf den Pfad zurück. Der sah hier allerdings nicht so aus, als sei er in letzter Zeit benutzt worden. Er war nicht gerade verlässlich und führte mich lange in die Irre. Häufig war er völlig überwuchert. Es konnte doch nicht sein, dass hier jedes Jahr Leute entlangliefen, sagte ich mir, aber kaum hatte ich das gesagt, da hörte ich plötzlich von ferne menschliche Stimmen. Es wurde gesprochen, und jemand rief irgendetwas. Ich rannte los und rief: »Hilfe! Hallo, hallo! Wartet auf mich! *Espera! Espera!*«

Ich rannte wie besessen und schrie mich heiser. Die Äste, die mir in den Weg kamen, schlug ich beiseite. Dann hielt ich an, um zu lauschen. Nichts zu hören, nicht mal das leiseste Flüstern. Meine Einbildung hatte mir wohl einen Streich gespielt.

Mein blöder Stolz war schon längst verflogen. Jetzt betete ich darum, dass jemand mich retten würde. Sollten die Leute doch sagen, dass ich ein Schlappschwanz sei, dass ich es allein hätte schaffen müssen, aus dem Dschungel herauszukommen. Ich wollte nur noch gerettet werden.

Wir hatten inzwischen den vierzehnten Dezember. Irgendjemand musste was unternehmen – Lisette, die Botschaft. Marcus musste mittlerweile zurück sein. Oder auch Kevin, vielleicht. Ich war sicher, dass ich bald das Brummen eines Flugzeugs über mir hören würde. Die konnten mich gar nicht übersehen. Ich hatte unmissverständliche Zeichen auf zwei Stränden zurückgelassen. Diese Markierungen würden sie schnell entdecken. Aber vielleicht, nur vielleicht, könnte ich's immer noch auf eigene Faust schaffen. Ich musste so dicht bei San José sein!

Gegen Abend glaubte ich, eine günstige Stelle gefunden zu haben. Der Fluss war zwar breit, aber die Strömung schien sanft zu sein. Außerdem waren da vier solide Inseln zwischen den Ufern aufgereiht. Ich konnte mich von Insel zu Insel bewegen, um das andere Ufer zu erreichen. Trotzdem, dachte ich mir, wäre es vielleicht nicht so leicht, wie es aussah, und so beschloss ich, einige Vorkehrungen zu treffen. Ich war nicht scharf darauf, meine Kleidung wieder nass zu machen, schon gar nicht die Socken. Ich zog mich also aus, stopfte die Sachen in den Gummibeutel und verpackte diesen im Rucksack. Dann band ich die Angelschnur an die Schulterriemen. Ich stellte den Rucksack ins Wasser; der Auftrieb war durchaus zufriedenstellend. Ich zog ihn ans Ufer zurück und stellte ihn am Rand ab. Dann sprang ich, mit der Schnur in der Hand, barfuß ins Wasser. Der Fluss war flach, ich konnte gehen, und so watete ich langsam, aber sicher voran.

Die Strömung war stärker als erwartet; außerdem drückten sich die scharfen Steine am Grund des Flusses in meine Sohlen. Da konnte mir nur der Wanderstab helfen. Mit meinem ganzen Gewicht stützte ich mich auf ihn, während ich vorsichtig einen Schritt nach dem anderen setzte. Im Gehen ließ ich allmählich die Angelleine abrollen, bis ich die erste Insel, ungefähr fünfundzwanzig Meter vom Ufer entfernt, erreichte. Nun konnte ich den Rucksack nachziehen und dann zur nächsten Insel weitergehen. So war es geplant. Aber so lief es nicht.

Ich zog kräftig an der Leine, sodass der Rucksack ins Wasser rutschte. Dort wurde er von der Unterströmung nach unten gezogen, und obwohl ich es mit aller Kraft versuchte, konnte ich ihn nicht zu mir heranziehen. Ich musste meinen Plan ändern und band die Leine an einem kleinen Baum am Inselufer fest. Ich hatte vor, zurück zum Flussufer zu waten und die Last auf den Rücken zu nehmen, aber vorher wollte ich noch die zweite Insel auskundschaften.

Ich lief schnell ans andere Ende der ersten Insel. Moskitos schwärmten dabei um mich herum. Ich war ganz schwarz davon. Ich erschlug sie zu Tausenden, aber sie ließen nicht von mir ab. Ich stürmte ins Wasser, musste aber feststellen, dass es ziemlich tief war. Ich konnte den Grund nicht berühren und hätte beinahe meinen getreuen Wanderstab an die Strömung verloren. Ich warf ihn aufs Ufer und versuchte, zur zweiten Insel zu schwimmen; die Strömung war jedoch so stark, dass ich zur ersten zurückkehrte, solange ich es noch konnte.

Niemals würde ich über den Fluss hinüberkommen, jedenfalls nicht, wenn ich mich mit dem Rucksack abschleppen musste. Sollte ich ihn vielleicht einfach dalassen? Nein, ich brauchte ihn noch. Ich kehrte zum rechten Ufer des Tuichi zurück; auf dem Weg barg ich den Rucksack. Ich trocknete mich, so gut es ging, mit dem Moskitonetz ab und zog mich wieder an. Mein Körper war von Moskitobissen übersät, an denen ich wie wahnsinnig herumkratzte. Als einziger Trost an diesem Tag erwies sich ein neues Nest mit Wildhühnereiern. Ich verschlang vier köstliche warme Eier und hob zwei für den nächsten Morgen auf.

Es wurde dunkel, und ich hatte noch kein Lager aufgeschlagen. Ich konnte keinen Baum finden, der irgendwelchen Schutz geboten hätte. Entweder traten die Wurzeln nicht weit genug aus dem Boden hervor, oder der Baum befand sich auf unebenem Gelände. Die Sonne war schon fast untergegangen, als ich endlich einen geeigneten Platz fand.

Mitten in der Nacht fing es wieder an zu regnen, und es war kein Nieselregen. Es schüttete so stark, dass das Wasser durch meine Palmwedelbedeckung sickerte. Ich zitterte und rollte mich ganz eng zusammen. Den Gummibeutel zog ich mir hoch über die Knie und wickelte mich in den Poncho ein. Ich hatte drei Lieblingsfantasien, die ich inzwischen zu richtig langen Drehbüchern ausgearbeitet hatte. Sie spielten an verschiedenen Orten. Ich zog die Kapuze übers Gesicht und ging auf Reisen: nach Las Vegas, São Paulo und zu meinen Zuhause in Israel, wobei ich die ganze Nacht lang von einem Ort zum anderen schwebte.

Am Morgen aß ich die salzige Reis-und-Bohnen-Pampe zusammen mit den beiden Eiern. Ein echtes Festessen.

»Wenn dort oben tatsächlich jemand über mich wacht, dann hat er jedenfalls kein Herz.«

Es regnete in Strömen, und alle Anstrengungen, meine Sachen trocken zu halten, waren für die Katz. Heute sollte ich San José finden. Vielleicht würde ich die nächste Nacht in Gesellschaft anderer Leute verbringen. Dieser Gedanke machte mich ganz verrückt. Ich wollte nicht meine ganze Hoffnung hineinlegen. Na gut, wenn nicht heute, dann sicher morgen, versuchte ich mich zu überzeugen.

Das Gehen war schwer. Ich war klatschnass, beladen und unbeholfen, spürte das Wasser in meinen Schuhen und wusste nur zu gut, was nun mit meinen Füßen passieren würde. Der Boden war voller Matsch und rutschig, der Wind pfiff. Je länger ich hierblieb, desto sicherer würde ich den Mut verlieren. Selbst meine Marschlieder halfen nicht mehr; daher beschloss ich, nach Brasilien zu flüchten, nach São Paulo, einer Stadt, von der ich schon viel gehört hatte.

Mein Onkel wohnt hier; ich bin bei ihm zu Besuch. Es gefällt mir hier. Man könnte doch eine Weile bleiben. Ich entwerfe ausgefeilte Pläne, wie ich in der Stadt Wurzeln schlage. Ich lerne ein paar Leute meines Alters kennen, alles Studenten. Ich verbringe viel Zeit mit ihnen und erkundige mich diskret nach der reichsten Familie der Stadt. Haben sie eine junge Tochter? Haben sie, na klar, und sie ist, selbstverständlich, intelligent und schön. Aber wie kann ich sie kennenlernen? Wie kann ich mich mit ihr verabreden? Ich muss einen Weg finden. Vielleicht könnte ich den Wagen meines Onkels fahren und einen Zusammenstoß mit ihrem Auto verursachen. So klappt es manchmal im Kino. Vielleicht sollte ich sie einfach ansprechen und sie mit meiner Aufrichtigkeit beeindrucken? Vielleicht könnte sie meinem Charme einfach nicht widerstehen. Schließlich habe ich mich entschieden. Ich werde über die Mutter an die Tochter herankommen. Mein erster Gedanke ist, mich von ihr anfahren zu lassen, nur ein bisschen, so wie in *Willkommen, Mr. Chance*, aber das wäre ziemlich riskant. Plan B besteht darin, sie vor Straßenräubern zu retten. Genau, so werde ich's machen.

»He du, Kleiner! Komm mal kurz her.«

»Ich bin kein Kleiner. Pass auf, was du sagst, sonst …«

Er war ein Straßenkind, das ständig hier in der Gegend herumhing.

»Nur keine Aufregung, Kumpel. Ich wollte dich nicht beleidigen. Ich wollte nur wissen, ob du dir ein paar Scheine verdienen möchtest.«

»Darauf kannst du einen lassen. Kommt nur drauf an, wie.«

»Das hier wird sich komisch anhören, aber …« Ich trage ihm meinen Plan vor.

Der Kleine ist ein zäher Verhandlungspartner, und am Ende willige ich ein, ihm mehr zu zahlen, als ich vorhatte, aber das ist es schließlich auch wert. Ich habe nur Angst, dass er mich bescheißt.

»Glaub nicht, du könntest mit der Kohle verschwinden. Versuch erst gar nicht, mich reinzulegen.«

»Sie kennen uns nicht, *Señor.* Wir stehen immer zu unserem Wort.«

Die Mutter geht aus, zum Einkaufen in einer riesigen Ladenpassage. Sie trägt ein schickes Kleid und eine schicke Handtasche. Sie wirkt elegant und aristokratisch und spaziert die Straße hinunter, als wenn sie ihr gehörte; die bewundernden Blicke, die ihr allenthalben zugeworfen werden, ignoriert sie. Aber dann geschieht etwas, das sie von ihrem Olymp herunterholt. Ein kleiner dunkelhäutiger Junge kommt ihr in die Quere, rempelt sie unsanft an, entreißt ihr die Handtasche und läuft davon.

»Hilfe! Räuber! Haltet ihn!«

Jetzt wendet sie sich an die Menge um Hilfe, aber der dunkelhäutige Junge versteht sein Geschäft; flink wie ein Wiesel ist er in der Menge verschwunden.

Jetzt komme ich ins Spiel. Hinter der nächsten Ecke übergibt mir der Junge die Handtasche, wie vereinbart. Ich beuge mich herunter, damit er mir eins auf die Nase geben kann, bevor er verschwindet.

Ich bringe die schicke Tasche zurück. Sie überschüttet mich mit Dankesbezeugungen und holt ein sauberes Taschentuch hervor, um das Blut zu stillen. Dann hat sie ein Bündel Geldscheine in der Hand, die sie mir anbietet. Ich blicke ihr fest in die Augen und weigere mich, ihr Geld anzunehmen. Sie erkundigt sich daraufhin nach meinen Umständen.

»Sprechen Sie bitte etwas langsamer, *Señora.* Ich verstehe Ihre Sprache nicht so gut.«

Wir plaudern. Ich merke, dass ich einen guten Eindruck mache.

»Haben Sie nicht Lust, uns heute zum Abendessen zu besuchen? Mein Mann und meine Tochter wären entzückt, Sie kennenzulernen.«

»Tja, ich weiß nicht recht, ich …«

»Ach, sagen Sie nicht Nein.«

Es wird ein unvergesslicher Abend. Ich werde ihrer Tochter vorgestellt. Das ist ein besonderer Augenblick, der aufgeladen ist mit all den Erwartungen auf das, was noch kommen wird. Ich weiß, eines Tages wird sie meine Frau.

Wir nehmen am Tisch Platz. Livrierte Diener servieren ein prachtvolles Mahl: Salat, Soufflés, Bratspieße, Gemüse, gebackene Kartoffeln. Der Tisch biegt sich unter der Vielfalt und Menge der Delikatessen, und ich schlage keinen Gang aus. Ich koste von allem, wobei ich mich bemühe, nicht den Eindruck von Gefräßigkeit zu erwecken.

Als es Zeit wird, sich zu verabschieden, finde ich den Mut, Mutter und Tochter einzuladen, mich in der Wohnung zu besuchen, die ich in der Stadt gemietet habe. An dem verabredeten Tag beschließe ich nach reiflicher Erwägung, Pizza zu servieren, und zwar die beste Pizza, die je gemacht wurde. Ich knete den Teig und werfe ihn durch die Luft wie ein Profi. Ich begnüge mich nicht mit Tomatenpaste und Oregano, sondern ich dünste Zwiebeln in einer tiefen Bratpfanne, zusammen mit ganzen, geschälten Tomaten. Ich füge grüne Paprika hinzu und unzählige Knoblauchzehen. Ich würze die Sauce und verteile sie über den Teigboden. Ich streue eine dicke Schicht aromatischen, geriebenen Käse darüber. Der Käse schmilzt schon, bevor ich die Pizza in den Ofen schiebe.

Das Essen wird ein großer Erfolg. Wir trinken eine Menge Wein. Danach dauert es nicht mehr lange bis zur Hochzeit…

Mein Magen knurrte unglaublich laut. Brasilien war klasse gewesen, aber ich hatte meine Verdauungssäfte in Aufruhr gebracht. Na egal, eines Tages würde der Traum wahr werden. Jetzt musste ich aber erst einmal was zu essen finden.

Das Gehen fiel mir unerträglich schwer. Der Regen fiel unvermindert heftig. Der Dschungel war düster; ich ging ganz langsam. Auf dem Pfad war es nicht viel besser. Er war häufig versperrt und verlief so unvorhersehbar, dass ich oft völlig verloren mitten im Urwald stand. Die kleinen Bäche führten viel Wasser und waren schwierig zu überqueren. Das Erklettern steiler Hügel oder der Flussbetten erwies sich als tückisch. Meine Schuhe waren schlammverschmiert, und ich rutschte andauernd aus. Ich war erschöpft. Schwerfällig stützte ich mich auf meinen Wanderstab. Ich war schwach und ausgehungert, aber ich traute mich nicht, noch eine Amphetamintablette zu nehmen. Das Schicksal spielte mir Streiche: Ich kam an einem Obstbaum vorbei, dessen unerreichbare Zweige voller *Manzanas de monte* hingen. Regen und Wind hatten einige davon abgerissen und in den Schlamm geworfen. Ich suchte mir die besten heraus und aß sie. Die meisten waren allerdings schon von fetten Würmern befallen. Wenn ich doch bloß den Baum hochklettern oder ihn umhauen könnte, dann hätte ich genug zu essen für zwei Tage!

»Weißt du, Kevin, wenn du hier wärst mit deiner Machete und deinen Muskeln, dann würde der Baum hier in weniger als einer Stunde flachliegen. Und weißt du noch was, Kevin? Wenn du hier wärst, dann würdest *du* diesen Scheißrucksack tragen und nicht ich.«

Aber ich war allein und das Obst außer Reichweite. Der Rucksack war mir eine große Last, und der Regen prasselte hernieder.

Ich hatte nicht mehr den Eindruck, dass jemand über mich wachte, aber ich betete trotzdem: »Lass den Regen aufhören. Lass mich nach San José finden. Lass ein Flugzeug kommen, das mich entdeckt. Tu irgendwas.«

Nichts passierte, und so ging ich mechanisch weiter, aber ich konnte es nicht mehr ertragen. Ich beschloss, mal eben den Flieger nach Las Vegas zu nehmen.

Ich komme abends an. Es weht ein heißer Wüstenwind. Im Hotel dusche ich und mache mich ein bisschen frisch, dann gehe ich hinunter ins Kasino, glatt rasiert und gut gekleidet. Zuletzt war ich auf dem Rückweg von Alaska hier gewesen; damals hatte ich einen Betrag von tausend Dollar beim Blackjack verloren. Aber nun war endlich der Tag des Jüngsten Gerichts gekommen, und mein war die Rache!

Herr im Himmel, ich habe vielleicht Karten an diesem Abend! Fast in jeder Runde bekomme ich den Blackjack. Ich erhöhe meine Einsätze und lasse den Kartengebern großzügige Trinkgelder liegen. Ich spiele volles Risiko; es interessiert mich gar nicht, was der Geber für Karten hat. Ich bin bei vierzehn, er hat eine Sechs liegen.

»Karte«, sage ich zu ihm.

Die anderen Spieler am Tisch werfen mir missbilligende Blicke zu, sind aber verblüfft, als ich eine Sieben bekomme. Was soll ich da sagen?

Alles versammelt sich um unseren Tisch, um diesem unwiderstehlichen jungen Spieler zuzusehen. Ich spiele sämtliche Geber in Grund und Boden.

Der Aufseher kommt an meinen Tisch und sieht angespannt zu. Sein Gesicht ist ausdruckslos, aber ich kann seine Gedanken lesen. Ich höre beinahe, wie er sagt: »Mach nur, Schätzchen, spiel ruhig weiter. Typen wie dich kenne ich. Ihr wisst nie, wann es Zeit ist, aufzustehen und den Tisch zu verlassen. Am Ende lässt du dein ganzes Geld doch hier.«

Natürlich täuscht er sich. Mein Glück verlässt mich nie. Der Haufen vor mir wird immer größer, es sind schon astronomische Summen. Man muss den Manager herbeirufen, um das Limit zu erhöhen. Der Manager hat mich schon durch die blinden Spiegel in der Decke beobachtet. Er unterzeichnet die Genehmigung, und weiter geht's. Bardamen mit tiefem Dekolleté versuchen, mich mit Drinks abzulenken.

»Nicht jetzt, mein Schatz, nein, danke. Für mich nur Kaffee. Klar, du kannst etwas Grand Marnier hineintun, aber nur ein bisschen.«

Ein hinreißendes junges Ding steht plötzlich hinter mir. Sie massiert mir die Schultern, und ihre Brüste berühren meinen Rücken.

›Ich weiß, warum du hier bist, Süße‹, denke ich. ›Bestimmt nicht wegen meines charmanten Lächelns, aber das macht nichts. Ich bin ja nicht prüde. Noch ein paar Runden hier, und dann machen wir uns einen schönen Abend.‹

Als ich mich vom Tisch erhebe, besitze ich dreihunderttausend Dollar in Chips. Der Manager unterzeichnet den Scheck persönlich. Ich muss zugeben, dass sie gute Verlierer sind. Er schüttelt mir die Hand und macht mich darauf aufmerksam, dass mein Gepäck bereits in die VIP-Suite gebracht worden ist. Er händigt mir eine Karte aus, die mich berechtigt, sämtliche Einrichtungen dieses Hotels unentgeltlich in Anspruch zu nehmen. Und dieses Hotel bietet alles: Unterhaltungsprogramme, Bars, Restaurants, Mädchen. Es gibt nichts, was sie nicht hätten. Ich verspreche, dass ich morgen wiederkomme, um meinen Gewinn zu verdreifachen. Wir sind beide zufrieden.

Und jetzt geht's zur Sache. Ich führe meine gut gepolsterte Mieze in das feinste Restaurant des Kasinos. Die Kreditkarte wirkt Wunder. Der Spezialservice, den wir erhalten, ist einfach umwerfend. Alle haben schon von mir gehört. Jede Menge Ober stehen um den Tisch herum.

»Rippen süßsauer, der Herr? Waldorf-Salat? Möchten Sie diese ausgefallene Art von Crêpe einmal probieren? Wein gefällig? Fisch in Knoblauchbuttersoße? Ein T-Bone-Steak mit Pommes frites? Welches Dressing zum Salat des Hauses bevorzugen Sie? Roquefort? Selbstverständlich, der Herr, kommt sofort. Bananensplit oder Eisbecher? Schokoladen- *und* Erdbeereis? Aber ja, mein Herr, eine weise Entscheidung.«

Die Schmeichelei zahlt sich aus für die Bedienung. Ich lasse niemanden aus. Alle bitten mich wiederzukommen. Wenn ich schon die große Nummer am Blackjack-Tisch war, dann war das noch gar nichts, verglichen mit dem Restaurant.

»Freunde, ihr könnt euch darauf verlassen, dass ich bald wiederkomme ...«

Am späteren Vormittag wurde ich davon überrascht, dass mir ein weiterer Fluss den Weg abschnitt. Er war zwar ziemlich breit – mindestens dreißig Meter –, aber praktisch ausgetrocknet. Da war nur ein recht schmaler Wasserlauf, der langsam in den Tuichi floss. Der Tuichi selbst sah tückisch aus. Sein Wasser war ganz schwarz von aufgewühltem Schlamm. Baumstämme, Äste und entwurzelte

Büsche trieben in der reißenden Strömung dahin. Ich würde da nicht hineinfallen mögen.

Ich stand ängstlich da und starrte ratlos auf die beiden Flüsse. Ich war mir sicher, keinen weiteren Nebenfluss des Tuichi vor San José auf der Karte gesehen zu haben. Ich kannte die Karte auswendig; ihr zufolge kam der nächste Nebenfluss auf der rechten Seite erst weit hinter San José. Konnte es sein, dass ich an dem Dorf vorbeigegangen war, ohne es zu bemerken? San José lag in den Hügeln und war vom Tuichi aus nicht zu sehen. Ich hätte seine Lage daran erkennen sollen, dass sich auf seiner Höhe der Pfad verbreiterte und Balsaholzflöße am Ufer lagen. Vielleicht hatte ich das nicht bemerkt. Ich könnte die Stelle verfehlt haben, als ich durch den Dschungel statt am Ufer entlanggelaufen war.

Vielleicht war dieser Fluss aber auf der Karte schlicht nicht verzeichnet? Aber wie war das möglich? Der Ipurama und der Turliamos waren verzeichnet, und sie waren auch nicht größer als dieser Fluss. Die Karte war also nicht verlässlich. Der Fluss mochte übersehen worden sein, weil er so seicht war. Ich wusste nicht, was ich davon halten sollte. Sollte ich umkehren und nach Anhaltspunkten am anderen Ufer suchen, oder sollte ich weitergehen, ohne zu wissen, wo ich war? Schließlich beschloss ich, noch einen Tag weiterzuwandern. Da ich das Dorf heute nicht erreicht hatte, musste ich eben morgen dort ankommen. Aber wenn nicht, dann hatte ich keine andere Wahl, als umzukehren und zurückzugehen.

Meine Annahme, dass ich das Dorf noch nicht hinter mir gelassen hatte, wurde von den nach wie vor erkennbaren Spuren des Dschungelpfades gestützt. Es war zwar freilich ein schmaler, schwer zu begehender Weg, der mich ungefähr fünfzig Meter vom Tuichi wegführte. Was ich dort entdeckte, überraschte mich und erneuerte meine Hoffnung: Spuren eines Lagers; zwei mit Ranken zusammengebundene Stangen sowie einige obenauf liegende Palmwedel. Es war ein altes Lager. Die Ranken waren trocken und verwittert, ebenso die Palmwedel.

Wenn hier ein Lager war, dann konnte ich San José noch nicht passiert haben, beruhigte ich mich. Es hieß aber auch, dass San José nicht so nahe sein konnte, wie ich angenommen hatte. Warum sollte sich jemand die Mühe machen, ein Lager aufzuschlagen, wenn er nur noch ein paar Stunden zu gehen hatte? Ich zog den Schluss, dass ich mindestens noch einen ganzen Tagesmarsch vor mir hatte. Es war ja auch logisch. Dies war der Pfad, den die Dorfbewohner auf ihrem Weg flussaufwärts nach Curiplaya benutzten. Man sollte doch annehmen können, dass sie morgens früh losgingen und am Ende des Tages ihr Lager errichteten. Das bedeutete, dass ich einen Tag von San José entfernt war. Ich ging davon aus, dass dies das erste Lager auf ihrem Weg war.

Ich gewann wieder Mut. Sicherlich war dies das erste Lager. War ich nicht schon vier Tage unterwegs? Also, morgen würde ich ankommen.

»Du hast es geschafft, Yossi. Herzlichen Glückwunsch. Du hast's geschafft. Morgen wirst du nicht mehr allein im Dschungel schlafen. Du wirst dich satt essen. Du wirst nicht mehr dem Regen und anderen Gefahren ausgesetzt sein. Einen Tag noch, Yossi, nur einen Tag!«

Es hatte aufgehört zu regnen. Der Pfad führte noch ein kleines Stück hinter dem Lager weiter, wurde dann undeutlicher und verschwand schließlich ganz. Ich vermutete, dass die Eingeborenen den Tuichi hier überquerten. Es war die geeignete Stelle dafür. Das Wadi war schlammig. Der Wasserlauf floss durch seine Mitte und war nur etwa dreißig Zentimeter tief. Und ich überquerte den Fluss.

Die Gegend war hier ganz flach und stark bewaldet. Keine Hügel oder steilen Anstiege. Der Dschungel war dicht bewachsen; Ranken schlängelten sich von den Bäumen, die von Büschen und Schilf umgeben waren. Hier würde ich nicht durchkommen, und ich fand keine Spur von dem Pfad. Ich suchte nach abgebrochenen Ästen oder Anzeichen von Machetehieben, hatte aber kein Glück. Ich kehrte zum Ufer zurück und versuchte dort zu erkennen, wo die Eingeborenen in den Dschungel eingedrungen waren, wo also der

Pfad sein müsste. Da wurde der Wald plötzlich von ohrenbetäubenden Donnerschlägen erschüttert. Verdammt, gleich würde es wieder anfangen zu schütten! Ich sollte mir lieber einen Unterschlupf suchen. Ich könnte die Reste des Lagers auf der anderen Seite des Flusses benutzen. Das hieße zwar, dass ich die zwei Stunden, die ich heute von dort gegangen war, verschenkt hätte, aber der Regen würde mich ohnehin aufhalten. Morgen würde das Wetter sicher wieder freundlicher sein, und ich könnte weitereilen.

Ich querte erneut und kehrte zum Lager zurück. Der Donner toste, und Blitze erleuchteten den Himmel. Wind kam auf. Das würde ein fürchterliches Gewitter werden.

Eilig machte ich mich daran, das Lager wieder instand zu setzen. Die verwitterten Ranken ersetzte ich durch frische; außerdem suchte ich im Wald nach Palmwedeln. Es hatte schon zu regnen begonnen. Nie zuvor hatte ich einen derartigen Wolkenbruch erlebt. Die Tropfen stachen geradezu in die Haut. Ich riss etwa zwanzig Palmwedel ab. Die Anstrengung machte mir zu schaffen, aber ich gab nicht auf. Ich ordnete die Wedel über den Stangen so an, dass sie sich dicht überlappten. Ich verschloss jede Ritze, durch die der Regen eindringen könnte. Mir war klar, dass ich eine dicke Schutzschicht benötigte, um die Nässe abzuwehren. Der Dschungel stand schon unter Wasser. Als stünde das Ende der Welt bevor. Aus der Ferne sah der Tuichi aufgewühlt und düster aus.

Ich eilte in meinen Unterschlupf. An einigen Stellen kam das Wasser durch, aber ich traute mich nicht, noch einmal nach draußen zu gehen. Ich versuchte, die Palmwedel von innen zurechtzurücken. Dann packte ich meine Schlafutensilien aus: das Reis-und-Bohnen-Kopfkissen, den Gummibeutel für die Füße, die Netze, die als Decken dienten, und den Poncho, in den alles eingewickelt wurde. Ich zog die Schuhe aus und wrang das Wasser aus den Socken. Bis jetzt hatte ich es geschafft, meine Füße in einem erträglichen Zustand zu halten. Einen Tag musste ich noch durchhalten. Hoffentlich ließen sie mich jetzt nicht im Stich!

Wassertropfen drangen stetig durch die Dachritzen, fielen auf den Poncho und tröpfelten zu Boden. Draußen hörte ich den wütenden Sturm. In kürzester Zeit war der Boden matschig und aufgeweicht. Ich lag durchnässt und elend in meiner Unterkunft, zitternd vor Kälte und Angst. Es gab nichts, was ich tun konnte, außer zu beten.

Der Sturm wurde noch schlimmer; mein Unterschlupf wurde allmählich weggeweht. Richtige Löcher entstanden, durch die das Wasser hereinströmte. Mir war zum Heulen zumute. Ich wollte diesen Schrecken loswerden.

»Warum bloß, warum musste ausgerechnet mir das passieren? Gott, bitte hilf mir. Ich habe Angst vorm Sterben.«

Jede Minute kam mir nun wie eine Ewigkeit vor, und ich konnte nirgends hinfliehen. Nur mit verbissener Konzentration gelang es mir, mich in meine Fantasiewelt einzuspinnen. Diesmal ging es nach Hause.

Ich bin verheiratet und habe kleine Kinder. Mein Bruder Mosche und ich besitzen eine Ranch auf einem riesigen Gebiet, das wir in Obergaliläa erworben haben. Darauf halten wir Rinder, die ich in Bolivien und Argentinien gekauft habe, von einer Qualität, die es in Israel nicht gibt. Der Großteil des Fleisches in Israel wird aus Argentinien importiert, aber wir haben ein günstiges Klima und große, unbenutzte Weidegründe. Warum sollten wir also nicht unsere eigenen Rinder züchten?

Mein Bruder und ich leisten harte Arbeit. Die Ranch floriert. Wir bauen ein großes Haus, in dem wir alle zusammenleben: mein Bruder, seine Frau Miri, seine Tochter Lilach, seine anderen Kinder und natürlich auch ich mit Frau und Kindern. Wir schicken unsere Kinder in die Regionalschule in einem nahe gelegenen Kibbuz …

»Ahhh!« Mit einem Schrei erwachte ich aus meinem Traum. Es gab einen ohrenbetäubenden Lärm, und der Boden erzitterte. Die Bäume um mich herum, deren Wurzeln keinen Halt mehr fanden, stürzten einer nach dem anderen um. Wenn ein Baum dieser Größe fällt, dann müssen auch ein paar andere dran glauben.

»Gott, hilf mir. Rette mich, oh, Gott …«

Der Aufruhr legte sich, und der Boden unter mir war wieder ruhig. Jetzt hörte ich nur noch den Regen und das Rauschen des Tuichi. Durchnässt und schweißgebadet kämpfte ich mich zurück nach Galiläa.

Mein Bruder und ich stehen um sechs auf, trinken Kaffee aus großen Bechern und essen mächtige Stücke Kuchen dazu. In aller Frühe reiten wir auf die Weiden. Wir überprüfen die Zäune, zählen die Herde, untersuchen eine trächtige Kuh. Um neun reiten wir zurück. Die Kinder haben schon gefrühstückt und sind zur Schule gegangen. Nun kann sich die Köchin um uns kümmern. Sie versorgt uns mit Omeletts, Salaten, verschiedenen Käsesorten. Es gibt dicke Brotscheiben mit Butter, Weizen- oder Reiscremepudding, heiße Schokolade und selbst gemachte Marmelade.

Die Ursache unseres Unglücks ist mir nicht bekannt, aber jedenfalls kündigt unsere fabelhafte Köchin ihre Stellung. Wir setzen eine Anzeige in die Zeitung:

»Gesucht: Feinschmeckerkoch/-köchin. Unterkunft auf Ranch in Galiläa. Gute Arbeitsbedingungen und Bezahlung.«

Wir erhalten viele Bewerbungen und veranstalten Einstellungsgespräche. Dafür bin ich zuständig. Ich sitze im Büro auf der Ranch und empfange die Kandidaten. Alle beschreiben bis ins Detail die Köstlichkeiten, die sie zubereiten können. Ich befrage sie einen nach dem anderen und höre mir die Beschreibungen jeder Art von Mahlzeit an, die man sich nur vorstellen kann. Dies war meine Lieblingsfantasie, weil ich sie beliebig ausweiten konnte bis in die kleinsten Details der Essenszubereitung: marokkanisch, europäisch, scharf gewürzt; polnische Gerichte, chinesisches Essen, exotische Zubereitungen. Es gibt keine Grenzen bei der Vielfalt der Gerichte und der Menge der Bewerber.

Draußen schienen sich sämtliche biblischen Weltuntergangsprophezeiungen zu erfüllen, und da saß ich nun, ganz allein, das einzige menschliche Wesen in diesem riesigen Urwald. Keine anderen Leute, keine Niederlassungen. Nur San José, irgendwo da oben in den Hügeln auf der anderen Seite des Flusses. Ich könnte jeden Moment von einem umstürzenden Baum erschlagen werden. Ja, das könnte jede Sekunde passieren, und das wäre wohl die einzige Möglichkeit, diesen Dschungel zu beschwichtigen, ihn in seine frühere Beschaulichkeit zurückzuversetzen. Er will diesen arroganten Eindringling ausstoßen, diesen Menschen, der sich anmaßte zu glauben, er könne hier ganz allein überleben!

Ich schwelgte bis zum Morgengrauen weiter in meinen Fantasien. Von Zeit zu Zeit schreckte ich in Panik aus meinen Tagträumen auf und glaubte, dass mein Ende gekommen sei. Aber, trotz allem, irgendjemand wachte noch immer über mich.

Die morgendlichen Lichtstrahlen erhellten nichts Gutes. Der Regen floss nach wie vor in Strömen. Der Wind heulte immer noch gegen meine Hütte; die Stangen wackelten, hielten aber vorläufig. Mein Atem hielt meinen nassen Körper unter dem Poncho warm, der Geist wurde mit den Fantasien beschäftigt, aber ich wollte mich aufmachen und weitermarschieren. Ich musste aus dem Dschungel hinaus, koste es, was es wolle. Kniend packte ich meine Sachen, schulterte den Rucksack, griff mir den Wanderstab und stürzte nach draußen.

Herr im Himmel! Regen flutete hernieder. Ich wandte mich dem Fluss zu und blieb wie angewurzelt stehen. Das Wadi war vollgelaufen. Das ganze Flussbett stand bis zum Rand voll Wasser, bestimmt drei Meter tief, schätzte ich. Unglaublich. Ein flaches Bächlein, ein fast ausgetrocknetes Wadi war über Nacht zu einem breiten Fluss geworden, der fast über die Ufer trat. Der Tuichi, der ungefähr fünfzehn Meter von meinem Standort entfernt vorbeifloss, sah bedrohlich aus. Sein Wasser war schwarz und die Strömung so stark, dass es schien, als hätte jemand den Fluss gefilmt und zeigte ihn nun im Zeitraffer. So viele gewaltige Bäume trieben flussabwärts, dass das Wasser selbst kaum zu sehen war. Der Fluss war über seine Ufer getreten und hatte die ganze Beute mit sich gerissen. Ich vermutete, dass die Anwesenheits- und Richtungszeichen, die ich so mühevoll errichtet hatte, ebenfalls fortgeschwemmt worden waren. Ich verfluchte den Tag.

Wie sollte ich über den Fluss gelangen? Ich entfernte mich vom Tuichi und folgte dem Lauf des unbekannten Flusses, kam aber nicht weit. Es gab weder einen Pfad noch Hoffnung auf eine Stelle zum Überqueren. Ich musste zu meinem Unterschlupf zurück.

Ich war wütend auf mich selbst. Wenn ich hier festsaß, dann bedeutete das einen weiteren ganzen Tag im Dschungel, und ich würde die Nacht wieder nicht in San José verbringen. Ich hatte so sehr gehofft, es schaffen zu können. Allerdings war daran jetzt nichts zu ändern. Mir blieb keine andere Möglichkeit, als darauf zu warten, dass der Sturm aufhörte und der Fluss abschwoll, damit ich ihn überqueren und mich auf den Weg machen konnte.

Ich legte mich wieder hin. Mein leerer Magen war über jegliches Knurren hinaus. Am ganzen Körper spürte ich inzwischen den Hunger, das elementare Bedürfnis zu essen, aber alles, was ich hatte, waren die Früchte meiner Einbildung.

Fast eine halbe Stunde war wohl vergangen, als ich plötzlich bemerkte, dass mir Wasser den Rücken und die Schulter herunterlief. Wie kam denn das? Ich hatte doch ein dichtes Blätterdach. Kaltes Wasser berührte meinen Hintern und meine Füße. Da begriff ich, was geschehen war, und hatte keine Zeit zu verlieren. Beide Flüsse waren über die Ufer getreten, und ich Blödmann hatte es nicht kommen sehen. Der Untergrund war flach und im Nu überflutet. In aller Eile stopfte ich alles in den Rucksack, auch Schuhe und Socken. Ich hatte keine Zeit mehr, den Gummibeutel zu verschließen, sondern stürzte barfuß nach draußen und rannte los. Das Wasser stand schon knöchelhoch und würde mir bald bis zu den Knien reichen. Ich lief in Panik, bemerkte aber fast sofort, dass ich meinen Wanderstab zurückgelassen hatte. Es kam gar nicht infrage, meinen treuen Wanderstab aufzugeben. Ich stellte also den Rucksack auf einer kleinen Anhöhe ab und lief zurück.

Bis ich den Stock geborgen hatte und zum Rucksack zurückgelaufen war, ging mir das Wasser schon bis über die Hüfte, und die Anhöhe war überflutet. Der Rucksack schwamm im Wasser; ich stürzte auf ihn zu, damit er nicht weggeschwemmt würde. Ich steckte einen Arm durch einen der Schulterriemen und klammerte mich an einen Baum. Ich spürte, wie mich das Wasser Richtung Fluss zog. Wenn ich meinen Halt am Baum verlor, würde ich ertrinken. Ich versuchte, in die andere Richtung zu schwimmen, legte mich schwer ins Zeug und bekam den nächsten Baum zu fassen. Alle meine Muskeln taten weh, und ich befürchtete, dass sie mir den Dienst versagen würden, aber die schiere Todesangst verlieh mir neue, ungeahnte Energiereserven. Ich stieß mich mit großem Schwung ab und hangelte mich auf diese Weise von Baum zu Baum. Einmal griff ich daneben und wurde fortgerissen, aber der Dschungel war dicht bewachsen, und so prallte ich mehrmals gegen andere Bäume, bis ich mich an einem von ihnen festhalten konnte. Es war ausgeschlossen, dass ich einen Baum würde erklettern können; außerdem würde ich dann vielleicht auf ewig dort oben festsitzen. Vorteilhafter wäre es für mich, wenn ich eine höher gelegene Gegend erreichen würde.

Ausnahmsweise war ich für Schmerzen unempfänglich. Ich kämpfte schlicht und einfach um mein Leben: mich abstoßen, zugreifen, ziehen, kurz Atem holen, weiter. Das ging eine halbe Stunde lang so, bis ich auf einen Hügel traf, der nicht überschwemmt war. Ich stand keuchend da; Wasser kam aus den Öffnungen des Rucksacks geflossen, meine Kleidung war zerrissen und durchweicht, der Regen trommelte gnadenlos auf mich nieder.

Ich holte meine Socken und Schuhe hervor und zog sie über meine geschundenen Füße. Der rote Ausschlag breitete sich aus, und ich wusste nur zu genau, was mir noch bevorstand. Ich war verbittert, niedergeschlagen und außer mir vor Wut darüber, dass die ganze Welt – die mächtige Natur – sich gegen einen einzigen einsamen Menschen verschworen hatte.

Auf der anderen Seite des Hügels stand das Wasser nur bis zum Bauch. Das Gehen wurde mir zur Qual. Ich sank in den Matsch ein. Jeder Schritt verursachte unerträgliche Schmerzen, weil der Matsch in meine Schuhe und Strümpfe gedrungen war und nun langsam die Haut abschürfte. Wege, die ich gestern noch ohne Schwierigkeiten passiert hätte, erwiesen sich heute als gefährliche Hindernisse. Jedes mickrige Wadi war plötzlich zur reißenden Sintflut geworden. Jede größere Landfläche war nunmehr ein tückischer Sumpf. Die ganze Gegend war auf einmal voller Frösche. Wo waren die alle hergekommen? Ihr Quaken machte einen Höllenlärm, aber merkwürdigerweise bekam ich keinen einzigen zu sehen. Der Sturm hatte überall seine Spuren hinterlassen. Abgebrochene Bäume lagen wie Leichen auf dem Boden, wo einst ihre Wurzeln gewesen waren, blieben klaffende Krater zurück.

Ich machte weiter, so gut es ging, immer vom Tuichi weg zu den Hügeln flüchtend. Kilometer legte ich so zurück, die Stunden vergingen, aber nichts änderte sich. Ich stapfte durch den Schlamm, ohne zu wissen, wohin ich trat. Ich blieb in Büschen hängen und befreite mich wieder. Ich trat auf scharfe Steine und verbiss mir den Schmerz. Häufig war ich gezwungen zu schwimmen. Jedes Mal, wenn ich aus einem Wadi herausklettern musste, glitt ich aus und rutschte auf Händen und Knien. Wenn ich versuchte, mich an einer Wurzel oder einem Busch festzuhalten, fiel ich rückwärts und hatte die ausgerissene Pflanze in der Hand. Ich hatte keine Ahnung, wo ich war oder wo ich hinging; ich wollte nur einen Platz finden, an dem ich meinen geschundenen Körper ausruhen konnte. Ich wollte irgendwohin, wo ich mich einfach hinlegen und warten konnte, dass der Sturm vorbeiging. Schließlich erklomm ich einen Hügel und hielt Ausschau nach einem Baum mit dicken Wurzeln. Ich wollte mich ja nicht unter einen Baum legen, der möglicherweise umstürzen und mich erschlagen würde. Völlig ausgelaugt riss ich ein paar Palmwedel ab und legte mich unter einem, wie mir schien, vertrauenswürdigen Baum nieder.

Der Regen hatte zwar nicht aufgehört, schien aber etwas nachgelassen zu haben. Ich zog die Schuhe aus und steckte meine Füße in den Sack. Sie waren inzwischen so wund, dass ich meine Socken gar nicht abstreifen mochte, weil ich befürchtete, sie am nächsten Tag nicht wieder anziehen zu können. Sowohl die Moskitonetze als auch der Poncho waren klitschnass. Mir war saukalt. Der Wind wehte nach wie vor, und ich hatte Angst, dass ich mir eine Lungenentzündung zuziehen würde. Wenn ich jetzt krank würde, wäre das mein Tod.

Ich fing an zu beten. Inbrünstig betete ich zu Gott: »Bitte vergib mir, dass ich je an Dir gezweifelt und mich Dir nicht vollständig anvertraut habe. Ich weiß jetzt, dass Du immer gegenwärtig bist. Lass mich bitte nicht krank werden. Lass mich der Gefahr entrinnen. Bitte, Gott!«

Ich erwog, ein Gelübde abzulegen und etwas zu versprechen, aber ich wollte nicht, dass Gott den Eindruck bekam, ich würde feilschen. Zur seelischen Stärkung nahm ich Onkel Nissims Buch zur Hand. Die Plastiktüte hatte es nicht trocken halten können. Ich küsste das Buch und schob es in meine Tasche.

Es war der siebzehnte Morgen meiner Einsamkeit. Das Gewitter war vorbei. Ich erwachte in einem jämmerlichen Zustand. Ich war weit entfernt von meinem Ziel und hatte Zweifel, dass ich weitergehen könnte. Meine Füße waren entzündet. Von nun an würde das Gehen die reinste Tortur bedeuten. Wie sollte mein Körper das noch aushalten? Ich war vor Hunger ganz schwach, denn ich hatte die letzten zwei Tage nichts mehr gegessen. Wie sollte ich jetzt noch Eier oder Obst finden? Der Sturm hatte alles weggespült. Würde ich vor Hunger sterben oder an einer Krankheit? Schwarze Gedanken erfüllten mich; der Fluchtweg in meine Wunschträume war abgeschnitten. Ich war an einem Punkt völliger Mutlosigkeit angelangt. All meine Hoffnung, San José noch erreichen zu können, war verflogen. Gestern hatte ich es nicht geschafft. Heute würde ich es offensichtlich auch nicht packen. Vielleicht niemals, wer konnte das sagen?

Was für ein Idiot war ich doch. Ich hätte nie aus Curiplaya fortgehen dürfen. Ich hätte dort in meiner Hütte warten können. Dort hätte ich mindestens einen Monat lang überleben können, und in der Zwischenzeit wäre bestimmt jemand gekommen. Irgendjemand hätte irgendetwas unternommen.

Was sollte ich jetzt aber tun? Wo sollte ich hin? Ich hielt die Aussicht, nach San José zu gelangen, nicht mehr für sehr groß. Ich bezweifelte, dass ich den Fluss überqueren könnte. Obwohl der Sturm abgeflaut war, stand der ganze Dschungel unter Wasser. Ich war verbittert und am Rande völliger Verzweiflung, kurz davor aufzugeben. Ich machte mich auf den Weg zurück nach Curiplaya.

Von Selbstmitleid übermannt, humpelte ich unter Schmerzen voran, bis ich an einem Trestepitabaum vorbeikam. Der Baum war derart nach unten geneigt, dass seine Zweige fast den Boden berührten. Er trug immer noch Früchte, und ich sog gierig das süßsaure Fruchtfleisch aus der Schale. Die winzige Menge Nahrung quälte meinen armen Magen, verschaffte mir aber wieder ein bisschen Hoffnung.

›Da ist immer noch jemand, der über mich wacht. Onkel Nissims Buch wird mich beschützen. Solange ich es in der Tasche habe, werde ich nicht sterben. Ich sollte seine Macht nicht unterschätzen. Ich darf die Hoffnung nicht verlieren. Ich bin stärker, als ich glaube. Wenn ich bis jetzt überlebt habe, schaff ich's auch weiter.‹

Ich redete mir gut zu und wandte mich wieder nach San José. Ich wollte weitermachen, komme, was wolle. Also watete ich durch Flutwasser, schwamm durch Flüsse, erkletterte die Wände der Wadis. Ich weiß nicht, wo ich die Kraft hernahm. Während ich durch den Schlamm stapfte, bildete ich mir ein, ich sei einer der zionistischen Pioniere, die den Sumpf trockenlegen. Eine lange schwarze Schlange, die an meinen Füßen vorbeikroch, schreckte mich auf. Ich warf meinen Wanderstab nach ihr, verfehlte sie aber.

»Warte doch«, rief ich und jagte ihr nach. »Einen Moment bitte. Ich möchte dich gern essen!«

Mein Hemd blieb an einem Ast hängen und zerriss. Der scharfe Ast schlitzte mir den Oberarm bis hinunter zum Ellbogen auf. Blut schoss aus der Wunde. Ich verbiss mir Tränen der Verzweiflung.

›Das macht nichts. Damit werde ich fertig. Weiter geht's.‹

Ich konnte den Fluss weder sehen noch hören, daher folgte ich den Wasserläufen, die meinen Weg kreuzten. Ich wusste, dass sie mich zum Tuichi führen würden. Es regnete zwar nicht, aber es war windig und sehr kalt. Die Luftfeuchtigkeit erzeugte einen dichten Dunst.

Plötzlich hörte ich ein Knattern, ein Brummen, das Geräusch eines Motors ... eines Flugzeugs.

›Mach dich nicht lächerlich, Yossi. Das ist nur deine Einbildung.‹

Aber das Geräusch wurde deutlicher. Es *war* ein Flugzeug!

›Sie suchen mich! Hurra! Ich bin gerettet!‹

Das Geräusch wurde immer lauter, und ich rannte los wie ein Geisteskranker, ohne auf meine zerschlagenen Füße zu achten. Ich musste schnell zum Tuichi. Ich musste dem Flugzeug ein Zeichen geben. Das Geräusch kam jetzt genau von oben. Ich blieb keuchend stehen und schaute hoch. Zwischen den Baumwipfeln sah ich ein paar graue Wolken, und mittendrin, in nicht allzu großer Höhe, glitt ein kleines weißes Flugzeug dahin.

»Hallo, hier bin ich! Hilfe! Hier unten!« Ich wedelte hektisch mit den Armen. »Fliegt nicht weg. Lasst mich nicht hier. Hier bin ich doch.«

Das Flugzeug verschwand vom Himmel, sein Brummen wurde immer schwächer.

Jetzt wurde ich wieder auf meine Füße aufmerksam. Das besessene Laufen hatte mir das Fleisch zerfetzt, und es fühlte sich an, als stünde alles in Flammen. Ich fiel zu Boden und vergrub mein Gesicht im Schlamm. Ich lag lang ausgestreckt da und wollte heulen, aber die Tränen kamen einfach nicht.

›Ich halte es nicht mehr aus. Ich kann mich keinen Millimeter weiterbewegen. Das war's.‹

Ich betete aus dem tiefsten Grund meines Herzens; nicht um Rettung, nicht einmal ums Überleben. Nein, ich betete darum zu sterben. »Bitte, lieber Gott, mach diesem Leid ein Ende. Lass mich sterben.«

Und dann erschien *sie*. Ich wusste genau, dass es nur in meiner Einbildung war, aber da lag sie, direkt neben mir. Ich wusste nicht, wer sie war. Ich kannte ihren Namen nicht, ich wusste, dass wir uns noch nie gesehen hatten, und doch wusste ich auch, dass wir uns liebten. Sie schluchzte verzweifelt. Ihr zierlicher Körper bebte.

»Aber, aber, weine doch nicht«, versuchte ich sie zu trösten.

›Immer mit der Ruhe, das wird schon. Komm hoch, Yossi‹, drängte ich mich, ›du musst die Sache in die Hand nehmen und ihr Mut machen.‹

Ich riss mich aus dem Schlamm hoch und half ihr ganz sanft aufzustehen. Ihr liefen immer noch Tränen übers Gesicht.

»Das Flugzeug hat uns nicht gesehen. Es ist einfach vorbeigeflogen«, jammerte sie.

»Mach dir keine Sorgen, mein Liebling. Es wird sicherlich noch einmal zurückkommen. Man konnte uns von da oben aus nicht sehen, nicht durch die Bäume hindurch. Wenn wir ein Feuer in Gang bekämen, dann könnte der Rauch entdeckt werden.«

Aber es war ja alles klitschnass.

Als ich erneut das Brummen des Flugzeugmotors hörte, war mir klar, dass wir nicht hoffen durften, noch an diesem Tag gefunden zu werden.

Ich war an den Tuichi zurückgelangt, aber es gab dort kein Ufer. Ich stand auf einem Felsvorsprung, gut sechs Meter über dem Fluss; seine Stromschnellen tosten unter mir. Ich holte den Poncho hervor und schwenkte ihn heftig, aber ich wusste, dass man mich über den Bäumen keinesfalls sehen konnte. Das Flugzeug flog zu weit oben und zu schnell. Ich blickte ihm sehnsuchtsvoll nach.

Sie sah verzweifelt zu mir auf.

»Keine Angst. Morgen kommen sie zurück«, versprach ich.

»Schau mal, heute wären wir schon fast gerettet worden. Ich bin sicher, dass das da oben Kevin ist. Es muss Kevin sein. Ich weiß es einfach. Er hat wohl in der Botschaft Hilfe geholt.«

Ich erkannte sie immer noch nicht; wo sie herkam, was sie hier wollte. Ich blieb einfach dabei, sie zu trösten.

»Sie wussten, dass es heute schwierig sein würde, uns zu finden, weil es so dicht bewölkt ist, aber sicherlich kommen sie morgen wieder und werden nicht aufgeben, ehe sie uns gefunden haben.

Weißt du, hin und wieder geht mal jemand in der judäischen Wüste verloren, und dann wird die Armee mobilisiert zusammen mit Freiwilligen und Spurensuchern. Manchmal müssen sie eine ganze Woche lang suchen, bis sie den Typen gefunden haben, tot oder lebendig. Niemals hören sie einfach auf zu suchen.

Aber wir können auch was tun, nämlich ihnen helfen, uns zu finden. Wir müssen ein Ufer suchen, wo sie uns sehen können.«

Ich erinnerte mich an den Jaguarstrand. Am besten sollte ich dahin zurückkehren.

»Ja, tolle Idee. Das ist ein riesiger Strand.«

Ich hatte ihn deutlich markiert, und obwohl ich annehmen musste, dass die Markierungen vollständig weggeschwemmt worden waren, sollte der Strand selber noch da sein. Er war schließlich enorm breit. Schnell überschlug ich die Entfernung. Erreicht hatte ich den Jaguarstrand am Nachmittag des vierzehnten. Den Rest des Tages hatte ich dann mit dem vergeblichen Versuch, den Fluss zu überqueren, vergeudet. Am fünfzehnten hatte ich ebenfalls ziemlich früh Feierabend gemacht. Das bedeutete, dass ein Tagesmarsch zwischen mir und dem Strand lag. Heute konnte ich noch gut und gern ein paar Stunden gehen. Morgen würde ich beim ersten Tageslicht aufbrechen und vielleicht irgendwann in den Morgenstunden am Jaguarstrand ankommen.

Ich erklärte ihr meinen Plan.

»Nun komm, Liebling. Einen Tag noch wandern, vielleicht sogar weniger, und wir sind da«, sagte ich aufmunternd. »Dort werden sie uns leicht sehen. Erst wird das Flugzeug vorbeifliegen und uns entdecken. Der Pilot wird uns ein Zeichen geben, indem er die Flügel schräg stellt, und danach zum Startplatz zurückkehren. Innerhalb weniger Stunden wird dann ein Hubschrauber kommen, auf dem Strand landen und uns aufsammeln. Dann sind wir gerettet. Das passiert alles morgen. Einen Tag noch durchhalten. Na los, auf geht's.«

Zum dritten Mal an diesem Tag änderte ich die Richtung. Diesmal ohne zu zögern. Ich wusste, dass ich das Richtige tat.

Meine Füße freilich versagten mir fast ihren Dienst. Sie konnten mein Gewicht kaum tragen. Immer wenn ich auf einen Stein oder eine Wurzel trat, durchzuckte mich ein fürchterlicher Schmerz. Einmal, als ich einen Hügel erklettern und auf der anderen Seite wieder hinuntersteigen musste, schien mir dies unüberwindbare Schwierigkeiten zu bereiten. Ich musste mich niederlassen und krabbeln, mich mit den Ellbogen voranziehen. Aber ich behielt meine Leiden für mich. Sie war ja bei mir. Sie war verletzt, geschwächt und hungrig. Sie hatte es noch schwerer als ich. Wenn ich nicht stark blieb, würde sie zusammenbrechen.

›Ich muss mich noch mehr zusammenreißen und meine Gefühle verbergen, damit ich ihr Mut machen kann.‹

Wenn wir aufwärtsstiegen, biss ich die Zähne zusammen und redete ihr gut zu: »Noch ein bisschen weiter, Liebes. Ja, ich weiß, dass es wehtut. Pass auf, ich geb dir meine Hand. Ein Stückchen noch. Das war's. Siehst du? Wir haben's geschafft. Wir sind oben. Jetzt müssen wir wieder runter. Setz dich hin und gleite. Langsam, nicht so wild. Sieh dich vor. Pass auf, dass du nicht ausrutschst.«

Steine und Dornen schnitten mir in den Hintern. Besorgt musste ich feststellen, dass der Ausschlag sich auf weitere Teile meines Körpers ausgebreitet hatte. Rote Flecken waren unter den Achseln und um die Ellbogen herum entstanden. Der Schnitt an meinem Arm hatte keine Narbe gebildet. Die Ränder waren weiß. Auch meine Finger und die Handflächen waren schneeweiß. Seit einigen Tagen war ich permanent nass gewesen.

›Mein Körper ist am Verrotten.‹

Wir gingen bis zum späten Abend. Ich hörte keinen Augenblick auf zu reden und schnatterte den ganzen Tag drauflos, damit sie den Mut nicht verlor und die Hoffnung bewahrte. Wenn sie stolperte oder langsamer wurde, nahm ich sie bei der Hand und streichelte ihr trauriges Gesicht. Ich war so sehr darauf bedacht, möglichst weit voranzukommen, dass ich gar nicht bemerkte, wie die Sonne unterging. Jetzt musste ich mich beeilen, um noch einen Rastplatz für uns zu finden, bevor es dunkel wurde.

Ich riss ein paar Palmwedel ab und breitete sie über einigen schlammigen Baumwurzeln aus. Ich machte mir gar nicht erst die Mühe, für irgendwelchen Komfort zu sorgen; mein Körper war an Unbequemlichkeit gewöhnt. Ich deckte mich mit den nassen Netzen und dem Poncho zu. Die Schuhe auszuziehen war die reinste Qual gewesen. Die Socken behielt ich an. Sie mussten eben nass bleiben und voller Schlamm, Blut und Eiter. Ganz vorsichtig zog ich den Sack über die Füße, da ich wusste, wie schmerzhaft die leiseste Berührung werden würde. Ich änderte meine Schlafstellung die ganze Nacht über nicht einmal, um den Füßen Ruhe zu verschaffen.

Ich glaubte fest daran, dass der morgige Tag das Ende meiner Entbehrungen bringen würde. Morgen würde ein Flugzeug mich entdecken.

»Danke, mein Liebling. Vielen Dank dafür, dass du bei mir bist. Ab morgen wirst du nur noch mit Samthandschuhen angefasst. Weine nicht. Versuch die Augen zu schließen und etwas zu schlafen. Morgen müssen wir noch ein paar Stunden gehen. Wir müssen rechtzeitig da sein, bevor das Flugzeug kommt.

Gute Nacht, mein Liebling.«

Im Morgengrauen fing es heftig an zu regnen. Meine Gebete und Beschwörungen halfen nichts. Sie wurde von den ersten Tropfen aufgeweckt.

»Dies ist der große Tag, der letzte Tag«, erzählte ich ihr.

»Von dem bisschen Regen lassen wir uns doch nicht aufhalten. Lass dich nicht entmutigen. So schlimm ist es nicht. Wenn wir am Jaguarstrand sind, baue ich dir eine feste Behausung. Dort kannst du dich ausruhen und schlafen, bis der Hubschrauber da ist.

Du hast Hunger? Ja, ich weiß, dass du Hunger hast, aber wir haben nichts mehr zum Frühstück. Keine Angst, im Dschungel finde ich schon irgendwas Essbares. Du kannst dich auf mich verlassen.«

Ich konnte nicht stehen. Meine Füße waren irgendwie weich und breiig, als hätte jemand eine hautlose Masse rohen, blutigen Fleisches in meine Schuhe gegossen. Ich konnte nicht einen Schritt machen, aber ich wusste, dass meine einzige Überlebenschance darin bestand weiterzulaufen. Ich musste ans Ufer kommen. Wenn ich im Dschungel blieb, würde mich keiner finden. Wie ein Zombie stakste ich vorwärts. Ich erkannte Spuren des Pfades, aber nach einer Weile verschwanden sie wieder.

Das Gehen durch den dicht bewachsenen Wald glich einem Marsch durch die Hölle. Ich versuchte, mich so weit wie möglich auf weichem, schlammigem Untergrund zu halten, um den Schmerz beim Auftreten zu verringern. Auch versuchte ich, mich möglichst auf den guten alten Wanderstab zu stützen, und oft zog ich mich an Büschen und Ästen voran. Sobald es ans Klettern ging, selbst wenn es sich nur um eine sanfte Steigung handelte, ließ ich mich nieder und kroch auf allen vieren mit schlammbespritztem Gesicht und zerrissenen Kleidern, die mich zusätzlich beschwerten. Ich war so schwach, dass ich Angst hatte, das Bewusstsein zu verlieren. Alles, was ich hatte, war Wasser. Wasser war mir zum Feind geworden. Nichts als Wasser war mir über die Lippen gekommen. Das Mädchen war mein einziger Trost.

Wir gingen ein paar Stunden zusammen weiter, aber der Jaguarstrand war nirgends zu sehen. Ich versuchte, ihn dadurch ausfindig zu machen, dass ich nach den vier Inseln suchte, die quer über den

Fluss aufgereiht gewesen waren. Ich erinnerte mich, dass sie ganz in der Nähe des Strands gelegen waren, aber ich erblickte nur eine einzige einsame Insel im Fluss. Ich befürchtete, dass die Strömung die Inseln weggeschwemmt haben mochte, konnte das andererseits aber kaum glauben. Die Inseln waren groß und dicht bewaldet gewesen. Sie konnten doch nicht spurlos verschwunden sein.

Ich stapfte immer weiter durch den Schlamm, bis ich zu einem großen Obstbaum kam, einer Palmenart. Hoch oben hingen große Mengen von Datteln. Eine Horde Affen war dort am Werk und veranstaltete ein geräuschvolles Festessen. Einige Fruchtstücke lagen auf dem Boden verstreut, im Schlamm zerdrückt und vor sich hin faulend. Mein Körper bebte und zuckte vor Verlangen, von einem Urinstinkt ergriffen. Ich war ein ausgehungertes wildes Tier. Ich stürzte mich auf die eingeschlammten Datteln. Es war mir egal, ob sie verfault waren. Ich ekelte mich nicht einmal vor den Würmern. Ich steckte die Frucht in den Mund, schob sie mit der Zunge hin und her, spülte sie in meinem Speichel, spuckte sie mir wieder in die Hand und spie sodann die Schlammrückstände aus, bevor ich schließlich die Frucht aß. Bald aber verlor ich die Geduld und schluckte die Frucht mitsamt dem Schlamm herunter. Ich ließ kein einziges Stück am Boden liegen. Auch die Würmer enthielten schließlich Proteine. Die Affen fingen an, mit halb verspeisten Datteln nach mir zu werfen. Sie lachten und schmissen mir die Stücke auf den Kopf. Ich war ihnen dankbar, denn sie aßen nicht mehr als einen Bissen von jedem Stück, bevor sie einen saftigen Happen Fruchtfleisch fallen ließen. Ich konnte ihre Zahnabdrücke auf den Datteln erkennen.

Ich ging einige Stunden weiter, ohne Rast zu machen. Es war anstrengend, eine große und schmerzhafte Anstrengung. Der Jaguarstrand war nirgends zu sehen. Ich machte mir langsam Sorgen, obwohl ich eigentlich nicht glaubte, dass ich ihn hatte verfehlen können. Es war der breiteste Uferstreifen am ganzen Fluss gewesen. Offenbar bewegte ich mich langsamer, als ich gedacht hatte. Ich war verletzt, und das Gehen im Schlamm war langwierig und mühevoll. ›Ich darf nicht aufgeben. Ich muss es dorthin schaffen, bevor das Flugzeug wiederkommt.‹

Dann verlor ich für einen Moment den Kopf. Es war gar nicht ihre Schuld. Der Hügel war einfach zu steil. Ich wusste, dass ich ohne große Leiden und Schmerzen da nicht hinaufkommen würde. Ich ließ mich einfach fallen. Sie brach in Tränen aus und weigerte sich weiterzugehen. Ich war es leid, immerzu sanft und liebevoll mit ihr zu sprechen.

›Was denkt sie sich eigentlich, verdammt noch mal?‹, fragte ich mich wütend. ›Ist das hier ein Picknick?‹

»Hör bloß auf, dich selbst zu bemitleiden«, rief ich. »Dein ewiges Gejammer macht mich krank, hörst du? Das kann ich nicht gebrauchen. Du glaubst wohl, ich hätte noch nicht genug Probleme und müsste unbedingt noch eine alte Heulsuse mit mir rumschleppen, wie? Du hilfst mir kein bisschen. Alles, was du tust, ist jammern. Möchtest du mal mit mir tauschen und den verdammten Rucksack auf die Schultern nehmen? Ich hab genug von deiner Heulerei. Du kannst dir meinetwegen die Augen ausweinen, aber an deiner Stelle würde ich nicht hier sitzen bleiben, denn ich werde jetzt nicht mehr länger auf dich warten.«

Das war grausam von mir, aber ich fühlte mich erleichtert, mal so richtig Dampf abgelassen zu haben. Hinterher schämte ich mich. Ich ging zu ihr hin, umarmte sie, strich ihr sanft übers Haar und erklärte ihr, dass es mir leidtäte, die Beherrschung verloren zu haben. Es sei alles gar nicht so gemeint gewesen. Ich sagte ihr, dass ich sie liebte, dass ich sie beschützen und in Sicherheit bringen würde, aber dazu müste sie sich jetzt überwinden und weiterlaufen.

Mir war inzwischen schon ganz schwindlig, ich wurde immer matter und schwächer. Als mir einmal ein umgestürzter Baum im Weg lag, musste ich darum herumgehen. Ich bekam einfach meine Beine nicht hoch.

›Ich muss es zum Jaguarstrand schaffen. Muss, muss, muss!‹

In der Ferne konnte ich den Flugzeugmotor hören. Ich wartete, dass das Geräusch näher käme. Ich wusste, dass man mich von oben nicht sehen konnte, aber wenigstens wollte ich das Flugzeug sehen. Das Geräusch war dumpf und weit entfernt, schließlich verschwand es völlig.

Hatte ich es mir nur eingebildet? Vielleicht suchten sie mich ganz woanders. Aber Kevin war da, dessen war ich mir sicher, und er wusste, wo ich war.

Gegen Abend kam ich in ein Gebiet, wo Wasserpfützen auf dem Schlammboden standen. Ich ging, ganz in mich selbst versunken, weiter, und bevor ich überhaupt begreifen konnte, was vor sich ging, hatte mich die Erde bereits verschluckt. Schnell sank ich tiefer. Voller Panik sah ich mich bis zur Hüfte im Sumpf stecken. Ich verfiel in Raserei, wie ein gefangenes Tier, ich schrie, ich versuchte, mich zu befreien, aber der Schlamm war dick und klebrig, und ich konnte mich nicht bewegen. Mein Wanderstab war mir überhaupt keine Hilfe, denn er glitt durch diese Masse wie ein heißes Messer durch Butter. Ich wollte mich an Büschen und Schilfrohr festhalten und streckte Körper und Arme in ihre Richtung. Als ich mich daran herauszuziehen versuchte, hielt ich die abgerissenen Pflanzen in der Hand. Langsam sank ich tiefer.

Dann legte sich meine Panik, und ich wurde ruhiger. Ich versuchte, rational zu handeln. Ich steckte die Hände tief in den Schlamm, umklammerte mein Knie und versuchte, das eine Bein aus dem Schlamm herauszuhieven. Ich zog mit aller Kraft, aber es half nichts. Es war, als sei ich in Beton gegossen. Ich konnte mich nicht von der Stelle rühren. Ich wollte wieder losheulen, aber ich fühlte nur einen dicken Kloß im Hals.

›Das also ist der Tod. Ich lasse mein Leben in diesem Sumpf.‹

Ich hatte resigniert. Ich wusste, dass ich nicht die Kraft hatte, mich selber zu befreien, und keine Macht der Welt würde die Hand ausstrecken, um mich aus dem Sumpf zu ziehen.

Es würde ein langsamer, schrecklicher Tod werden. Der Schlamm reichte mir schon bis zum Bauch. Da der Rucksack vom Schlamm getragen wurde, war ich von seinem Gewicht befreit. Plötzlich hatte ich eine brillante Idee. Ich würde Selbstmord begehen. Ich nahm den Rucksack von den Schultern und durchwühlte ihn hastig nach dem Erste-Hilfe-Kasten. Darin fand ich noch ungefähr zwanzig Amphetamintabletten und vielleicht dreißig andere, nicht näher bezeichnete Pillen. Das war's. Ich wollte sie alle schlucken. Ich war sicher, dass sie mich töten oder wenigstens alles schön verschwimmen lassen würden, bevor ich ertrank. Zuerst öffnete ich die Schachtel mit dem Speed. Ich hielt mehrere Tabletten in der Hand.

›Du bist selbstsüchtig, Yossi, richtig egoistisch. Für dich ist es ganz leicht zu sterben; einfach die Pillen schlucken, und schon bist du im Paradies. Aber was ist mit deinen Eltern, deiner Mutter? Was tust du ihr damit an?

So kannst du nicht sterben. Nicht nach allem, was du schon durchgemacht hast. Es wäre nicht so schlimm gewesen, wenn du am ersten Tag bei einem plötzlichen Unfall umgekommen wärst. Aber jetzt, nach dieser ganzen Qual? Es gehört sich nicht, jetzt einfach aufzugeben.‹

Ich steckte die Tabletten zurück in die Schachtel. Ich versuchte, mich vorwärtszubewegen, legte meinen Rumpf schräg über den Schlamm und machte mit den Armen Schwimmbewegungen. Immer wieder zog ich die Arme vor und zurück und wand mich im Schlamm. Ich zappelte mit den Beinen, ich setzte jeden Rest Kraft ein, den ich noch hatte. Ich kämpfte um mein Leben.

Es dauerte etwa eine halbe Stunde, vielleicht sogar länger. Sobald ich meine Beine aus dem Schlamm befreit hatte, konnte ich vorwärtskriechen, ohne einzusinken. Ich ließ weder den Rucksack noch den Wanderstab zurück. Nachdem ich weitere zwei Meter hinter mich gebracht hatte, war ich aus dem Schlamassel heraus.

Mein ganzer Körper war in eine dicke Schicht schwarzen, dicken Schlamms eingehüllt. Ich pulte ihn aus meinen Nasenlöchern, wischte ihn aus meinen Augen und spie ihn aus.

›Leben. Ich will leben. Ich ertrage jede Qual und mache trotzdem weiter. Ich schaffe es bis zum Jaguarstrand, komme, was wolle.‹

11. Kapitel

Gerettet

Es wurde immer dunkler, daher machte ich halt. Ich lehnte den Rucksack gegen einen Baumstamm und ging auf die Suche nach Palmwedeln. Ich humpelte mühsam und sank schließlich auf die Knie; ich kroch auf allen vieren, wie ein verwundetes Tier. Schließlich wankte ich zum Lagerplatz zurück, ein paar Palmwedel mit mir schleifend.

»Das muss für heute Abend reichen. Dies ist die allerletzte Nacht, die wir im Dschungel verbringen. Außerdem brauchen wir sowieso nicht so viele Wedel; wir kuscheln uns aneinander und wärmen uns gegenseitig.«

Ich machte mich daran, eine Schlafgelegenheit für uns beide, das Mädchen und mich, vorzubereiten. Die Fläche musste breiter als sonst sein, da ich ja nicht allein schlafen würde. Ich räumte all die nassen Blätter und zerbrochenen Zweige weg.

»Komm, leg dich hier neben mich und halt mich fest...«

Plötzlich wurde mir klar, dass ich tatsächlich eine Bettstatt für zwei Personen angelegt hatte.

»Du bist allein, du Idiot, allein!«

Ich hatte wohl den Verstand verloren. Ich war nicht mehr ganz dicht. Ich musste mich jetzt zusammenreißen. Wenn ich mich nicht in die Wirklichkeit zurückzwingen könnte, würde ich völlig wahnsinnig werden.

»Ich bin allein. Ich bin allein. Ich bin allein.«

Ich brachte die Wedel und meine Sachen in einer schmaleren Nische zwischen hervortretenden Baumwurzeln unter und legte mich auf dem kalten Boden nieder. Es regnete zwar nicht mehr, aber immer noch fielen schwere Tropfen von den Bäumen ringsum. Ich pellte mir die Schuhe von den Füßen. Meine Socken waren schlammverkrustet, aber ich traute mich nicht, sie auszuziehen. Selbst wenn ich sie überhaupt herunterbekäme, würde ich sie auf keinen Fall hinterher wieder anziehen können, daher behielt ich sie einfach an, Schlamm hin oder her. Ich leerte den Gummibeutel und stülpte ihn ganz vorsichtig über die Füße bis zu den Knien. Ich legte eins der Moskitonetze über die Wedel, wickelte mich hinein und bedeckte mich dann mit dem anderen, wobei ich die Ränder unter meinen Körper stopfte. Ich legte den Poncho so zurecht, dass er mich von Kopf bis Fuß bedeckte. Auf diese Weise war ich sowohl gegen den nassen, schlammigen Boden geschützt als auch gegen das herabtropfende Wasser. Wie immer zog ich mir die Kapuze übers Gesicht. Meine Hände waren nass, mein Körper mit Wunden übersät, mit Schrammen, Entzündungen und Ausschlag. Ich steckte die Hände in die Achselhöhlen, wo sie ein wenig Wärme fanden.

Ich hatte den Wunsch, mich abzulenken. Ich hätte so gern mit *ihr* gesprochen, aber ich hielt mich zurück.

Ich versuchte, meine bewährten Standardtagträume wieder aufzunehmen – Las Vegas, Brasilien, die Ranch in Galiläa –, aber ich konnte mich nicht richtig konzentrieren. Die Bilder kamen einfach nicht.

Eine einzige Sehnsucht hatte sich in meinem Kopf festgesetzt: mich von einem langen, tiefen Schlaf im weichen Bett des Altersheims in La Paz zu erheben, unter die Dusche zu gehen und Frühstück zu machen. Ich schnitt Zwiebeln klein und tat sie in eine gut gefettete tiefe Pfanne, wo sie brutzelten und Fett verspritzten, bis sie goldbraun waren. Ich streute geriebenen Käse darüber, der umgehend zu schmelzen begann, während ich sein köstliches Aroma einatmete. Dann schlug ich ein paar Eier in die Pfanne und bereitete ein saftiges Omelett, das ich anschließend gierig verschlang.

Ich bekam dieses Bild gar nicht mehr aus dem Kopf. Mein Magen ächzte. Mein ganzer Körper schrie nach Nahrung. Essen. Ich hatte nichts. Die Bohnen waren hart wie Stein. Der Reis war nass und roch verfault; da war sogar der Schlamm appetitlicher. Wenn ich nur ein Feuer anzünden könnte. Morgen aber. Morgen würde ich am Jaguarstrand sein. Daran konnte kein Zweifel bestehen. Obwohl ich im Schneckentempo vorwärtsgehumpelt war, hatte ich doch eine beträchtliche Strecke zurückgelegt. Der Jaguarstrand konnte nicht mehr weit sein.

Die Stunden krochen langsam dahin. Ich kämpfte gegen den Omelettgeruch in meiner Einbildung an. Plötzlich fühlte ich, dass meine Blase voll war. Normalerweise erleichterte ich mich, bevor ich mich niederlegte und mit den Netzen und dem Poncho bedeckte, und wartete dann bis zum nächsten Morgen, um erneut mein Geschäft zu besorgen. Aber in dieser Nacht konnte ich einfach nicht mehr. Aufzustehen wäre sehr schmerzhaft und umständlich gewesen: die Füße aus dem Beutel ziehen, mich aus den verschiedenen Decken herauswickeln, unter den Palmwedeln hervorkriechen, den Gürtel und den rostigen Reißverschluss meiner Jeans aufkriegen und mich hinterher wieder einwickeln. Auf keinen Fall würde ich alles wieder so gut hinkriegen wie jetzt. Mein Körper hatte eine gute Ruhestellung gefunden und wärmte sich allmählich auf. Warum also nicht einfach in die Hosen pinkeln?

›Was ist los mit dir? Hast du jedes bisschen Selbstachtung verloren? Wenn du dir in die Hosen pinkelst, fängst du an zu stinken, und außerdem werden deine Schenkel noch wunder. Reiß dich zusammen, Yossi, steh auf.‹

›Nein, ich kann nicht. Ich kann einfach nicht.‹

Mir ging jegliche Entschlusskraft ab, und so lag ich einfach da und pinkelte mich voll. Der warme Urin war angenehm, wie er sich über meine Beine und bis zum Bauch hoch ausbreitete und schließlich in meine Hosen und in die Netze einsickerte. Ich konnte ihn riechen.

Später pinkelte ich noch zweimal und fand richtig Spaß daran; das Wärmegefühl tat so gut.

Eine weitere Stunde verging, die Nacht musste schon halb vorüber sein, aber ich konnte nicht einschlafen. Ich versuchte, mich auf irgendeinen Gedanken zu konzentrieren, um mich bis zum Tagesanbruch zu beschäftigen. Ich wollte an etwas Angenehmes denken: Leute, Gerettetwerden, ein Flugzeug, einen Hubschrauber, Essen. Mein zusammengeschrumpfter Magen geriet in Aufruhr.

»Aua!«

Etwas zwickte mich heftig in den Schenkel. Erschrocken langte ich nach unten, um die Stelle zu befühlen. Etwas hatte sich in mein Fleisch eingegraben und wollte nicht loslassen. Es war kein Blutegel, sondern irgendein Insekt, fast drei Zentimeter lang; ich konnte es nicht von meinem Schenkel wegbekommen. Ich zog kräftig, aber es grub seine Zangen in meinen Daumen. Ein zäher Körper wand sich zwischen meinen Fingern. Es war eine riesige Ameise, unglaublich kräftig. Ich quetschte ihr mit meinen Fingernägeln den Kopf ab, und der verdrehte Leib wurde endlich ruhig. Ich ließ ihn zwischen meine Beine fallen und pulte den Kopf aus meinem Daumen. Dieser kleine Scheißkerl! Er musste sich wohl eingeschlichen haben, als ich mein Bett zurechtmachte.

Dann noch ein Biss, weitere Zangen. Einmal in der Nähe des Knies, einmal an der Taille. Ich fasste hastig hin. Die Ameisen gruben richtig tief. Ich riss ihre Leiber auseinander und lauschte erfreut dem dabei entstehenden Knacken.

»Wie seid ihr hier reingekommen, ihr kleinen Scheißer? Ich bring euch um!«

Ich war in mehrere Schichten luftdicht eingewickelt: zwei Moskitonetze und ein Poncho. Sie konnten unmöglich da hineingekrochen sein. Vielleicht hatten ein paar von ihnen in den Palmwedeln gesteckt und waren dann auf mich heruntergefallen. Aber worauf hatten sie so lange gewartet? Warum hatten sie erst jetzt losgebissen? Ich konnte dieser Frage nicht lange nachgrübeln, denn ich war einer weiteren Attacke ausgesetzt und geriet nun in Panik. Die Ameisen bissen und zwickten an mehreren Stellen gleichzeitig; es tat höllisch weh. Es brannte zwar nicht so wie bei den Feuerameisen, aber sie waren größer und kräftiger und schnitten mit ihren Zangen in meinen Körper hinein.

Wie von Sinnen nahm ich den Kampf auf und köpfte eine nach der anderen. Ich wollte aufspringen und weglaufen, aber wo sollte ich hin? Es war dunkel, und ich war barfuß. Wo konnte ich schon hinlaufen? Einen anderen Unterschlupf würde ich doch jetzt nicht finden. Ich konnte hier nicht weg, ich musste bleiben und kämpfen. Die Ameisen griffen mich aus allen Richtungen an, eine nach der anderen, und ich wehrte sie wütend ab. Da ich sie nirgendwo anders hinwerfen konnte, erhob sich bald ein großer Leichenberg zwischen meinen Beinen.

Das ging die ganze Nacht so. Ich finde keine Worte, um diesen Schrecken zu beschreiben. Die Ameisen kamen von allen Seiten, sie bissen mir ins Gesicht, in den Nacken, in die Brust, die Hüfte und in die Schenkel. Eine biss mir in die Fußsohle, unten im Gummibeutel, wo ich nicht hinlangen konnte. Sie biss kräftig ins blutige Fleisch hinein, einmal, zweimal, dreimal.

»Komm ein bisschen weiter nach oben. Na los, komm schon, ich mach dich alle!«

Ich war dazu übergegangen, mir jeweils mehrere Ameisen auf einmal zu schnappen und sie zwischen meinen Händen zu zerreiben. Den Brei ließ ich zwischen meine Beine fallen. Es gab keinen Moment Ruhe. Ich dachte nicht mehr an meinen Hunger oder meine geplagten Füße. Ich war einfach nur wütend, voller Abscheu und Rachegefühle. Ich klaubte mir die Biester von den Augenlidern, aus den Ohren, aus dem Haar, von Armen und Beinen. Der Haufen toter Leiber war riesig; ich musste meine Beine weiter auseinanderspreizen, um Platz zu schaffen. Ich hatte mich an den stechenden Schmerz ihrer Bisse gewöhnt und erledigte sie zu Dutzenden, aber der Horror hörte und hörte nicht auf.

Im ersten Morgenlicht richtete ich mich mit einem Gefühl großer Erleichterung auf. Ich schob die Palmwedel beiseite und saß wie betäubt von dem Anblick, der sich mir bot. Der Boden um mich herum war ein einziges lebendiges Gewimmel. Sowohl die Moskitonetze als auch der Baumstamm über mir sowie der Rucksack waren bedeckt von Insektenschwärmen. Meine Schuhe waren voll davon. In einem Umkreis von mindestens drei Metern wimmelte eine Armee von – nein, nicht Ameisen, sondern – Termiten, Millionen davon! An meinem ganzen Körper hingen sie in Trauben. Ich stand unter Schock, begriff dann aber schnell, was passiert war: die Termiten hatten kurzen Prozess mit den Netzen und dem Poncho gemacht; sie hatten sich einfach durch das Nylon durchgefressen und klaffende Löcher für die nachkommenden Schwärme hinterlassen.

Voller Entsetzen sprang ich auf, ohne auf den Schmerz zu achten, und flüchtete, zahllose Insekten unter meinen Füßen zerknackend. Nach etwa zwanzig Metern hielt ich an und erledigte die letzten Biester, die noch an mir hingen. Mein Körper sah aus wie ein Sieb; Blutstropfen sickerten aus jedem Flecken nackter Haut. Der Baum, unter dem ich gelegen hatte, bot einen entsetzlichen Anblick, und die rotbraunen Termiten fraßen sich in alle meine Habseligkeiten. Ich trat ein paar Schritte näher, dann nahm ich meinen Mut zusammen, rannte mitten in die Meute hinein, schleuderte den Rucksack, so weit ich konnte, und machte mich wieder davon. Er hatte schon eine ganze Menge Löcher. Ich schüttelte ihn und tötete die Termiten, die an ihm hingen; diese Prozedur wiederholte ich einige Male. Dann rannte ich zurück in den Insektenschwarm, schnappte mir erst den einen Schuh, dann den anderen und auch gleich den Sack mit den Nahrungsmitteln, die Netze, den Poncho und meinen Wanderstab. Das alles warf ich so weit wie möglich aus dem Höllenkreis der Termiten heraus.

Sorgfältig untersuchte ich jeden Gegenstand; ich zerquetschte die Insekten zwischen meinen Fingern und zertrampelte sie. Die Nylonbeutel, in denen ich die Nahrungsmittel aufbewahrte, waren voller Löcher, und ganze Insektenkompanien kauten fleißig auf dem Leder meiner Schuhe herum. Ich schüttelte sie ab und zertrat sie.

Es war eine große Erleichterung, die Schuhe wieder anziehen zu können. Ich fuhr fort, meine Sachen von Termiten zu reinigen.

Der Geruch, den ich und die Netze verströmten, machte deutlich, was geschehen war. Was für ein Schwachkopf war ich doch! Warum hatte ich das nicht bedacht? Der Urin. Alles wegen des Urins. Karl hatte uns erzählt, dass Urin Insekten anzieht. Irgendwo in der Nähe musste sich ein Termitenbau befunden haben, und der Geruch frischen Urins war für sie eine Einladung zu einem kleinen nächtlichen Snack.

Ich schaute zu dem Gewimmel hinüber und bekam eine Gänsehaut. Was für ein Horror! Wie hatte ich das bloß überlebt? Woher hatte ich die Kraft genommen? Ich schulterte den Rucksack und machte mich schnellstens aus dem Staub.

Meine Füße fühlten sich an, als würde ich über glühende Kohlen gehen; jeder Schritt verursachte einen stechenden Schmerz. Ich hielt den Kopf gebeugt, stützte mich auf meinen Wanderstab und stapfte mechanisch voran.

»Lass mich einfach an den Strand kommen.«

Dort wollte ich liegen, mich ausruhen und auf Rettung warten. Wenn jemand käme, wäre ich gerettet; wenn nicht, könnte ich wenigstens in Frieden dort sterben.

Ich glaube, es war ein recht schöner Tag, aber das war mir längst egal. Ich lief apathisch weiter; wann immer eine Steigung kam, kroch ich auf allen vieren. Meine Ellbogen und Knie waren ganz blutig, aber die dicke Schlammschicht auf meinem Körper bedeckte alle Wunden. Ich schleppte mich voran, klammerte mich an Wurzeln und Büsche, und für einen Moment lag ich bewegungslos, auf der Erde hingestreckt, da. Ich konnte den Fluss hören, aber nicht sehen.

›Ich muss weitermachen. Ich darf nicht aufgeben.‹

Ich erblickte Nesseln in der Nähe, wankte darauf zu und fasste sie mit beiden Händen an. Ihre brennenden Stiche ließen mich die Qualen an meinen Füßen vergessen. Ich kam an einem Baum vorbei, dessen untere Äste mit den wohlbekannten kleinen Feuerameisen bedeckt waren. Ich befand mich wohl schon fast im Delirium. Jedenfalls rüttelte ich an den Ästen und ließ die Ameisen auf meinen Kopf niederregnen, den Nacken und den Rücken herunterkriechen, bis in die Hosen. Während sich die Ameisenbisse in meinen Körper brannten, marschierte ich weiter, wobei mir der Schmerz ein seltsames Vergnügen bereitete. Alles war gut, solange ich nur nicht an die Füße denken musste.

Ich war schwach und ausgehungert. Von Zeit zu Zeit ließ ich mich nieder, um ein wenig Wasser aus einem vorbeifließenden Bach zu schlürfen. Gegen Mittag verlor ich völlig die Übersicht und geriet erneut in einen Sumpf. Schnell sank ich bis zu den Knien ein und bald bis zu den Hüften. Wieder versuchte ich, meine Beine herauszuhieven, freilich nur mit dem Erfolg, dass ich beinahe einen Schuh verloren hätte.

Jetzt dachte ich nicht mehr an meine Familie, sondern sehnte mich schlicht nach dem Tod. Aber dann entschied ich mich doch wieder anders. Ich kämpfte weiter und immer weiter, und auf einmal fand ich mich unerklärlicherweise dem Sumpf entronnen. Eine unsichtbare Hand hatte mich befreit. Ich selbst hatte nicht die Kraft dafür. Ich war überzeugt, ein Wunder erlebt zu haben.

Ich kam an ein steiles Wadi von ungefähr drei Meter Tiefe. Es kam mir bekannt vor, ich konnte mich aber nicht erinnern, woher. Beim Versuch, die Wand hinabzuklettern, stürzte ich, stieß mich an mehreren Felsbrocken und fiel ins Wasser. Der Anstieg auf der anderen Seite war leichter. Ich war schon längst jenseits des Wadis, bevor ich bemerkte, dass ich immer noch auf Händen und Knien kroch, und mich erhob, um weiterzulaufen. Ich war mir sicher, dass der Jaguarstrand nicht mehr weit war, wahrscheinlich sogar gleich um die Ecke. Von diesem Gedanken abgelenkt, wäre ich beinahe auf eine große Schildkröte getreten. Sie blickte mich kurz an und zog dann schnell ihren Kopf ins Gehäuse zurück. Sie wog bestimmt zehn Pfund. Halb verhungert wie ich war, stand ich da und starrte sie an. Hin und wieder steckte sie den Kopf aus dem Gehäuse, um zu sehen, ob ich noch da war, und zog ihn dann schnell wieder ein. Ich überlegte, ob ich sie an meinen Rucksack binden sollte, um sie mit zum Strand zu nehmen, aber dazu war sie zu schwer. Vielleicht konnte ich mit einem großen Stein ihren Panzer zerbrechen und sie roh essen. Wieder streckte die Schildkröte ihren Kopf heraus, und sie begegnete meinem Blick mit Augen, die mir furchtbar traurig erscheinen wollten. Ich dachte daran, dass mein eigenes Leben gerade erst auf wundersame Weise gerettet worden war.

»Du sollst leben, Schildkröte«, verkündete ich großherzig und ging meiner Wege.

Hinter der nächsten Biegung kam ich tatsächlich an einen Strand, es war aber nicht der Jaguarstrand. Er war recht breit und felsig; in seiner Mitte stand eine einsame Hütte. Sie lehnte schief nach einer Seite, als wenn sie jeden Moment umstürzen würde. Sonst gab es hier nichts als ein paar verstreute Holzhaufen. Ich hatte ein komisches Gefühl. Der Strand bot Unterschlupf, also mussten Leute hier gewesen sein. Was war das für ein Ort? Wie kam es, dass ich ihn nicht bemerkt hatte, als ich das erste Mal hier vorbeigekommen war?

Ich vergeudete keine Zeit mit dem Versuch, herauszufinden, wo ich war, humpelte unter das Schilfdach, lehnte den Rucksack gegen einen der Pfeiler und streckte mich für etwa eine Stunde auf dem Boden aus. Ich dankte Gott dafür, dass er mich zu einem Unterschlupf geführt hatte, breitete den durchlöcherten Poncho in der Mitte des Strandes aus, beschwerte ihn mit ein paar Steinen und schleppte mich dann zum Fluss. Ich hielt meine Füße ins Wasser und wusch den Schlamm von den Schuhen. Anschließend füllte ich die Blechdose mit Wasser und wandte mich zurück zur Hütte. Ich hatte sie fast erreicht, als ich den Kopf hob, um zu sehen, wie weit ich noch zu gehen hatte, und da, hinter dem Schilfdach, sah ich, in einen dicken Baumstamm eingekerbt, das Wort *Pam*.

Ich traute meinen Augen nicht. Jetzt begriff ich das komische Gefühl, das mich befallen hatte. Ich war wieder in Curiplaya!

Mit einem Mal wurde mir alles klar. Der Sturm hatte die anderen drei Hütten weggespült und die vierte beinahe auch zerstört. Deswegen hatte ich den Ort nicht sofort wiedererkannt. Das Flutwasser musste auch die vier Inseln weggeschwemmt haben, die mich zum Jaguarstrand hätten leiten sollen. Der Strand war wohl fortgespült oder stand noch unter Wasser, jedenfalls war ich bei meinem verzweifelten Versuch, einen Platz zum Lagern zu finden, den ganzen langen Weg nach Curiplaya zurückgewandert. Jetzt begriff ich auch, warum Kevin und ich jenen Strand und jene Insel nicht gesehen hatten, die den Eingang zum Canyon hätten anzeigen sollen. Sie waren wahrscheinlich im Jahr davor von der Flut weggespült worden, und Karl hatte nichts davon gewusst.

Ich fand die Chontaholzbretter und baute mir, auf meinen Wanderstab gestützt, ein Bett. Ich legte mich auf die harten Planken, die meinem Rücken so gut taten, und bis zum Abend rührte ich mich nicht mehr, außer um mich mit einem der Netze zuzudecken. Der Urin war getrocknet, aber das Netz stank immer noch und hatte klaffende Löcher, die Souvenirs der vorigen Nacht. Trotzdem hielt es die Fliegen und Moskitos von mir fern. Ich wusste, dass da noch eine schwierige Aufgabe auf mich wartete. Ich hatte Angst davor; es war, als sollte ich ohne Betäubung operiert werden. Ich musste meine Socken ausziehen. Aber ich hatte noch nicht den Nerv dazu und zögerte die Aktion eine Weile hinaus.

Ich saß auf den Holzbrettern. Zuerst zog ich die Schuhe aus, was schon Höllenqual genug war. Dann streifte ich nach und nach langsam und unter Schmerzen eine Socke ab. Es tat unglaublich weh, eine derartige Tortur hatte ich in meinem Leben noch nicht erlitten. Der Anblick, der sich mir dann bot, war aber noch schrecklicher: rotes, rohes Fleisch. Da war kein Fetzen Haut mehr zu sehen, und das war noch nicht das Schlimmste. Meine Zehen klebten in einem stinkenden Brei aus Blut, Eiter und Schlamm zusammen. Die bloßgelegten Füße waren so empfindlich, dass der sanfteste Lufthauch sie durchzuckte, als würden tausend kleine Nadeln ins schwärende Fleisch gestochen. Es war ein Glück, dass ich die Socken unterwegs nicht ausgezogen hatte. Ich hätte sonst kaum die innere Stärke aufgebracht, um weiterzugehen.

Ich ruhte mich noch ein Weilchen aus, bevor ich dann die Zähne zusammenbiss und den anderen auch auszog. Dieser Fuß sah genauso schlimm aus. Ich warf beide Socken in die Dose mit Wasser, um sie von Eiter und Schlamm zu reinigen. Dann knüllte ich das zweite Netz so zusammen, dass ich meine Füße darauflegen konnte. Bedecken konnte ich die Füße nicht, da selbst die leiseste Berührung unerträglich war. Zum Glück war es schon dunkel geworden, sodass mich die Moskitos nicht mehr belästigten.

Ich lag da und beobachtete die verbleibenden Sonnenstrahlen. Das Licht auf dem Tuichi wechselte von blendendem Glitzern über stumpfes Silber hin zu einem tanzenden Schatten, bevor es schließlich von der einbrechenden Dunkelheit verschluckt wurde. Alles in allem war ich recht zufrieden mit meiner Lage, immerhin hatte ich das Ufer erreicht. Allerdings hatte sich heute kein Flugzeug blicken lassen. Hatten sie die Suche aufgegeben? Wenn ja, würde ich mit Sicherheit hier sterben. Seit fast einer Woche hatte ich nichts gegessen. Ich war verletzt und völlig erschöpft.

›Ich werde sterben …‹

Hastig verscheuchte ich diesen Gedanken. Man legt sich nicht mal eben nieder, um zu sterben, einfach so. Tatsächlich besaß ich noch recht gute Chancen zu überleben. Wenn es morgen nicht regnete, könnte ich umherkriechen und Zweige für ein Feuer sammeln. Ich hatte immer noch Reis und Bohnen. Ich würde also etwas essen, meine erbarmungswürdigen Füße in der Sonne trocknen lassen, und alles wäre in Ordnung. Außerdem war ich mir sicher, dass man nicht so schnell aufgegeben hatte, mich zu finden. Kevin würde das nicht zulassen. Und auch die israelische Botschaft würde mich nicht einfach abschreiben. Ein israelischer Bürger ist immerhin ein israelischer Bürger. Dies war der neunzehnte Tag nach dem Unfall, also der neunzehnte Dezember. Ich rechnete eilig aus, dass heute also

Sonnabend sein musste. Kein Wunder, dass da kein Flugzeug gekommen war. Der Pilot hatte schließlich auch Familie. Die Botschaft blieb geschlossen, und selbst wenn sie geöffnet hätte: Wen könnten sie schon bedrängen, mich zu suchen? Die Generäle hatten sich bestimmt alle in ihren Häusern verkrochen. Die Büros und Ämter hatten alle geschlossen. Es war niemand ansprechbar. Das bedeutete, dass sie auch morgen nicht nach mir suchen würden, denn morgen war Sonntag. Aber dann, am Montag, würden sie mit Sicherheit die Suche wieder aufnehmen. Daran hatte ich keinen Zweifel.

Ich hatte eine harte, runde Beule auf der Stirn. Ich konnte mich nicht entsinnen, wo ich sie herhatte, aber von Zeit zu Zeit ließ sie mich vor Schmerz erschauern.

»Lass mich bloß nicht krank werden. Zwei Tage muss ich noch durchhalten.«

Eine sanfte Brise zwickte meine Fußsohlen, trocknete sie aber auch. Mir war ziemlich kalt, da ich mich nur mit einem Netz zugedeckt hatte. Der Poncho lag auf den Steinen, und Palmwedel zum Abdecken hatte ich nicht. Ich legte mir den Gummibeutel übers Gesicht, zitterte aber immer noch vor Kälte. Ich überließ mich meinen Fantasien und wurde wieder von meiner Vorstellung gequält: ein Käse-und-Zwiebel-Omelett im Altersheim von La Paz. Ich konnte diese brutzelnde Pfanne einfach nicht aus meinen Gedanken verscheuchen, und mein leerer Bauch schrie nach Nahrung.

Ich war so sehr in meine Tagträume vertieft, dass ich gar nicht merkte, wie die Sonne aufging. Ich schreckte auf, aber es war nicht das Licht, das meine Aufmerksamkeit beanspruchte, sondern das Geräusch von Hubschraubern. Ich hörte das Dröhnen der Propeller. Das Herz schlug mir bis zum Hals; aufgeregt und erwartungsvoll setzte ich mich auf und wartete darauf, dass das Geräusch anschwellen und die Hubschrauber auftauchen würden, aber bald erkannte ich, dass alles nur ein Produkt meiner überhitzten Fantasie war.

Bitter enttäuscht sank ich zurück auf die Planken. Es war Sonntag, der zwanzigste Dezember. Seit fast drei Wochen war ich allein im Dschungel. Morgen würde Hilfe kommen, morgen, am einundzwanzigsten Dezember. Sie mussten morgen kommen, und wenn nicht morgen, dann am nächsten Tag, am Dienstag oder vielleicht Mittwoch. Aber Donnerstag wäre der vierundzwanzigste, der Tag vor Weihnachten, gefolgt von einem langen Wochenende, und das bedeutete, wenn sie mich am vierundzwanzigsten nicht fänden, würden sie danach nicht mehr weitersuchen. Nach einer weiteren Woche wäre ich dann schon einen Monat lang im Dschungel gewesen, und kein Mensch würde glauben, dass ich noch am Leben war. Ich glaubte selbst nicht, dass ich bis dahin überleben könnte. Mein Bruder Mosche war der Einzige, der vielleicht noch nach Weihnachten zu meiner Rettung käme. Ich hatte ihm allerdings geschrieben, er solle nichts unternehmen bis Anfang Januar. Er würde auch eine Weile brauchen, um herauszufinden, was passiert war, und nach Bolivien zu kommen. Bis dahin wäre ich mit Sicherheit tot.

Ich versuchte, meine Befürchtungen zu beschwichtigen und positiv zu denken. Ich hatte Angst, dass sie die Suche aufgäben und dass ich dann auch aufgeben und meinen Überlebenswillen verlieren würde. Nun dachte ich darüber nach, ob mir noch irgendein Handlungsspielraum blieb. Zuerst erwog ich, noch einmal durch den Dschungel zu wandern, um nach San José zu gelangen, aber ich verwarf diesen Gedanken gleich wieder. Selbst wenn meine Füße vor Antritt der Wanderung noch heilen sollten, würde dann unvermeidlich alles von vorn losgehen. Die Regenzeit dauerte noch drei Monate, und ich hätte keinen Schutz vor dem strömenden Regen. Dann überlegte ich, ob ich mein Glück auf dem Fluss versuchen sollte. Ich könnte zwei oder drei Stämme zusammenbauen und mich daran festbinden. Mir war aber gleich klar, dass ein solches Vorgehen nicht infrage kam, weil es schlicht selbstmörderisch wäre, eine Flussfahrt auf eigene Faust zu riskieren. Zu frisch und lebhaft war meine Erinnerung daran, wie ich durch reißende Stromschnellen geschwemmt, gegen Felsen geschleudert und unter düsteres Wasser gezogen worden war, als dass ich auch nur erwägen konnte, so etwas zu versuchen. Auf den Fluss würde ich erst zurückkommen, wenn ich wüsste, dass ich sterben musste. Dann würde ich mich ins Wasser werfen. Solange ich aber noch am Leben war, und sollte es auch noch sechs Monate so weitergehen, war mir der Fluss zu riskant. Sechs Monate im Dschungel? War es überhaupt möglich, die Regenzeit durchzustehen? Darauf zu warten, dass die Minenarbeiter in ihr Camp zurückkehrten?

Mein Gehirn arbeitete fieberhaft, um jede Idee, die meine Hoffnungen erneuern wollte, auf ihre Stichhaltigkeit hin zu überprüfen. Ich verbrachte Stunden damit, komplizierte Pläne zu entwerfen; je mehr es ins Detail ging, desto besser fühlte ich mich. Die Erregung lenkte meine Gedanken von der brutzelnden Bratpfanne ab, von meinen schmerzenden Füßen, dem knurrenden Magen und der lästigen Beule auf der Stirn.

Vorerst aber wollte ich bleiben, wo ich war, und bis Weihnachten auf ein Flugzeug warten. In der Zwischenzeit wollte ich sehen, dass ich ein Feuer in Gang bekam, und meine Füße versorgen. Ich wollte den Reis und die Bohnen trocknen lassen und dann eine Suppe zubereiten, damit ich wieder zu Kräften kam. Am vierundzwanzigsten Dezember würde ich meinen Rucksack leerpacken. Ich wusste genau, wo ich war: nur ein paar Stunden flussaufwärts lag der Turliamos mit seinem lieblichen Strand, der Höhle und dem Tamarindenbaum. Dort würde ich hinwandern, den Rucksack mit so viel Obst wie möglich vollstopfen und damit dann nach Curiplaya zurückkehren. Von dem Obst konnte ich zwei Wochen lang leben, und wenn nötig, könnte ich Nachschub holen. Mit dem Reis und den Bohnen würde ich möglichst sparsam umgehen und sie nur verwenden, wenn ich nichts anderes im Dschungel fand. Ich würde mir einen Unterstand auf dem Hang bauen, wo ich meine Habseligkeiten im Falle einer Flut unterbringen konnte. Wenn nötig, könnte ich mich auch selbst dorthin zurückziehen. Gleichzeitig würde ich die

Hütte hier unten ausbessern, vielleicht noch einige Wände hochziehen, um den Wind abzuhalten. Drinnen würde ich große Feuerholzreserven anlegen, denn ich wollte das Feuer einmal entfachen und dann nicht wieder verlöschen lassen. Es sollte permanent brennen, Tag und Nacht.

Ich wäre der Robinson Crusoe des bolivianischen Dschungels, der ganz auf sich allein gestellt hier lebte und jeden Tag wuchs mit seiner Aufgabe, die schlicht darin bestand, den Tag zu überleben, genug Nahrung aufzutreiben, um weitere vierundzwanzig Stunden durchzuhalten. Ich war mir sicher, dass es nicht so schwer sein würde. Ich würde den Dschungel allmählich besser kennenlernen, und dann wüsste ich, wo die Obstbäume stehen, wo die Kaninchen hausen, wohin das Wild zur Tränke geht. Ich würde mir einen starken Knüppel suchen und einige Steinwerkzeuge anfertigen, so wie früher die Höhlenmenschen. Heute würde ich eine Schlange erlegen, morgen eine Schildkröte oder einen Frosch. Sicherlich würde ich oben in den Hügeln auch Vogelnester finden.

Ich hatte eine geniale Idee. Ich würde Wildhuhnnester aufspüren, die in der Regel je fünf bis sechs Eier enthielten, würde diese aber nicht anrühren. Stattdessen würde ich die Standorte aller Nester markieren und sie alle paar Tage kontrollieren. Bei fünf oder sechs Nestern hätte ich dreißig Eier. In wenigen Wochen würden die Küken schlüpfen. Ich ließe sie ein bisschen wachsen, und dann, eines Tages, käme ich mit einem Moskitonetz und der Angelschnur. Das Netz würde, über das Nest gespannt und von einer Stange gehalten, als Falle dienen. Ich würde die Schnur an die Stange binden und mich auf die Lauer legen. Wenn dann die Henne zum Nest zurückkehrte, würde ich an der Schnur ziehen, die Stange würde umfallen, und sie wären alle unter dem Netz gefangen. Ich würde sie in einem aus Bambus gebauten Hühnerstall in der Nähe meines Camps halten und sie mit Würmern und Obst füttern. Sie würden heranwachsen und weitere Eier legen, und ich hätte so viele Omeletts, wie ich nur essen konnte. Und es käme noch besser, denn einmal die Woche, am Sabbat, würde ich mir ein Hühnchen braten, so wie Señor Levenstein im Altersheim. Ich wäre also Betreiber einer Hühnerfarm.

Mein Leben wäre gar nicht langweilig. Jeden Tag hätte ich etwas anderes zu tun: Jagen, Landwirtschaft, Fischen. Ich hatte ja die Angelschnur und auch noch einen Haken. Ich würde mir ein Katapult basteln. Ich könnte große Gruben ausgraben und sie mit Buschwerk abdecken. Vielleicht würde ich darin ein Wildschwein fangen, einen Tapir oder sogar einen Jaguar. Wenn ich einen Jaguar erwischte, würde ich ihn häuten und hätte dann einen schönen, warmen Pelzmantel.

Ich wäre der König des Urwalds, wie Tarzan. Ich lebte allein, würde davon aber nicht verrückt. Die Einsamkeit könnte mir nichts anhaben. Ich würde in meinen Träumen schwelgen, mir Geschichten erzählen, meine Gedanken endlos schweifen lassen und niemals die Hoffnung aufgeben. Dann käme der Sommer, der Regen würde aufhören, und ich wäre wieder unter Menschen. Ich wäre eine Berühmtheit. Der Robinson Crusoe unserer Tage wäre in aller Welt bekannt. Jemand würde ein Buch über mich schreiben, das würde verfilmt, und ich würde reich. Ich würde mir ein großes Haus bauen, meine eigene Ranch mit Koch haben und alles, was ich mir wünschen könnte.

Aber bis dahin ... wenn ich doch nur schon mal so ein Omelett bekommen könnte, meinetwegen sogar ohne Zwiebeln, ohne Käse. Ich hatte schon stundenlang vor mich hingeträumt und fantastische Pläne gesponnen, als die Sehnsucht nach dem verdammten Omelett mich wieder packte. Mein ganzer Körper wurde vom Schmerz geschüttelt, der Hunger bohrte in mir. Meine Stirn war fiebrig heiß. Es war ein merkwürdiger Schmerz, so als sollte ich von innen aufgefressen werden. Die wieder stärker werdende kühle Brise stach in meine Füße, und mein Mut sank. Scheiß aufs Berühmtsein, auf Reichtum und alles. Ich wollte gar kein Held sein, ich wollte hier nur raus. Wenn sie doch nur morgen kämen!

Die Sonne ging unter, und ich stellte mich auf eine weitere lange, schmerzhafte Nacht ein. Ich überlegte, ob ich hinüberkriechen und den Poncho holen sollte, aber er schien so elend weit weg. Ich versuchte, es mir bequem zu machen. Meine mittlerweile überall vorstehenden Knochen scheuerten gegen die harten Holzplanken. Dann bekam ich plötzlich fürchterliche Magenschmerzen. Seit zehn Tagen hatte ich keinen Stuhlgang mehr gehabt, und der Schmerz fraß sich in meine Eingeweide. Ich wälzte mich vom Bett und kroch auf Knien, wobei ich die Füße so weit wie möglich dem Boden fernhielt. Ich setzte mich auf einen umgestürzten Stamm und wollte meinen Darm entleeren, aber ich litt an Verstopfung. Meine Anstrengungen belasteten die rektale Muskulatur so sehr, dass die tiefe Wunde, die schon zugewachsen war, sich wieder öffnete und zu bluten begann. Ich versuchte, die Blutung mit den Fingern zu stoppen; die dadurch verursachte Stimulation sorgte dann doch dafür, dass ich meinen Darm nach und nach von seinem Abfall, welcher dunkelgrün, fast schwarz und steinhart war, befreien konnte. Ich kroch zurück zu meiner Pritsche und legte mich erleichtert hin.

Das Sonnenlicht verschwand langsam, und Dämmerung hüllte mich ein; da meinte ich, ein fernes Brummen zu vernehmen. Ein Flugzeug, dachte ich, untersagte mir aber sofort diesen Gedanken. Die Nacht würde gleich hereinbrechen, und ich hatte die Nase voll von eingebildeten Flugzeugen und Hubschraubern. Aber das Brummen wurde lauter. Es war kein Flugzeug. Tatsächlich klang es eher wie eine Biene, und es wurde immer lauter. Ich verkroch mich unter dem Moskitonetz, aber das Gebrumme war so laut, dass ich befürchtete, die Biene wäre durch ein Loch ins Netz geschlüpft und sei nun drinnen, gleich neben meinem Ohr. Bitte nicht, alles, nur jetzt kein Stich ins Gesicht. Ich hatte auch so schon genug Probleme. Der Lärm umfing mich, sodass ich hochfuhr. Ich warf das Netz beiseite, aber da war keine Biene. Das Geräusch war laut, und es war real. Ich sah auf den Fluss hinaus und schnappte nach Luft.

»Mein Gott, lieber Gott, da sind Leute!«

Verschwommen machte ich vier Gestalten aus, die aus einem Kanu stiegen. Ich stürmte dem Ufer entgegen, ich fühlte keinen Schmerz, mir platzte fast die Brust vor Freude und Aufregung.

»Hallo! Hallo!«, versuchte ich zu schreien, brachte aber keinen Ton hervor.

Ein groß gewachsener Typ mit lockigen Haaren stand neben dem Kanu. Er sah mich, sperrte für einen Moment fassungslos den Mund auf, und dann rief er: »Nicht bewegen, Yossi! Bleib, wo du bist. Ich komm rüber!« Es war Kevin. Er lief auf mich zu und umarmte mich stürmisch. Lange standen wir da, hielten uns umschlungen und murmelten unverständliches Zeug.

Zum ersten Mal weinte ich. Nichts auf der Welt hätte diese Flut von großen, heißen Tränen aufhalten können, die mir über die Wangen strömten.

12. Kapitel

Kevins Abenteuer

Drei andere Männer waren mit Kevin im Kanu gekommen. Zwei standen nicht weit entfernt und starrten mich neugierig an. Offensichtlich waren sie bewegt. Der dritte, ein kleiner, stämmiger Bursche, näherte sich uns.

»Geht es dir gut, junger Mann?«, fragte er forschend.

Ich nickte.

»Bist du vielleicht zufällig hungrig?«, fragte er lächelnd, zog einen Beutel mit drei Brötchen aus seiner Tasche und reichte ihn mir. Ich verschlang sie heißhungrig und nahm mir kaum die Zeit, zu kauen.

»Lass dir Zeit, Junge, es gibt noch mehr.«

Der Mann nahm eine Dose Thunfisch aus seiner anderen Tasche und öffnete sie. Ich brauchte nur ein paar Sekunden, um sie leer zu essen.

»Hol die Bananen«, wies er einen der anderen an.

Ich verschlang fünf süße Bananen und betrachtete ihn immer noch hungrig.

»Wir sollten lieber gehen, bevor es dunkel wird. Das hier ist kein guter Platz, um das Kanu am Strand zu lassen.«

Kevin trug mich zu dem kleinen Boot und setzte mich behutsam hinein. Dann lief er zurück, um meine Sachen zu holen, stopfte sie in den Rucksack und warf ihn ins Boot.

»Einen Moment, Kevin. Ich habe den Poncho da hinten auf dem Felsen gelassen und will ihn mitnehmen.«

Kevin kam mit dem Poncho, und dann brachen wir auf.

Meine Augen waren immer noch voller Tränen, als wir flussabwärts fuhren. Ich konnte nicht aufhören, still zu weinen, und betete leise zu Gott, um ihm zu danken. Ich konnte kaum glauben, dass das hier wirklich passierte, dass alles vorbei war. Ich hatte es nicht erwartet, hatte noch nicht einmal davon geträumt, heute gerettet zu werden. Es war mir nie in den Sinn gekommen, dass jemand den Fluss heraufkommen könnte, um mich zu retten. Er hatte mir das Leben gerettet. Kevin hatte mich gerettet. Ich weinte vor Freude.

Der Fluss war unruhig, und Tico, der Besitzer des Kanus, wollte nicht, dass wir nebeneinandersaßen. Also setzte ich mich hinter Kevin, eingehüllt in eine Armeedecke. Ein totes Kitz lag auf dem Boden des Kanus.

Tico fand einen guten Platz, wo wir das Kanu auf den Strand schieben konnten, und errichtete mit seinen Gefährten ein Lager. Es war unnötig, ein Dach aufzubauen. Sie legten einfach Nylonbahnen auf den Boden. Es würde heute Nacht nicht regnen.

Kevin legte mich auf den Strand und stützte meinen Kopf mit einem Holzscheit. Er wusch mir sanft die Füße und trocknete sie ab. Mit den erfahrenen Händen einer Krankenschwester rieb er sie mit einer öligen weißen Creme ein. Als er damit fertig war, streifte er vorsichtig ein Paar saubere Socken darüber, während ich mir vor Schmerzen auf die Lippen biss.

»Ich hatte dasselbe«, erzählte er. »Der Arzt sagte, dass es eine Art Pilz ist. Die Creme wirkt Wunder. Deine Füße werden in ein paar Tagen wieder gesund sein.«

Sie nahmen das Rehkitz aus und spießten Stücke davon auf. Ein großer Topf mit Reis summte bereits über dem Feuer. Tico kam zu mir und hielt mir eine Tasse hin. Er hatte mir eine Limonade gemacht. Ich trank sie dankbar aus. Dann gingen er und seine Leute in den Dschungel, um zu jagen. Kevin deckte mich mit einer Decke zu und legte sich danach neben mich. Wir starrten in den Himmel und rauchten. Er hörte aufmerksam zu, während ich ihm erzählte, was ich durchgemacht hatte.

»Ich wusste, dass du es schaffen würdest. Ich wusste, dass du durchhalten würdest«, sagte er. »Ich war sicher, dass ich dich finden würde, falls dir im Fluss nichts zugestoßen war. Das habe ich auch deiner Botschaft erzählt. Sie haben mir nicht geglaubt. Keiner hat es geglaubt, aber ich wusste es. Nur eins verstehe ich trotzdem nicht. Wieso sind fast der ganze Reis und alle Bohnen noch übrig? Es sieht so aus, als hättest du fast gar nichts gegessen.«

»Das ist schwer zu erklären«, gab ich zurück. »Es hat die meiste Zeit geregnet, sodass ich kein Feuer anzünden konnte. Und außerdem wollte ich es aufbewahren. Ich wusste ja nicht, wie lange ich hier festsitzen würde. Jetzt erzähl mir, was dir passiert ist.«

Kevin wollte mir seine Geschichte erst erzählen, nachdem er in allen Einzelheiten gehört hatte, was ich erlebt hatte.

»Im Vergleich zu dir war ich auf einem Pfadfinderausflug«, sagte er dann und begann seine Geschichte.

»Ich fange damit an, als ich vom Floß in den Fluss gesprungen bin. Die Unterströmung war wesentlich stärker, als ich erwartet hatte, und ich war völlig hilflos. Zu meinem Glück trieb mich die Strömung ans rechte Ufer rüber. Ich kletterte aus dem Wasser und bemerkte sofort, dass das Floß wieder in den Fluss zurückzugleiten drohte. Ich dachte nur: ›Mein Gott, und ich stehe hier barfuß‹, deshalb schrie ich dir zu, dass du mir die Schuhe und die Machete zuwerfen solltest. Du schriest etwas zurück wie: ›Lass mich nicht allein!‹ Ich dachte: ›Was soll das? Wer lässt hier wen allein?‹ Und dann bist du über den Wasserfall hinabgestürzt. Ich dankte Gott, als ich dich weiter stromabwärts wieder auftauchen sah, an das Floß geklammert. Ich zog mir schnell die Schuhe an, nahm die Machete und begann, am felsigen Ufer entlangzumarschieren. Ich war davon überzeugt, dass ich dich am selben oder spätestens am nächsten Tag wieder einholen würde.

Aber du weißt ja selbst, wie schwierig es ist, am Flussufer entlangzugehen. Mir blieb keine andere Wahl, als zu versuchen, ob ich am anderen Ufer besser vorankommen würde, wo es nicht so steil aussah. Der Fluss ist ein wahrer Teufel, aber schließlich schaffte ich es, ihn zu durchschwimmen.

Ich machte mir große Sorgen um dich und wusste nicht, was ich glauben sollte. Der Fluss war so tückisch – Stromschnellen, schroffe Felsen, scharfe Biegungen, und du hattest keine Erfahrung und warst auf dich allein gestellt. Du hättest ins Wasser fallen und ertrinken oder dir etwas brechen können.

Am nächsten Tag ging ich weiter den Fluss entlang, und wenn das Ufer aufhörte, rutschte ich in den Fluss, nachdem ich mir Holz ins Hemd gesteckt hatte, damit ich besser schwimmen konnte. Ich hatte meine Schuhe ausgezogen, Holzstücke hineingesteckt und sie an meinen Gürtel gebunden. Es war sehr gefährlich im Fluss, und immer wenn ich an einen Abschnitt kam, an dem ich auf trockenem Boden gehen konnte, machte ich, dass ich so schnell wie möglich aus dem Fluss herauskam.

Nach ein paar Stunden gelangte ich an eine Stelle, wo die Seiten des Flusses nur von Felsen gesäumt wurden und das Wasser reißend war. Es sah schrecklich gefährlich aus, also entschied ich mich zu klettern. Ich war ungefähr zwei Stunden die Felsen mühsam heraufgeklettert, als ich auf einen Federhaufen neben einem großen toten Papagei stieß. Ich berührte ihn; er war noch warm. Er musste gerade erst getötet worden sein, und ich fragte mich, ob ich es über mich bringen konnte, ihn roh zu essen. Ich band ihn an meinen Gürtel und ging weiter. Plötzlich erhob sich ein großer Falke von einem Felsbrocken in der Nähe und flog davon. Wir schauten uns direkt an. Er war wütend darüber, dass ich seine Beute gestohlen hatte.

›Danke für das Mittagessen, Kumpel. Ich mag vielleicht ein Dieb sein, aber ich brauche es mehr als du.‹

Jedes Mal, wenn ich auf einen Bach stieß, der zum Fluss hinunterführte, folgte ich ihm, um zu sehen, ob es ein Lebenszeichen von dir gab. Dann erlebte ich eine weitere Überraschung: vier trockene Balsastämme. Ich hatte jedoch die Insel und den kleinen Strand, von dem Karl uns erzählt hatte, immer noch nicht gesehen, also hielt ich es für sinnlos, ein Floß zu bauen, da ich immer noch oberhalb des *Mal Paso* sein musste.

Ich machte gegen Mittag Pause, um zu essen. Ich schlug dem Papagei mit der Machete den Kopf ab, riss ihm den Schnabel heraus und probierte einen Bissen. Dann brach ich seinen Kopf auf und saugte das Gehirn heraus, weil ich wusste, dass es sehr viel Protein enthielt.

Ich ging weiter, obwohl meine Füße feucht und meine Schuhe voller Löcher waren. Sie waren auch voll Sand und kleiner Steine, die mir die Haut von den Füßen scheuerten. Es war furchtbar schmerzhaft, aber ich war sicher, dass ich nicht weit von Curiplaya entfernt war.

Am dritten Tag, nachdem ich dich verloren hatte, Yossi, wachte ich im Morgengrauen auf und spürte, dass meine Füße wehtaten. Ich wusste, dass es nur schlimmer werden würde, wenn ich weiterging, aber wie ich schon sagte, ich war sicher, dass es nicht mehr weit bis Curiplaya war. Ich schnitt einen Ast von einem Baum und benutzte ihn als Gehstock. Ich verlagerte mein ganzes Gewicht beim Gehen darauf. Ich hielt weiterhin nach den Orientierungspunkten Ausschau, die Karl beschrieben hatte, konnte aber keine Spur von ihnen entdecken. Plötzlich bemerkte ich, dass ich die Machete nicht mehr dabeihatte. Ich fragte mich, wie ich es ohne sie schaffen sollte. Ich erinnerte mich daran, dass ich sie in den Schlamm gesteckt hatte, nachdem ich mir meinen Gehstock zurechtgeschnitten hatte. Ich musste sie da vergessen haben. Ich beschloss, ihretwegen nicht zurückzugehen. Meine Füße schmerzten so sehr, dass es mir absurd erschien, stundenlang zurückzugehen.

Am vierten Tag konnte ich nicht mehr stehen, deshalb legte ich mich hin, wo ich gerade war. Ich fragte mich, ob ich dich jemals wiedersehen würde. Ich war sicher, dass du in Curiplaya auf mich warten würdest, wenn du noch am Leben warst. Dann erinnerte ich mich an Marcus und die Art und Weise, wie ich ihn in der letzten

Zeit behandelt hatte. Ich hatte ein schlechtes Gewissen, weil ich seine Schmerzen auf die leichte Schulter genommen und ihm nicht geglaubt hatte, wie viel Todesangst ihm die Schmerzen in seinen Füßen machten. ›Jetzt bekomme ich nur, was ich verdiene‹, dachte ich. Sobald ich wieder in La Paz war, wollte ich mich bei ihm entschuldigen.

Ich machte einen ganzen Tag und eine Nacht Pause. Einmal wachte ich durch das Geräusch eines nahenden Tieres auf. Ich hatte weder eine Taschenlampe noch eine Machete. Was konnte ich tun? Ich umklammerte meinen Gehstock und legte mich wieder schlafen.

Am nächsten Morgen fühlte ich mich ein bisschen besser. Meine Füße waren getrocknet und verschorft, aber wenn ich versuchte aufzustehen, entdeckte ich, dass es schlimmer war, als es den Anschein gehabt hatte. Die Wunden brachen wieder auf, und ich konnte keinen einzigen Schritt tun. Es war furchtbar. Ich rutschte auf Rücken und Hacken vorwärts und arbeitete mich Zentimeter für Zentimeter an den Fluss heran. Aber ich hatte trotzdem einen Entschluss gefasst. Ich würde ins Wasser gehen, auch wenn Curiplaya in der Nähe sein musste. Das kühle Wasser tat gut.

Ich schaute mich nach einem Stamm um, an den ich mich klammern konnte, fand aber nur einen kleinen Stumpf von ungefähr einem Meter Länge. Ich trieb ungefähr zwanzig Minuten im Fluss, an den Stamm geklammert. Die Strömung trug mich schnell dahin, und meine Hauptsorge war, was mich hinter jeder nächsten Biegung erwarten würde. Aber es war nicht so schlimm. Nach kurzer Zeit bemerkte ich, dass sich an beiden Seiten des Flusses steile Klippen erhoben, und ich dachte, ich würde mich dem Pass nähern. Ich ließ den Stamm los und schwamm hastig zum rechten Ufer, wo ich auf einen Felsen kletterte. Ich war überrascht, dass meine Füße nicht mehr so wehtaten wie vorher, und marschierte mehr als eine halbe Stunde. Schließlich kletterte ich an einer Stelle zum Fluss hinunter, wo es ein schmales Ufer gab, auf dem viele Stämme lagen. Das Wasser war ruhig, und ich war der Meinung, dass das auf keinen Fall der Pass sein könnte.

Der Anblick all dieser Stämme brachte mich auf die Idee, ein Floß zu bauen. Ich begann schnell und gab auch genauso rasch wieder auf. Die Stämme waren so groß und schwer, dass ich sie nicht bewegen konnte. Einige von ihnen steckten tief im Sand, und andere waren verrottet. Nur ein großer, dicker war zu gebrauchen. Ich zog ihn ins Wasser, legte mich drauf und paddelte mit den Beinen.

Die Strömung trug mich flussabwärts. Manchmal wurde der Fluss breiter und so flach, dass meine Füße auf Grund stießen. Dann wieder wurde ich gegen einen Felsen gespült und bekam einen heftigen, harten Schlag ab. Ein anderes Mal geriet ich in einen Strudel, bekam den Stamm aber schließlich wieder frei und ließ mich auf ihm weitertreiben.

Ich glitt mit dem Stamm dahin, und nach ein paar Stunden sah ich einen Strand, auf dem ein paar strohgedeckte Hütten standen. Ich begann zu rufen: ›Yossi! Yossi! Yossi!‹, bekam aber keine Antwort. Der Platz sah verlassen aus, und ich wusste, dass das Curiplaya sein musste. Das Dorf San José musste nur fünfzig Kilometer weiter liegen. Ich erwartete nicht, dass ich dich unterwegs finden würde; ich glaubte, dass du schon dort sein würdest.

Der Fluss wurde ziemlich ruhig. Ich wurde sanft dahingetrieben und bin sogar ein wenig eingedöst. Ich tauchte mein Gesicht ins Wasser und versuchte, wach zu bleiben. Dann bemerkte ich plötzlich zwei Männer, die durch einen Fluss wateten, der auf der rechten Seite des Stroms einmündete. Ich rief wie verrückt. ›*Ayuda! Ayuda!* Hilfe! Ich kann nicht gehen. Ich habe mich verirrt.‹ Die Strömung war zu stark, sodass ich nicht aus dem Fluss herauskommen konnte. Zu meiner großen Erleichterung hörten sie mich. Sie zeigten mir durch Gesten, dass ich weiter flussabwärts schwimmen sollte. Dort konnte ich einen kleinen Strand sehen. Ich ließ den Stamm los und schwamm an den Strand.

Ich wartete beinahe eine Stunde dort und fragte mich, was sie so lange aufhielt. Dann sah ich sie auf einem Balsafloß kommen und wusste, dass ich gerettet war.

Ich erzählte ihnen, was passiert war, und fragte sie, ob sie eine Spur von dir oder dem Floß gesehen hatten, aber sie hatten nichts bemerkt. Sie waren Jäger und waren fünf Tage lang tief im Dschungel gewesen. ›Du hast Glück gehabt‹, sagten sie. Sie kamen nur zweimal im Jahr so weit stromaufwärts, um zu jagen. Ich hatte wirklich unglaubliches Glück gehabt. Aber irgendwie, tief in meinem Innersten, war ich davon überzeugt, dass es mehr als einfaches Glück oder Zufall gewesen war.

Vier Stunden später erreichten wir die Außenbezirke von San José, wo Fausto, der Jäger, und sein Sohn lebten. Sie brachten mich auf ihre Ranch am Flussufer und betteten mich unter ein Strohdach. Sie versprachen, am nächsten Tag jemanden zu Pferd zu schicken, der mich zum Dorf bringen würde, das immer noch anderthalb Stunden weiter stromaufwärts lag.

Spät am nächsten Morgen tauchte ein Mann namens Pablo auf und brachte mich auf einem Pferd nach San José. Ich fragte ihn, wie ich nach Rurrenabaque kommen könnte, und er sagte mir, dass ich zwei Möglichkeiten hätte. Die eine war ein sechsstündiger Ritt und ein dreistündiger Marsch zur Stadt Tumupasa und von dort mit einem Lastwagen weiter. Diese Möglichkeit schrieb ich ab: Ich konnte noch nicht gehen. Die andere Möglichkeit war, auf einem Balsafloß den Fluss hinunterzufahren.

Pablo brachte mich zum Bürgermeister des Dorfes. Ich erzählte ihm meine Geschichte und bat ihn, mir ein Floß zu verschaffen, das mich nach Rurrenabaque bringen würde. Er versprach, dafür zu sorgen.

Von dort brachte Pablo mich zu Faustos Haus. Ich lag dort in einer Hängematte, und eine Frau kümmerte sich um meine Füße. Sie schmierte eine ölige Creme darauf, die das Brennen der Wunden linderte, und ich fühlte mich viel besser. Ein paar Dorfbewohner kamen vorbei, um einen neugierigen Blick auf mich zu werfen. Sie versuchten, mich zu trösten, aber sie sagten, dass sie nicht das Geringste von dir gehört hätten und dass der Fluss ›schlimm, sehr schlimm‹ sei. ›Es ist unwahrscheinlich, dass dein Freund noch am Leben ist.‹

Gegen acht Uhr am nächsten Morgen kam der Bürgermeister mit den Flößern vorbei. Es war der siebte Tag, nachdem ich von dir getrennt worden war. Der Mann versprach, dass das Floß für die Abreise bald fertig sein würde. Ich vereinbarte mit ihm, dass ich alles bezahlen würde, indem ich ihm Geld durch einen Priester aus La Paz schicken würde, und er akzeptierte mein Ehrenwort. Um zwei Uhr nachmittags kam er zurück und sagte, dass sie mit dem Aufbruch noch bis zum nächsten Tag warten wollten, weil es regnete. An diesem Tag war im Dorf ein Baby gestorben, und alle waren traurig und bedrückt. Ich dagegen musste daran denken, wie viel Glück ich gehabt hatte, dass ich gerettet worden war. Ich lebte immer noch, aber was war mit Yossi? Du hättest ertrunken sein können. Du hättest dir vielleicht auch ein Bein oder eine Rippe brechen können. Ich wollte nicht darüber nachdenken. Du warst nicht ertrunken. Du warst bestimmt mit dem Floß weitergeschwommen und hattest es bis Rurrenabaque geschafft.

Wir brachen am Morgen des achten Tages zu einer Fahrt auf, die nach Angabe der Flößer anderthalb Tage dauern sollte. Es regnete in Strömen, und es war sehr kalt auf dem Floß. Die *Balseros* beschlossen, an die Seite zu fahren und vor dem Regen Schutz zu suchen, obwohl wir sowieso schon völlig durchnässt waren.

›Lasst uns weiterfahren‹, flehte ich sie an.

›Wir kommen heute ohnehin nicht weiter als Santa Rosa und werden die Nacht dort verbringen. Es gibt also keinen Grund für eine solche Eile‹, erwiderte einer von ihnen.

Schließlich brachen wir wieder auf und erreichten am Nachmittag Santa Rosa. Es gab dort eine Gruppe von dreizehn jungen Männern, die ausgesprochen nett und freundlich waren und mich aufheiterten. Sie waren Handwerker, die ein Sommerlager für französische Touristen errichteten. Wir entschieden uns, die Nacht dort zu verbringen.

Am nächsten Morgen zählte ich den neunten Tag. Die zwei *Balseros* waren wieder auf dem Fluss. Mittlerweile redete ich mir nicht mehr ein, dass ich dich in Rurrenabaque treffen würde. Meine beiden Flößer, erfahrene Profis, hatten große Schwierigkeiten, das Floß durch die tückischen Stromschnellen zu steuern. Es war offensichtlich, dass du es niemals allein hättest schaffen können.

Rurrenabaque liegt an den Ufern des Beni. Wir kamen am Nachmittag dort an. Der Beni ist viel breiter als der Tuichi und wirkt sanft und ruhig, aber die *Balseros* sagten mir, dass auch er gefährlich sei. Ich ging an Land und eilte sofort zu dem Marinestützpunkt. Der Kommandant war in einer Besprechung mit seinen Führungsoffizieren, also blieb mir nichts anderes übrig, als seiner Sekretärin in meinem gebrochenen Spanisch zu erzählen, was uns zugestoßen war. Sie verstand kein Wort. Zwei Schweizer Priester, die in dem Gebiet arbeiteten, kamen herbei, als sie hörten, dass ein Mann aus dem Dschungel gerettet worden war. Bei ihnen war noch ein Schweizer, der Englisch sprach. Er übersetzte das, was ich sagte, ins Deutsche, und die Priester übersetzten es ins Spanische. So wurde meine Geschichte der Sekretärin erzählt.

Ich bat sie, dringend die israelische Botschaft in La Paz anzurufen, aber sie konnte es nicht tun. Es gab keine direkte Telefonverbindung, und ich musste warten, bis der *Comandante* aus der Besprechung kam.

Die Priester nahmen mich in ihre Kirche mit. Zum ersten Mal seit Wochen konnte ich heiß duschen. Sie gaben mir frische Kleidung und etwas zu essen. Die Nonnen versuchten, mich über deinen Verlust hinwegzutrösten. Sie erzählten mir, dass der Tuichi als besonders gefährlicher Fluss gilt.

›Ihr Freund ist sicher ertrunken, und selbst wenn er lebendig aus dem Fluss herauskommt, stehen seine Chancen, im Dschungel zu überleben, schlecht.‹

Keiner in der Stadt gab mir auch nur die kleinste Hoffnung, dich lebendig zu finden, aber ich wollte es einfach nicht glauben.

Am zehnten Tag sollte um acht Uhr morgens ein Flugzeug aus La Paz kommen, und ich ging zum Flughafen, um auf seine Landung zu warten. Der Priester, Pater Fernando, hatte offiziell aussehende Papiere unterschrieben, die bezeugten, was passiert war, und die mir erlaubten, ohne Reisepass zu fliegen.

Ich wartete bis halb sechs abends, aber es kam kein Flugzeug. Ich war wütend, weil ich zur israelischen Botschaft nach La Paz wollte. Der Marinestützpunkt in Rurrenabaque hatte noch nicht einmal ein Telegramm an die israelische Botschaft nach La Paz geschickt, wie sie es eigentlich versprochen hatten. Ich tobte vor Wut. Immerhin hatte ich einen ganzen kostbaren Tag damit verschwendet, untätig herumzusitzen.

Am nächsten Tag weckte mich eine der Nonnen eilig. Jeden Moment sollte ein Flugzeug landen. Ein Lastwagen wartete bereits. Um Viertel vor neun war ich in der Luft.

Als ich in La Paz ankam, bin ich sofort zur amerikanischen Botschaft gegangen. Ich wusste, dass ich schnell zur israelischen Botschaft musste, aber ich brauchte erst etwas zu meiner Identifizierung. Der Konsul hörte meiner Geschichte gleichgültig zu. Er sagte nur, dass er sich freue, dass ich noch am Leben sei, und versicherte mir sein Mitgefühl wegen des Todes meines Freundes.

›Aber er ist nicht tot‹, beharrte ich.

›Natürlich ist er das. Wie soll er denn allein im Dschungel überlebt haben? Danken Sie Gott, dass Sie noch leben, und fliegen Sie nach Hause, um Weihnachten bei Ihrer Familie zu verbringen‹, antwortete der Konsul.

›Und wenn ich mich im Dschungel verirrt hätte? Was hätten Sie unternommen? Hätten Sie noch nicht einmal einen Rettungstrupp ausgesandt, um nach mir zu suchen?‹, schrie ich.

›Wir würden unser Außenministerium und Ihre Familie benachrichtigen‹, gab er zurück.

›Und wenn Ihr Sohn oder Ihr Bruder dort draußen wären und Ihre Hilfe brauchten?‹

Darauf antwortete er nichts. Bevor ich aus seinem Büro hinausstürmte, bat ich ihn, mir einen neuen Personalausweis auszustellen und die israelische Botschaft zu verständigen, dass ich auf dem Weg dorthin war. Später fand ich heraus, dass er sich noch nicht einmal die Mühe gemacht hatte, dieses einfache Telefonat zu führen.

Ich kam in der israelischen Botschaft an, sprach in das Mikrofon am Eingang und erklärte in gebrochenem Spanisch, dass ich gerade aus dem Dschungel entkommen war und dass ein israelischer Freund von mir dort noch vermisst wurde. Ich merkte, dass ich durch die Videoanlage beobachtet wurde. Endlich wurde die Tür geöffnet, und ich gelangte in einen Vorraum. Ein Sicherheitsbeamter betrachtete mich prüfend hinter einer kugelsicheren Glasscheibe. Dann nahm er durch einen Schlitz im Fenster meine Dokumente entgegen, die mir der Marineoffizier und Pater Fernando ausgestellt hatten, und schließlich durfte ich eintreten.

Der Konsul hörte sich meine Geschichte genau an. Ich betonte immer wieder, wie wichtig es war, mit einem Hubschrauber sofort die Suche aufzunehmen. Dann sprach ich mit dem Botschafter und musste alles noch einmal wiederholen. Ich sagte ihm, dass mein Bruder ein Wildwassergeschäft in Oregon besaß, und bat ihn, deine Eltern in Israel anzurufen, damit sie sich an den Kosten beteiligten, die entstehen würden, meinen Bruder und die notwendige Ausrüstung nach Bolivien zu schaffen, damit wir nach dir suchen könnten. Der Botschafter versicherte, alles zu tun, was in seiner Macht stand, und forderte mich auf, ihn am Nachmittag zurückzurufen.

Um zwei Uhr nachmittags rief ich in der israelischen Botschaft an. Man sagte mir, dass man für Montag morgen einen Termin mit der bolivianischen Luftwaffe hatte. Ich sollte dann zur Botschaft kommen.

Ich ging direkt ins »Rosario«-Hotel, und der Empfangschef teilte mir mit, dass Marcus noch nicht zurückgekommen sei. Ich dachte mir nichts dabei, denn ich hatte Karls Schätzungen, wie lange sie brauchen würden, nie geglaubt.

Danach ging ich zu dem jüdischen Altersheim und wollte ein paar Israelis finden, die bereit waren, bei der Suche nach dir zu helfen. Aber das Haus war leer. Nur Oma war da, deshalb hinterließ ich eine Nachricht.

So verstrichen der zwölfte und der dreizehnte Tag. Schließlich wurde es Montag, der vierzehnte Tag. Ein bolivianischer Offizier wartete in der israelischen Botschaft auf mich, und er nahm mich zum Luftwaffenhauptquartier in La Paz mit. Wir vergeudeten dort kostbare Zeit, um den Unfall noch einmal in allen Einzelheiten durchzusprechen, den genauen Ort zu beschreiben, an dem es passiert war, und zu schildern, wie es dazu gekommen war. Sie hörten meinem nicht gerade fließenden Spanisch zu und versprachen, alles zu tun, was in ihrer Macht stand, aber ich hatte nicht viel Vertrauen in sie.

Der bolivianische Offizier brachte mich dann zum Hauptquartier der Marine, und wir wiederholten die ganze Prozedur.

Als ich in die israelische Botschaft zurückkam, informierte mich der Konsul, dass er ein Flugzeug gefunden habe und dass die Suche am nächsten Tag beginnen würde. Gott sei Dank.

Ich ging zur Schweizer Botschaft und informierte den Botschafter, dass Marcus und Karl vermisst würden, und bat ihn, in Apolo anzurufen und herauszufinden, ob sie dort waren. Ich glaubte nicht, dass ich mir Sorgen um sie zu machen brauchte, aber später gab mir der österreichische Botschafter einen sehr guten Grund zur Sorge.

Die Erwähnung des Namens Karl Ruchprecter ließ sie aufhorchen. Der Angestellte bat mich zu warten und führte mich dann in das Büro des Konsuls. Er war ein stämmiger, rotgesichtiger Mann, der eine Pfeife rauchte.

›Setzen Sie sich, junger Freund‹, sagte er. ›Erzählen Sie mir, was Sie über Karl Ruchprecter wissen.‹

Ich erzählte ihm kurz von Karl, was er selbst uns von sich erzählt hatte und wie er uns überredet hatte, mit ihm auf eine Expedition in den Dschungel zu gehen. Dann sagte ich ihm, dass er seine Pläne wegen seines Onkels geändert hätte.

›Sein Onkel?‹, fragte der Konsul. ›Welcher Onkel?‹

›Er hat uns gesagt, dass sein Onkel Josef Ruchprecter eine große Rinderfarm in der Reyes-Provinz besitzt‹, sagte ich. ›Karl sollte nächsten Monat einen Lastwagen aus Chile dort hinbringen.‹

Ich erzählte ihm die Geschichte, die Karl dir erzählt hatte, Yossi, dass sein Onkel ein alter Nazi war und deshalb in Bolivien lebte.

›Interessant, sehr interessant‹, wiederholte der Konsul immer wieder.

Ich erzählte ihm von dem Indianerdorf, das wir hatten besuchen wollen, und dass sich herausgestellt hatte, dass es weiter entfernt lag, als wir angenommen hatten. Deshalb seien wir umgekehrt und zurückgegangen, und ich erzählte ihm, wie wir mit dem Floß stromabwärts gefahren waren, uns von Karl und Marcus trennten, von dem Unfall, den du und ich auf dem Fluss gehabt hatten. Ich sagte ihm auch, dass ich gekommen sei, um Karls Verschwinden zu melden und vielleicht einen Rettungstrupp zu organisieren, wenn niemand in den nächsten paar Tagen etwas von ihm hörte.

Ich war verwirrt, als der Konsul lachte. ›Das ist ein guter Scherz: Ihnen helfen, nach Karl Ruchprecter zu suchen‹, sagte er. ›Wir würden lieber dafür sorgen, dass er vermisst bleibt. Ein Onkel, der Vieh züchtet? Ein flüchtiger Nazi? Karl hat wirklich eine lebhafte Fantasie.‹

Er bemerkte meine verblüffte Miene, und dann sagte er mir Folgendes: ›Karl Ruchprecter ist ein ziemlich guter Bekannter von uns. Aber er hat keinen Onkel in Bolivien. Karl ist ein entflohener Sträfling. Er wird sowohl von der österreichischen Regierung als auch von Interpol gesucht. Er ist ein professioneller Unruhestifter. Vor zehn Jahren war er Mitglied einiger radikaler, linksorientierter Gruppen in Europa. Er und einer seiner Freunde haben eine Menge Schwierigkeiten gemacht, und die österreichische Polizei suchte ihn. Er hat entweder viel Glück oder gute Beziehungen gehabt, sodass er hierher entkommen konnte. Jemand muss ihm einen falschen Ausweis gegeben haben.

Wir wissen, dass er hier ist, aber hier in Bolivien können wir nichts unternehmen. Sie haben mir wirklich gute Nachrichten gebracht. Er ist dort draußen im Dschungel, ohne ausreichende Lebensmittel und Ausrüstung. Es wäre schön, wenn er niemals zurückkommen würde. Wir werden sicherlich nicht dabei helfen, nach ihm zu suchen‹, sagte der Konsul lachend.

Ich war natürlich wütend.

›Und was ist mit dem Schweizer, der bei ihm ist?‹, wollte ich wissen, aber der Konsul zuckte nur mit den Schultern.

Ich war aufgebracht und verwirrt, als ich wieder zur israelischen Botschaft zurückging. Derselbe bolivianische Offizier half mir, ein paar Einzelheiten zu klären. Als Erstes suchte er auf Landkarten und Luftaufnahmen nach dem Indianerdorf, das wir hatten besuchen wollen, und führte dann ein paar Telefonate. Aber er bekam immer dieselbe Antwort. Es gibt in dieser ganzen Region kein Indianerdorf.

Ich erfuhr, dass Karl ein gefährlicher Kerl war. Vor ein paar Jahren hatte er einen jungen Deutschen überredet, mit ihm in den Dschungel zu gehen, und hatte ihm aufregende Abenteuer versprochen. Der Deutsche war nach ein paar Tagen krank und schwach geworden und hatte Karl gebeten, ihn zurückzubringen, aber Karl hatte sich geweigert und ihn einfach im Stich gelassen. Der arme Kerl hat es geschafft, eine Ranch zu erreichen, wo sie ihm das Leben gerettet haben«, schloss Kevin.

Ein Schauder lief mir über den Rücken. Konnte das wirklich wahr sein? Ich hatte Karl für einen so guten Menschen gehalten. Marcus hatte sich sogar angewöhnt, ihn ›Papa‹ zu nennen. Konnte es sein, dass Karl eine Bedrohung für Marcus' Leben war? Ich konnte es einfach nicht glauben. Karl war stolz auf Marcus gewesen; er hätte ihm niemals etwas angetan.

Kevin redete weiter. »Am Morgen des sechzehnten Tages flog die Maschine, die sie mir versprochen hatten, um neun Uhr los und landete eine Stunde später in Trinidad, einer Stadt im Landesinneren. Ich wartete dort bis zum Nachmittag, als der Pilot der Rettungsmaschine kam und mir erklärte, dass das Wetter zu schlecht sei und er nicht starten könne. Ich wurde aufgefordert, am nächsten Morgen wiederzukommen.

Ich war früh am nächsten Tag beim Hauptquartier der Luftwaffe, aber die unbefestigte Startbahn des Flughafens war immer noch nass von dem Regen der letzten Nacht. Das Flugzeug konnte wegen all der Pfützen immer noch nicht starten. Der Pilot sagte mir immer wieder, dass es nicht möglich sei, dass jemand siebzehn Tage im Dschungel überleben könne. Vor allem nicht bei diesem Wetter. Und schon gar kein *Gringo*. Er sagte zwar nicht direkt: ›Ihr Freund ist tot‹, aber er hätte es genauso gut aussprechen können.

Als wir schließlich wieder in der Luft waren, sagte mir der Pilot, dass Befehl Befehl sei und dass er deshalb über den Fluss fliegen würde, wie man es ihm befohlen hätte. Aber es hätte absolut keinen Sinn, und es wäre alles eine furchtbare Vergeudung von Benzin.

Als Erstes flogen wir in niedriger Höhe über den Fluss und folgten seinem Lauf, aber die Berge zwangen uns bald, höherzusteigen. Von dort oben konnten wir jedoch nichts anderes als Bäume sehen, und der Pilot gab sich nicht allzu viel Mühe, dem gewundenen Lauf des Flusses zu folgen. Er flog einfach geradeaus darüber hinweg, und ich bemerkte, dass keine Hoffnung bestand, dich zu entdecken, es sei denn, du hättest es geschafft, den ganzen Dschungel in Brand zu stecken.

Ich war niedergeschlagener als je zuvor. Der Pilot machte mir klar, dass es der letzte Suchflug sein würde, auf den er mich mitnehmen würde.

Ich ging zum Marinehauptquartier in Rurrenabaque. Es war deutlich, dass man sich dort trotz all der Versprechungen, die man mir gegeben hatte, keine Mühe machte, dich zu finden. Der *Comandante* war zwar freundlich, höflich und voll guter Absichten, aber er erklärte mir, dass die Marine keinen Suchtrupp organisieren könnte, weil es gegen die Vorschriften verstieß, den Tuichi mit einem Boot zu befahren. Die einzige andere Möglichkeit, die ich hätte, meinte er, wäre, jemanden dafür zu bezahlen, dass er mich den Fluss hinaufbrächte.

›Kennen Sie jemanden, der das tun würde?‹, fragte ich ihn.

›Kommen Sie mit‹, erwiderte er. ›Schnell.‹

Nach einer Motorradfahrt von einer Viertelstunde kamen wir zu Ticos Haus.

›Würden Sie mich nach San José bringen?‹, fragte ich ihn.

›Sicher, ich wäre morgen sowieso dorthin gefahren‹, erwiderte er. ›Mit Pater Diego.‹

Ich erklärte ihm, was passiert war. ›Würden Sie mich auch nach Curiplaya bringen?‹

›Ich kann Sie auch weiter als nach Curiplaya bringen‹, meinte er.

›Bis zum San-Pedro-Canyon?‹

›Ja, fast bis dorthin. Aber weiter kann ich nicht fahren.‹

Am Morgen des achtzehnten Tages regnete es in Strömen, und wir mussten unsere Abfahrt um einen Tag verschieben. Am nächsten Tag fuhren wir bis zum Abend flussaufwärts und schlugen ein Lager auf einem angenehmen Strand auf. Wir brachen am nächsten Morgen um halb sieben wieder auf.

Tico kann wirklich hervorragend auf einem Fluss navigieren. Er manövrierte sich durch die gefährlichen Stromschnellen, und wenn wir zu Untiefen kamen, stand einer aus der Mannschaft im Bug, stocherte mit einem Stock auf den Flussgrund und sagte Tico, wie tief es war.

Wir kamen um halb elf in San José an, und Pater Diego ging zum Dorf. Jetzt konnten wir mit der Suche beginnen. Tico sagte mir, dass er in zwei Tagen wieder in Rurrenabaque sein müsste, deshalb wollte er den Fluss stromaufwärts fahren, bis wir zu einem Strand namens Progreso kommen würden. Dort würde er wenden und wieder nach Rurrenabaque zurückfahren.

›Wenn dein Freund noch am Leben ist‹, sagte er, ›dann ist er vermutlich in der Nähe des Flusses, und es ist wahrscheinlich, dass wir ihn sehen werden.‹

Wir fuhren stromaufwärts – Tico, zwei Leute seiner Mannschaft und ich – und kamen in einen Abschnitt des Tuichi, den Tico nicht so gut kannte. Deshalb war er sehr vorsichtig. Wir fuhren weiter, ohne anzuhalten, und schauten dabei die ganze Zeit nach rechts und nach links. Wir fanden keine Spur eines Lagers oder eines Lagerfeuers. Der Sturm hatte überall seine Spuren hinterlassen. Ab und zu sahen wir einen Schwarm großer Vögel, die um einen Kadaver am Ufer herumflogen. Tico und ich tauschten einen Blick aus. Ich wollte nicht anhalten. Ich wollte auch nicht nachsehen. Ich war noch nie in meinem Leben so deprimiert gewesen.

Die Stunden vergingen, und ich akzeptierte allmählich die Tatsache, dass wir dich nicht mehr lebend finden würden. Ja, Yossi, das war sehr traurig. Ich dachte bereits daran, nach La Paz zurückzukehren. Ich rechnete damit, deinen Bruder dort zu treffen und mit ihm gemeinsam einen anderen, effektiveren Suchtrupp organisieren zu können.

Die Crewmitglieder stoppten das Kanu. Sie hatten Wild gesehen und wollten in den Dschungel gehen, um zu jagen.

›Ich bezahle euch, und wir halten nicht an! Wir fahren weiter!‹, meinte ich hartnäckig.

Die beiden Männer wirkten wütend, aber Tico verstand mich, obwohl ich nicht glaube, dass er irgendwelche Hoffnungen hegte, dich lebend zu finden. Eine halbe Stunde später stoppten sie erneut. Sie hatten ein Rehkitz gesehen, das zum Trinken an den Fluss gekommen war. Tico zielte und schoss, und das Kitz fiel auf das Ufer.

Gegen halb sechs wurde es dunkel, und Tico stoppte das Kanu.

›Warum hältst du an?‹, fragte ich.

›Wir sind da‹, erwiderte Tico, ›wir sind in Progreso.‹

›Das war es also‹, dachte ich bei mir.

Ich schaute zum Strand hinüber und sah eine strohgedeckte Hütte, die sich zu einer Seite neigte. Im gleichen Moment trat plötzlich jemand heraus. ›Nein, das kann nicht Yossi sein. Er sieht nicht im Entferntesten so aus wie Yossi. Doch, er ist es. Es ist Yossi!‹

›Mein Gott‹, sagte ich zu mir, ›da warst du, nach zwanzig Tagen, und keiner hat geglaubt, dass du noch am Leben sein könntest. Dank Gott, Yossi, dank Gott, mein lieber Freund.‹«

13. Kapitel

Nach Hause

Ich hing an Kevins Lippen, während er erzählte, und bewunderte seine Ausdauer. Wie sollte ich es ihm jemals vergelten, dass er mir das Leben gerettet hatte?

Und ich war vollkommen verwirrt von den Informationen über Karl. Konnte es sein, dass der Mann uns die ganze Zeit zum Narren gehalten hatte? Nichtsdestoweniger war ich begierig, ihn und Marcus zu treffen, vor allem Marcus. Ich wollte mich vor allem bei ihm entschuldigen und wieder sein Freund sein.

Kevin bereitete mir noch eine andere unerfreuliche Überraschung, als er mir mitteilte, dass meine Eltern von meinem Verschwinden wussten. Warum hatte man es ihnen gesagt? Mein Vater und meine Mutter mussten durch die Hölle gegangen sein.

Die Tatsache, dass ich in Progreso und nicht in Curiplaya gewesen war, war eine weitere Überraschung, die mich völlig verblüffte. Was für ein Ort war Progreso, und wo lag Curiplaya? Wenn ich Curiplaya gar nicht erreicht hatte, wo war ich dann fünfzehn Tage lang herumgelaufen? War ich in die Nähe von San José gekommen? Hatte ich überhaupt die kleinste Chance gehabt, es zu erreichen? Tico beantwortete all meine Fragen.

Progreso lag sehr dicht bei *Mal Paso San Pedro*. Es war vor zehn Jahren gegründet worden, als Gerüchte kursiert hatten, dass man in der Nähe Gold finden könnte. Goldgräber waren von San José aus aufgebrochen, aber die Ergebnisse waren enttäuschend gewesen. Das Lager, das man gebaut hatte, war seitdem verlassen, was den unbegehbaren Zustand des Weges und die Tatsache erklärte, dass ich kein Lebenszeichen auf meinem Weg gesehen hatte.

Noch eine Sache wurde ebenfalls deutlich: Der furchtbare Sturm, den ich durchgemacht hatte, war der schlimmste gewesen, den die Gegend seit zehn Jahren erlebt hatte. Die Hütten von Progreso hatten bis dahin nur weit schwächeren Stürmen trotzen müssen. Und tatsächlich waren Tico und Kevin nur wegen des schlechten Wetters in der Lage gewesen, überhaupt so weit stromaufwärts zu kommen. Die Fluten hatten eine große Zahl von Hindernissen überflutet, die sonst ihren Weg blockiert hätten.

Das Lager war ungefähr dreißig Meilen stromaufwärts von Curiplaya. Mit dem Boot war das eine kurze Entfernung, aber es konnte eine Woche dauern, diese Strecke zu Fuß zurückzulegen. Tico hatte keine Erklärung dafür, warum Karl es versäumt hatte, uns von Progreso zu erzählen. Es schien, als ob er uns absichtlich über die Lage von Curiplaya belogen hätte.

Tico glaubte nicht, dass ich San José allein hätte erreichen können. Die Eingeborenen überwanden diese Entfernung zwar in einigen Tagen, aber nur bei trockenem Wetter, wenn man die Flüsse überqueren konnte. Während der Regenzeit und mit so wenigen Vorräten und dieser Ausrüstung war es höchst unwahrscheinlich, dass ich jemals in San José angekommen wäre. Dass ich überhaupt so viele Tage überlebt hatte, grenzte ja schon an ein Wunder.

Die Sonne schien, und es war ein wundervoller Tag, aber es war feucht im Kanu, und ein kalter Wind wehte. Überall am Flussufer sah ich Schwärme von Geiern, die über Tierkadavern kreisten, alles Opfer der Flut.

Wir kamen schnell voran, und Kevin deutete auf Curiplaya, als wir vorbeifuhren. Wir machten nur einmal halt, um ein paar Jägern getrocknetes Wildbret abzukaufen. Kevin und ich kauten den ganzen Weg darauf herum, und er bemerkte, dass getrocknetes Fleisch fabelhaft schmeckte, wenn man es mit einem guten Bier herunterspülen konnte.

Am späten Nachmittag erreichten wir die Stelle, an der der Tuichi und der Beni River zusammenflossen. Der Beni ist einer der drei größten Zuflüsse des Amazonas, und sein Anblick war beeindruckend. Kurze Zeit später erreichten wir Rurrenabaque, ein Labyrinth aus Holzhäusern, die sich mitten im Dickicht versteckten. Die Häuser, die dem Fluss am nächsten standen, waren auf soliden Pfählen errichtet.

Tico verabschiedete sich in der Nähe des Hotels »Berlin«, und Kevin trug mich dorthin und setzte mich auf ein Sofa im Hof. Eine Menge von neugierigen Dorfleuten versammelte sich um mich. »*El desaparecido* (der Verschollene)«, murmelten sie. Alle hatten den traurig aussehenden *Gringo* gesehen, der gekommen war, um nach seinem armen, verschollenen Freund zu suchen. Sie starrten mich an, als sähen sie einen Geist, und ich sah auch tatsächlich irgendwie wie ein Geist aus: ausgemergelt, unrasiert, schmutzig und in Lumpen gekleidet.

Eine Menschenmenge folgte uns zum Marinehauptquartier. Kevin trug mich ins Büro. Ich bat darum, so schnell wie möglich meine Eltern anrufen zu dürfen, aber der *Comandante* hatte es nicht eilig. Er bestand darauf, erst einmal zu hören, was mir zugestoßen war. Während er zuhörte, trug er meinen Namen und meine Personalausweisnummer in Formulare ein. Er war ungefähr vierzig Jahre alt, sah gut aus und war zuvorkommend. Er trug blaue Arbeitskleidung und war weit entfernt von der Förmlichkeit und Arroganz, die so charakteristisch für viele südamerikanische Militärs war. Er überwies mich an seinen Truppenarzt und versprach, in der Zwischenzeit die israelische Botschaft in La Paz anzurufen.

Der Doktor war ein liebenswürdiger, bebrillter Mann. Er teilte mir mit, dass er mich unmöglich untersuchen könnte, bevor ich mich nicht gründlich gereinigt hätte. Ein Soldat lief zu einem Wasserhahn, füllte einen Eimer mit Wasser, stellte ihn neben mich, seifte mich ein und goss das Wasser mit einer Tasse über mich, bis der Eimer leer war. Dann füllte er ihn wieder auf.

Der Arzt untersuchte meinen Blutdruck und fühlte meinen Puls. Er suchte mein Haar nach Läusen ab und entfernte mit einer Pinzette die restlichen Blutegel, sagte, dass meine Füße in einem furchtbaren Zustand seien, und gab mir eine Creme dafür. Er riet mir, zu ruhen und gut zu essen, und versprach mir, dass ich dann bald wieder gesund würde. Ich erzählte ihm, dass ich unter schrecklichen Kopfschmerzen litt, und er gab mir ein paar Pillen.

Der Arzt und die Krankenschwester, die ihm assistierte, bestanden darauf, dass ich ihnen erzählte, was mir zugestoßen war, und hörten meiner Geschichte aufmerksam zu. Ich unterbrach mich nur einmal.

»Doktor«, fragte ich, »würde es Ihnen etwas ausmachen, wenn ich Ihr Brötchen esse?«

Sie brachen beide in Gelächter aus.

»Natürlich nicht. Bringen Sie ihm noch ein paar Brötchen«, befahl er der Schwester.

Kevin wartete in dem Büro des *Comandante* auf mich. Sie hatten der israelischen Botschaft mitgeteilt, dass man mich gefunden hatte. Ich fühlte mich viel besser, als ich wusste, dass sie meine Eltern benachrichtigen und sie beruhigen würden.

Wir gingen zum Hotel zurück. Ich trug eine schneeweiße Ausgehuniform der bolivianischen Marine, ging aber barfuß. In ganz Rurrenabaque, sogar in ganz Bolivien gab es nicht ein einziges Paar Schuhe in meiner Größe. Ich trage Größe 46.

Wir machten es uns in unserem geräumigen Zimmer gemütlich. Kevin breitete das Moskitonetz, das das Hotel stellte, über unsere Betten aus. Wir blieben die ganze Nacht auf und erwogen verschiedene Hypothesen, warum Karl und Marcus nicht in La Paz aufgetaucht waren. Wir konnten es kaum erwarten, Karl zu demaskieren. Er hatte uns in den Dschungel mitgenommen, uns eine Menge

Lügen aufgetischt und ein Indianerdorf erfunden. Wenn Marcus nicht so dickköpfig darauf bestanden hätte, umzukehren, wären wir sicherlich weitergegangen, und uns wären die Lebensmittel ausgegangen. Karl hatte uns auch hinsichtlich des Flusses irregeführt, und seine falsche Information hätte uns fast das Leben gekostet. Und als ob das noch nicht reichte, wussten wir, dass er ein gesuchter Krimineller war.

Aber was hatte er von uns gewollt? Warum hatte er sich die Geschichte von seinem Nazionkel ausgedacht? Warum hatte er wegen der Ranch und des Lastwagens gelogen? Was sollte das alles? Es konnte nicht wegen des Geldes sein. Er hatte mehr verbraucht, als wir ihm bezahlt hatten. Wir hofften, dass wir ein paar Antworten bekommen würden, wenn wir erst wieder in La Paz waren.

Anschließend verfielen wir in Schweigen, jeder unter dem Moskitonetz in seine Gedanken versunken. Kevin döste ein, aber alle ein, zwei Stunden weckte ich ihn aus dem Schlaf und schrie: »Beeil dich, Kevin, schnell!«

Er wusste, was los war, auch ohne dass ich es ihm erklären musste, und sprang auf. Er nahm mich über die Schulter und lief mit mir zum Badezimmer. Die enorme Menge Essen, die ich verzehrt hatte, hatte meine Verdauung durcheinandergebracht, und ich hatte furchtbaren Durchfall.

Am nächsten Tag war schreckliches Wetter, und wir wussten, dass kein Flug gehen würde, aber ich war nicht enttäuscht. Es war vermutlich der glücklichste Tag in meinem Leben. Ich hatte das Gefühl, im Paradies zu sein: die Stadt, die Menschen, die ganze Atmosphäre, selbst das miese Wetter ... *Ich war einfach am Leben.*

Ich verbrachte den Morgen mit Kevin im Café des Hotels. Von überallher kamen die Menschen, um uns zu betrachten. Sie hatten von uns gehört und kamen nun, um uns Glück zu wünschen und sich über den glücklichen Ausgang unserer Geschichte zu freuen. Jeder brachte ein kleines Geschenk mit. Kuchen, Süßigkeiten, Früchte, Souvenirpostkarten oder nur einen einfachen, herzlichen

Handschlag. Alle Arten von Menschen schauten vorbei: Farmer, Geschäftsleute, Armeeoffiziere und sogar ein junger Schweizer, ein *Muchilero* wie wir selbst, den es nach Rurrenabaque verschlagen und der sich entschieden hatte, sich hier niederzulassen. Er hatte ein Stück Land ein bisschen weiter den Beni hinauf gekauft. Er ruderte jeden Tag mit einem kleinen Boot dort hinauf, um sein Kornfeld zu bestellen.

Wir bestellten für unsere zahlreichen Gäste Kuchen und Kaffee aus dem Hotelrestaurant. Die Hotelbesitzerin selbst verließ kaum unseren Tisch und hörte nie auf zu reden. Sie erzählte mir, dass ihre Tochter einen meiner Landsleute geheiratet hatte, und zeigte mir ein Bild von ihm. Es stellte sich heraus, dass sie ein bisschen verwirrt war. Ihr Schwiegersohn war Syrer.

Gegen Mittag schaute Tico vorbei. Er war auf dem Weg zum Fluss, und wir begleiteten ihn, wobei der arme Kevin mich auf dem Rücken trug. Kevin machte Fotos und bat einen aus Ticos Mannschaft, eins von uns dreien zu machen.

Ein seltsames Phänomen schien Kevin und mich verhext zu haben. Ich hatte eine eigenartig aussehende Beule auf der Stirn und Kevin am Hals. Gelegentlich überfiel mich ein ernsthafter Schmerz, als wenn mich etwas von innen heraus stechen würde.

»Das ist der *Boro*«, sagte Tico.

»Was ist ein *Boro*?«, fragten wir. Tico erklärte, dass die Beule vom Stich eines Moskitos herrührte, der ein Ei unter die Haut eingepflanzt hatte. Mit der Zeit verwandelte sich das Ei in einen Wurm, und der Wurm begann im Körper herumzukrabbeln.

»Du machst Scherze«, sagte ich entsetzt.

»Nein, ich mache keine Scherze. Jeder hier hat ab und zu einen *Boro*, und es ist nicht besonders gefährlich. Wir sollten uns jetzt darum kümmern.«

Ich war der Erste. Tico setzte mich auf das sandige Flussufer neben dem Kanu. Er und sein liebenswürdiger Bruder Lulo zündeten sich beide Zigaretten an und begannen den Rauch direkt auf die geschwürartige Schwellung zu blasen. Es fühlte sich eigenartig an, als wenn sich dort drinnen wirklich etwas bewegte.

»Das Nikotin treibt ihn heraus«, erklärte Tico. »In einer Minute kannst du ihn sehen.«

Kevin und Lulo hielten meinen Kopf fest, und Tico drückte die Schwellung zwischen seinen Daumen. Ich biss mir vor Schmerz auf die Lippe. Tico drückte fester zu und ... plopp, platzte der Wurm aus meiner Stirn. Kevin war angeekelt. Noch ein Druck, und ich konnte den Wurm ebenfalls sehen. Er lag auf Ticos Handfläche, fett und weiß mit schwarzen Flecken, und lebte noch.

Jetzt war Kevin an der Reihe, aber er war tapferer als ich, und wir mussten ihn nicht festhalten. Erneut bliesen sie den Rauch auf die Schwellung, und Tico drückte zu. Der Wurm, der langsam aus Kevins Hals kroch, war sogar noch größer als der aus meiner Stirn. Es war ein widerlicher Anblick, wie ein langer weißer Streifen Fett. Was für ein Gedanke, dass wir von lebendigen Würmern aufgefressen worden wären ...

Ein paar Wochen später wurden mir noch ein Dutzend Würmer aus dem Körper geholt, diesmal aber von einem Arzt in São Paulo, der Messer und Nadel benutzte.

Früh am nächsten Morgen kam der *Comandante* vorbei, um uns zu informieren, dass das Flugzeug nach La Paz um elf Uhr starten würde. Wir packten unsere paar Habseligkeiten ein und verabschiedeten uns von der Hotelbesitzerin, die sich weigerte, für die Zeit, die wir da gewesen waren, eine Rechnung zu stellen. Sie akzeptierte auch nur den halben Preis von dem, was wir in dem Café verzehrt hatten. Ein freundlicher Nachbar brachte uns noch einen Beutel Mangos. Es gibt keine köstlichere Frucht in der Welt als die Mangos von Rurrenabaque.

Tico kam, um sich zu verabschieden, stolz wie immer. Ich fand keine Worte, um auszudrücken, was ich für ihn empfand, und schwor mir, dass ich irgendwann zurückkommen und ihn besuchen würde. Ein Armeelastwagen brachte uns zum Flughafen. Die

Abflughalle bestand aus einem einzelnen Gebäude außerhalb der Stadt und einer langen, unzementierten Landebahn.

Die Halle war überfüllt. Alle, die Tickets für den Flug vom vorherigen Tag, und alle, die Tickets für den heutigen Flug hatten, waren versammelt. Da klar war, dass nicht alle in ein Flugzeug passten, brachen Streitereien aus. Am nächsten Tag war Weihnachten, und alle hatten es eilig, nach Hause zu kommen. Als die Maschine landete, begannen alle zu schreien und zu schieben. Der *Comandante* führte uns durch die Menge zur Luke der Maschine und wünschte uns Lebewohl. Der Pilot winkte uns an Bord.

›Auf Wiedersehen, *Comandante*. Auf Wiedersehen, Rurrenabaque. Ich werde euch nie vergessen.‹

In La Paz erwischten wir ein Taxi zum »Rosario«-Hotel. Wir konnten es kaum erwarten, Marcus zu treffen. Er würde verrückt werden, wenn er erfuhr, was passiert war, und er hatte bestimmt auch selbst einiges zu erzählen. Und Karl? Wir konnten es kaum erwarten, ihn zur Rede zu stellen.

Kevin stürmte in das Hotel, kam aber ein paar Minuten später mit ernster Miene wieder heraus. Karl und Marcus waren bis jetzt noch nicht im Hotel angekommen.

»Ich kann nicht glauben, dass alle Flüge von Apolo wegen des schlechten Wetters abgesagt worden sind«, sagte er. »Wir sind schließlich von Rurrenabaque hierhergeflogen, und dort ist es genauso regnerisch.«

Was zur Hölle war ihnen zugestoßen? Sie hatten keine gefährliche Route genommen, und sie waren gut mit Gewehr, Munition, Messer und Zelt ausgerüstet gewesen. Was konnte ihnen denn passiert sein?

Ich schwankte auf eigenen Füßen in die israelische Botschaft und wurde herzlich willkommen geheißen. Umarmungen, Küsse und Freudentränen. Allen fehlten die Worte.

»Als Erstes sollten Sie nach Hause telefonieren«, wies mich der Konsul an.

Die Sekretärin stellte für mich eine Verbindung her, und bald hörte ich die Stimme meines Vaters.

»Dad, ich bin's, Yossi. Es geht mir gut, und ich bin jetzt in Sicherheit.«

Die Gefühle meines Vaters waren selbst durch den Draht in seiner Stimme zu hören. »Mach so etwas nie wieder«, sagte er streng, und dann war meine Mutter am Apparat. Sie weinte. »Ich kann es nicht mehr länger aushalten. Ich will dich sehen. Komm nach Hause. Yossi, komm sofort nach Hause.«

»Es ist alles in Ordnung, Mom. Ich werde bald zu Hause sein. Ihr müsst euch jetzt wegen nichts mehr Sorgen machen.«

Wir beruhigten uns alle ein bisschen, und ich schwor, dass ich nicht log.

»Ehrlich, ich bin nicht verletzt, und ich bin auch nicht krank. Alles ist gut. Ich bin sicher, dass ihr eine schlimmere Zeit durchgemacht habt als ich.«

Das Altersheim war praktisch verlassen. Der Konsul hatte Kevin die Erlaubnis erteilt, dort zu bleiben. Oma betrachtete unsere Papiere und führte uns in ein Zimmer.

»Du brauchst nicht dein übliches Theater aufzuführen, Großmutter. Ich kenne die Spielregeln.«

Offensichtlich erkannte sie mich nicht.

Ein Brief war per Eilboten angekommen und schilderte, was auf der anderen Seite des Ozeans geschehen war.

Ramat Gan, 23. Dezember

... Die Konsularabteilung des Außenministeriums hat Mom und Dad davon benachrichtigt, dass Du in einen Unfall mit einem Floß auf einem Fluss irgendwo im Dschungel verwickelt gewesen bist. Sie sagten, dass Dein amerikanischer Freund der Botschaft diesen Unfall elf Tage nachdem er passiert war, gemeldet hat. Deshalb nahmen wir an, dass Du

seit zwölf Tagen vermisst wirst. Ich habe versucht, Mom und Dad aufzumuntern. Ich weiß, dass Du ein hervorragender Schwimmer bist und dass Du in einer Krisensituation nicht den Kopf verlierst. Ich habe versucht, Mom und Dad ebenfalls davon zu überzeugen.
Am nächsten Tag haben wir ein Telefonat mit der israelischen Botschaft in La Paz angemeldet, und da haben wir erfahren, dass der Unfall bereits am Anfang des Monats passiert ist und Du also bereits achtzehn Tage verschollen warst. Das war ein großer Schock für uns. Dad ist zusammengebrochen und hat geweint. Mom versuchte, tapfer zu bleiben, um Dad zu helfen, aber sie ging selbst immer wieder weg, um zu weinen. Seit wir die schlechten Nachrichten bekommen hatten, war das Haus voller Leute, die versuchten, uns Mut zu machen. Mom hat uns mit Kuchen und Kaffee versorgt. Sie hat nicht zugelassen, dass geweint wurde. Sie wollte nicht, dass es so aussah, als hätten wir die Hoffnung aufgegeben und trauerten schon. Ich habe versucht, meine Gefühle zu verbergen, aber jedes Mal, wenn Leute vorbeikamen, baten sie mich, Deinen Brief noch einmal vorzulesen. Schließlich konnte ich es nicht mehr ertragen, und es erstickte mich fast. Es war schrecklich schwer für Mom und Dad, für mich, für die ganze Familie und für unsere Freunde.
Eines Tages hatte ich mit Lilach einen kleinen Spaziergang gemacht, als eine Menge Menschen vorbeikamen und Deinen Brief hören wollten. Miri bot sich an, ihn vorzulesen, nur hat sie nicht die Passagen mit den Drogen und dem Mädchen übersprungen, wie ich es immer gemacht hatte, und alle waren sehr verlegen. Unter anderen Umständen wäre das vielleicht sogar komisch gewesen.
Das Schlimmste war, sich so hilflos zu fühlen. Wir wollten helfen, nach Dir zu suchen, irgendetwas tun, aber es gab nichts, was wir hätten machen können. Dad rief Freunde an,

die Kontakte nach Bolivien haben. Sie haben sich sogar mit dem Mossad in Verbindung gesetzt. Der israelische Polizeikommandant hat persönlich Interpol und die bolivianische Polizei angerufen.
Ich überlegte, ob ich nach La Paz fliegen und dafür sorgen sollte, dass die Suchtrupps weitermachten, und vielleicht sogar selbst an einem teilnehmen, aber Dad hatte Angst, noch einen Sohn zu verlieren.
Je mehr Zeit verstrich, desto schwieriger wurde es für Mom und Dad. Er verlor langsam die Hoffnung, und auch sie begann zu zweifeln. Ich glaubte, dass Du immer noch am Leben warst, aber ich konnte mir auch vorstellen, in was für einer Verfassung Du sein musstest. Dads Freunde sagten, dass man Dich in diesem Gebiet unmöglich finden könnte und dass Du selbst zurück in die Zivilisation gelangen müsstest. Es war schon beinahe Chanukka, und wir konnten nur um ein Wunder beten.
Das Wunder geschah am Montag. Wir bekamen die guten Nachrichten am zweiten Tag, nachdem wir die Kerzen angezündet hatten. Es war der einundzwanzigste Dezember. Die israelische Botschaft in La Paz rief um halb zwölf nachts an, um uns zu sagen, dass man Dich gefunden hatte.
Yossi, du kannst Dir diese Freude nicht vorstellen! Alle waren in Tränen aufgelöst und brachten einen Toast nach dem anderen aus. Wir riefen beinahe das halbe Land an, um es allen zu erzählen, und wir hatten die ganze Woche Gäste, die Tonnen von Essen und Getränken und Berge von Sufganiots verspeisten. Mom hat den ganzen Tag gebacken, Hunderte davon. Dad war drei Tage lang betrunken.
Während ich das schreibe, kommt mir wieder die Erinnerung daran, was wir durchgemacht haben, und ein Schauder läuft mir über den Rücken. Aber Ende gut, alles gut, und das ist die Hauptsache.

Dein Bruder Mosche

Kevin steckte bereits in den Vorbereitungen für eine zweite Suchexpedition. Er war entschlossen, nach Spuren von Karl und Marcus zu suchen. Diesmal allerdings wollte er richtig ausgerüstet losgehen. Er organisierte ein Gewehr, Munition, passende Kleidung, Medikamente und Leute, die ihm halfen. Er hatte die fünfhundert Dollar geholt, die Marcus bei seinem Freund Roger gelassen hatte.

Ich war hin- und hergerissen vor Unentschlossenheit. Ich wollte schrecklich gern mit Kevin mitgehen, aber ich war nicht sicher, ob ich schon dazu fähig war, vor allem, weil meine Füße noch nicht richtig verheilt waren.

Der Konsul wurde wütend, als er hörte, dass ich überhaupt daran dachte, wieder in den Dschungel zurückzugehen.

»Ich werde Sie eigenhändig erschießen, bevor ich das zulasse«, sagte er aufgebracht. »Was ist los mit Ihnen? Haben Sie denn gar keinen Verstand? Wenn Sie sich schon nicht um uns kümmern, dann sollten Sie wenigstens an Ihre Eltern denken.«

Kevin schimpfte mich ebenfalls heftig aus und wollte nichts davon hören, dass ich mitkam. Einige israelische Freunde hatten sich stattdessen bereit erklärt, mit ihm zu gehen. Ich war so dünn und schwach, dass ich vermutlich eher eine Last als eine Hilfe gewesen wäre. Ich begleitete sie zum Flughafen, und es fiel mir unheimlich schwer, mich von ihnen zu verabschieden. Wir hatten vor, uns so bald wie möglich in Brasilien zu treffen. Weder Kevin noch ich wollten es aufgeben, Südamerika vollständig zu bereisen.

Den ganzen Rückweg vom Flughafen musste ich an Kevin denken. Das Taxi fuhr auf die Autobahn und schlängelte sich dann durch das Labyrinth der Stadt. Vorbeifahrende Taxis hupten, überfüllte Busse rasten vorbei und hinterließen schwarze Abgase. Die Bürgersteige waren dicht von Menschen bevölkert. Zerlumpte Bettler neben elegant gekleideten Männern, lauthals schreiende Verkäufer und schmutzige Straßenkinder. Von dem Abwasser, das durch den Rinnstein floss und sich um jede verfaulte Frucht in seinem Weg teilte, stieg ein übler Gestank hoch. Eine große, volle, lärmende

Stadt. Menschen, Tausende von Menschen, gute, liebenswürdige Menschen.

Tränen rannen mir die Wangen hinunter. Der Taxifahrer bemerkte es und warf mir einen besorgten Blick zu. Ich zog ein- oder zweimal die Nase hoch und bemerkte heiser: »*La vida es bonita. ¿No es, señor?*«

»*Si, señor*«, pflichtete er mir bei, »das Leben ist wundervoll.« Vermutlich dachte er bei sich: ›Ich schwöre, diese *Gringos* sind vollkommen *loco.*‹

Epilog

Kevins zweite Rettungsmission war sowohl mühsam als auch enttäuschend. Nur einer der Israelis blieb bis zum Ende bei ihm.

Sie waren von Ipurama aus aufgebrochen, Karls und Marcus' Zielort, waren den Ipurama entlanggegangen und hatten seine Ufer nach Lebenszeichen der beiden abgesucht. Innerhalb von ein paar Tagen waren sie so zur Mündung des Ipurama in den Tuichi gelangt – an den Ort, wo wir uns getrennt hatten. Dort waren sie anschließend wieder umgekehrt und hatten erneut sorgfältig die Flussufer abgesucht.

Sie hatten keine einzige Spur gefunden, kein einziges Zeichen dafür, dass Karl und Marcus hier entlanggekommen waren. Keine Asche von Lagerfeuern, keine Kleidungsfetzen, zerbrochene Zweige, Exkremente oder Fußspuren. Nichts. Es war, als hätten sich die beiden Männer in Luft aufgelöst.

Ich traf mich später mit Kevin in Brasilien, in Salvador, der Hauptstadt von Bahia. Mein Onkel in São Paulo hatte sich aufopferungsvoll um mich gekümmert. Meine Füße waren beinahe wieder geheilt, und durch die enormen Mengen Steak, die ich verdrückt hatte, hatte ich wieder zugenommen und meine Blutarmut geheilt. Wir fuhren zum Karneval nach Rio de Janeiro. Dann kehrte Kevin in die Vereinigten Staaten zurück, und ich flog heim nach Israel.

Ein paar Monate später flog ich nach Oregon, wo ich Kevins wundervolle Familie kennenlernte. Dann flog ich in die Schweiz, nach Schaffhausen, um Marcus' Familie zu besuchen.

Es war ein schwieriges Treffen. Sie wollten jede Einzelheit über unsere Reise und Marcus' Verschwinden erfahren. Ich erzählte ihnen die ganze Wahrheit und verschwieg nichts. Wir weinten alle, seine Mutter, sein Vater, sein Bruder Rainer, seine Schwägerin und sowohl ich als auch Daphna, meine Freundin, die mit mir gereist war. Als eine letzte Geste hielt Marcus' Vater eine Art Ritual ab. Er dankte mir, dass ich gekommen war, um sie zu treffen und ihnen alles, was ich wusste, über ihren Sohn zu berichten. Er sagte mir, ich solle mich nicht länger schuldig fühlen und diese Nachricht auch an Kevin weiterleiten.

Während Marcus' Vater die Hoffnung aufgegeben hatte, hegte seine Mutter nicht den geringsten Zweifel daran, dass ihr jüngerer Sohn noch am Leben war. Wenn er tot wäre, behauptete sie, dann hätte er von der anderen Seite mit ihr Verbindung aufgenommen. Er hätte einen Weg gefunden, ihr Lebewohl zu sagen.

Ihr Glaube ließ niemals nach. Ein Jahr später finanzierte sie eine Gruppe von Adventisten des Siebenten Tags, die sich bereit erklärt hatten, eine Suchaktion zu unternehmen. Sie kehrten mit leeren Händen, mitgenommen und verletzt zurück.

Rainer glaubte, dass Karl von Anfang an geplant hatte, dass wir uns trennten. Er könnte schon früher am Zusammenfluss von Ipurama und Tuichi Nahrung und Ausrüstung versteckt und unsere Trennung herbeigeführt haben. Er könnte Kevin und mich in dem Glauben gelassen haben, dass er den Ipurama in Richtung des Indianerdorfs hinaufging, stattdessen jedoch in die andere Richtung gegangen sein, auf die peruanische Grenze zu. Karl habe das deshalb gemacht, damit es so aussah, als ob ihnen etwas passiert wäre, als ob sie im Dschungel umgekommen wären. Dann hätte Karl leicht eine neue Identität annehmen können.

Kevin hatte sich in Bolivien in eines der israelischen Mädchen verliebt, die er in dem Altersheim kennengelernt hatte. Heute sind Kevin und Oma verheiratet und leben mit ihren beiden Söhnen in der Nähe von Tel Aviv.

Sechs Jahre nach meiner Rückkehr vom Tuichi trat ein israelisches Magazin mit dem Angebot an mich heran, einige Artikel über Südamerika zu schreiben. Das war meine erste Gelegenheit, nach Rurrenabaque zurückzukehren. Ich stellte fest, dass es sich verändert hatte. Die Stadt war größer geworden, geschäftiger. Siedler vom *Altiplano* waren zu Tausenden dorthin geströmt. Ganze Konvois von Lastwagen kamen leer an und verließen die Stadt schwer beladen mit Mahagoni. Saloons waren aus der Erde gestampft worden und mit ihnen der Klang lauter Musik und der Gestank von Urin.

Tico schien erfreut zu sein, mich wiederzusehen, und nahm mich in seinem Motorboot den Tuichi mit hinauf. Der Fluss war so majestätisch und wild wie zuvor. Wir brachen nach San José auf, das immer noch die einzige Siedlung am Fluss war, und fuhren von dort aus weiter nach Progreso, wo ich gerettet worden war. Die Reise war weniger sentimental, als ich erwartet hatte. Ich war sogar überrascht, wie sehr ich sie genoss. Es gab keine feindseligen Gefühle mehr zwischen mir und dem Regenwald. Im Gegenteil, ich fühlte eine starke Anziehung und beschloss, den Dschungel zu einem Teil meines Lebens zu machen.

Wieder zurück in Rurrenabaque, wurde ich einem alten Ungarn vorgestellt, einem Flüchtling aus dem Zweiten Weltkrieg. Obwohl er betrunken war, als wir uns trafen, fand ich das, was er mir erzählte, mehr als spannend. Es begann damit, dass er behauptete, Karl gut zu kennen. Er habe ihn schon einige Zeit nicht mehr gesehen, aber nur ein paar Monate zuvor habe ein Schweizer Priester in Cochabamba erwähnt, dass Karl ihn vor noch nicht allzu langer Zeit besucht hätte.

Aufgeregt flog ich nach Cochabamba und fand diesen Priester, Pater Erich, in einer Mission direkt vor der Stadt. Er und Schwester Ingrid, die Nonne, die ebenfalls dort lebte, versicherten beide, dass Karl noch lebte. Er sollte in der Nähe der Stadt Santa Cruz wohnen. Sie zeigten mir ein Foto, von dem sie behaupteten, dass es erst kürzlich aufgenommen worden wäre, und erzählten mir, wie Karl sie in Schwierigkeiten gebracht hätte. Verwirrt verließ ich sie. Ich wollte ihnen glauben, und gleichzeitig wollte ich es nicht. Kurze Zeit später war ich in Santa Cruz und blieb eine Woche dort. Ich leistete die beste Detektivarbeit, zu der ich fähig war, aber ich fand keinen einzigen Beweis, der die Geschichte bestätigt hätte.

Ich hatte Kontakt mit Marcus' Mutter gehalten und wusste, dass sie den Tod ihres Sohnes niemals akzeptiert hatte. Zwei Jahre später flog ich auf ihre Bitten nach Schaffhausen, um mich mit ihr zu treffen. Sie sagte, dass sie neue Informationen habe, doch die hatte sie, wie sich herausstellte, von einem Hellseher bekommen, der berühmt für seine Erfolge war, verschollene Verwandte wiederzufinden.

»Marcus ist immer noch am Leben«, sagte sie mir. »Das ist sicher. Er lebt auf einem Hochplateau in Peru bei Indianern, die ihn halb tot gefunden und ihn wieder gesund gepflegt haben. Er hat sein Gedächtnis verloren, deshalb kommt er nicht zurück.« Auf einer Landkarte von Peru hatte sie ein entlegenes Andendorf markiert. Sie überließ mir die Landkarte und bat mich, dorthin zu fahren und nach Marcus zu suchen. Ich willigte ein.

Cuzco, die einstige Inkastadt, ist eine meiner liebsten Städte in Südamerika. Ich habe dort einen Freund, José Ugarte, der zufällig Bergführer ist. Wir betrachteten beide die Landkarte und kamen zu dem Entschluss, dass eins sicher war: Der Hellseher hätte sich keine bessere Stelle aussuchen können. Huanacaran war einer der gefährlichsten Orte auf dem ganzen Kontinent, ein Gebiet, das von den Guerillas des *Leuchtenden Pfades* kontrolliert wurde. Am Abend vor unserem Aufbruch kam mein Freund zu mir ins Hotel. Er hielt den Blick auf die Fußbodenkacheln gerichtet und teilte mir mit, dass er nicht mitgehen könne. Ich machte ihm keinen Vorwurf, obwohl es jetzt zu spät war, einen neuen Führer zu finden.

Ich erinnere mich sehr genau an diesen Abend. Marcus' Mutter hatte mich nur um eins gebeten, bevor ich abreiste: Ich sollte an ihre Überzeugung glauben. Aber ich hatte nicht das Vertrauen, das sie hatte. Die Geschichte, die sie erzählte, erschien mir doch zu weit hergeholt. Doch an diesem Abend in Cuzco wusste ich, dass ich wie sie daran glauben musste, weil ich andernfalls erst gar nicht aufbrechen würde. Ich dachte an Marcus, und plötzlich war ich wieder in den Dschungel zurückversetzt, wo man die Dunkelheit in seinem Herzen entdecken konnte. Wie beängstigend das sein konnte. »Marcus, deine Mutter kann immer noch deinen Herzschlag hören, sie hört deine Stimme singen. Wo immer du auch bist, ich komme, um dich nach Hause zu holen, Bruder, und ich weiß, dass du immer in meinem Herzen leben wirst. Warte dort auf mich, Marcus, ich komme zu dir.«

Wir waren zu dritt an der Bahnstation. Ein Koch, der Quechua sprach, ein Helfer aus Lima, der zu pleite war, um Nein zu sagen, und ich. Die Reise war voller Überraschungen. An der ersten Station erschien mein Freund. Er hatte eine schlaflose Nacht verbracht, weil er seine Entscheidung bereute, nicht mitzukommen. Weiter unten auf der Strecke bestiegen Militärs den Zug. Sie überprüften kurz unsere Papiere und unser Ziel, und dann fingen die Schwierigkeiten an. Der Koch wurde in Handschellen abgeführt. Mit vorgehaltenen Maschinenpistolen wurden wir anderen zu einem Verhör aus dem Zug geschafft. Ein *Gringo*, der von einer verdächtig aussehenden kleinen Bande begleitet wurde, die fürs Überleben in den Bergen gut ausgerüstet war, und der behauptete, dass er nach einem Freund suchte, der vor Jahren in Bolivien verschollen war! Das kauften sie uns nicht ab. Aber ich vermute, die Anrufe, die sie bei den Stellen machten, die ich ihnen genannt hatte, überzeugten sie von meiner Geschichte, da sie uns weiterfahren ließen und uns sogar mit einem Empfehlungsschreiben an den Bürgermeister von Azángaro ausstatteten, das in der Nähe unseres Ziels lag.

Wir erreichten Azángaro und fanden die Station beinahe verlassen vor. Früher einmal eine wohlhabende Stadt, war Azángaro größtenteils aufgegeben worden. Misstrauen zeigte sich auf den Mienen der Menschen, die geblieben waren. Wir gingen in das vernachlässigte Rathaus, um unser Empfehlungsschreiben zu überbringen, und suchten das Büro des Bürgermeisters. Keine Wachen, keine Angestellten, ein leeres Vorzimmer, das in einen kurzen, hallenden Korridor mündete. Wir klopften an der Tür des Bürgermeisters an und öffneten sie. Der Mann reagierte blitzschnell und sprang bei unserem Anblick aus dem Fenster. In der Nacht zuvor waren drei Beamte in Asilio, weniger als achtzig Meilen entfernt, ermordet worden. So viel zur Unterstützung.

Wir konnten keinen Fahrer finden, der uns zu unserem Zielort brachte, aber wir erwischten einen Bus, der die Strecke noch teilweise befuhr. Mein Freund kannte zwar die Gegend nicht, aber er kannte die Berge. Am zweiten Tag erreichten wir den Punkt, der auf unserer Karte markiert war. Seine feierliche Ruhe strafte den Schrecken der Einwohner von Azángaro Lügen. Marcus hätte hier leben können, aber er tat es nicht. Keiner erkannte den Mann auf dem Foto, das ich bei mir trug. Letzten Endes reisten wir durch zehn ähnliche Ortschaften. In keiner von ihnen lebte ein *Gringo.*

Wieder in Azángaro, suchte ich den örtlichen Priester auf, der alle achtundsechzig Gemeinden in der Provinz Azángaro betreute. Er war niemals einem Fremden in der Hauptstadt begegnet und hatte auch nie von einem Einsiedler gehört, der allein in den Bergen lebte.

Karls und Marcus' Verschwinden bleibt ein Geheimnis. Karl war stark und hart und wusste, wie er im Dschungel auf sich aufpassen musste. Er könnte auch ohne Nahrung und Ausrüstung überlebt haben. Er hatte ein Jagdgewehr, was es beinahe unvorstellbar erscheinen ließ, dass er einem Jaguar oder einem wilden Eber zum Opfer gefallen war. Das Dorf Ipurama war nur einen Viertagemarsch von dem Punkt entfernt, von wo aus sie aufgebrochen waren. Kevin war die Strecke hin und zurück gegangen, ohne eine Spur von ihnen zu finden. Was war aus ihnen geworden?

Ich kann mir zwei Möglichkeiten vorstellen. Eine ist, dass Karl ernstlich verletzt worden ist, vielleicht bei einem Sturz. Marcus, der krank, ausgezehrt und verzagt gewesen war, hätte es niemals aus eigener Kraft aus dem Dschungel geschafft. Die andere Möglichkeit sind umgestürzte Bäume. In regnerischen Nächten hatte ich schon erlebt, dass entwurzelte Bäume umstürzten und dabei andere Bäume mit sich rissen. Ein Baum könnte auf ihren Lagerplatz gefallen sein und die beiden im Schlaf erschlagen haben. Es ist bis heute ungeklärt geblieben.

Der Regenwald wird Teil meines Lebens

Was ich 1981 tief im Herzen des Amazonasgebiets von Bolivien erlebt habe, war für mich wie der Zusammenprall mit einem Meteor – es ramponierte meinen Körper, hinterließ einen Krater in meiner Seele und lenkte mein Leben auf einen ganz neuen Kurs. Was als Reise eines jungen Mannes auf der Suche nach sich selbst begonnen hatte, wurde zu einem extremen Initiationsritual, allein im Kampf gegen die Elemente. Als mein Traum zum furchtbaren Albtraum wurde, in diesem Moment tiefster Verzweiflung, in dem ich die Hoffnung und selbst die Angst verloren hatte und ich nur noch um den nächsten Atemzug kämpfte, in diesem Moment berührte ich das Wunderbare.

Nach meiner Rettung kehrte ich nach Hause zurück, doch ich fand es nicht mehr. Ich war zu überwältigt, um anzukommen oder abzuschalten, und mein einziger Trost war meine Sehnsucht nach der Straße und ihren endlosen Abenteuern.

1992, nach der gescheiterten Suche nach Marcus im Hochland von Peru, kam ich nach Rurrenabaque und traf dort Tico, der inzwischen eine Flotte von Kanus hatte. Er nahm mich mit zu den Uchupiamonas von San José. Dort fand ich heraus, dass die Situation in dem Dorf verzweifelt war. Die kleine, isolierte Gemeinschaft rang ums Überleben und wurde gezwungen, das Land ihrer Ahnen mit eigenen Händen zu zerstören. Sie hatten keine andere Möglichkeit, Geld zu verdienen, als Raubbau an ihrem Land zu betreiben, zu jagen oder als billige Arbeitskräfte für die Holzhändler und Minenbesitzer zu arbeiten, die im Begriff waren, das ganze Gebiet unter ihre Kontrolle zu bringen. Ich traf mich mit dem Führungsgremium der Gemeinde, das mir besorgt die ständige Abwanderung aus den Regenwalddörfern schilderte, weil die Jugend dort keine Arbeit fand und gezwungen war, in die Städte zu ziehen. »Du willst uns danken, dass wir dir das Leben gerettet haben«, sagten sie. »Aber nun ist unser Leben in Gefahr. Wirst du uns helfen?« Daraufhin haben wir zusammen »Das Chalalan-Projekt« entwickelt.

Das Chalalan-Tal liegt nicht weit von den Ufern des Tuichi entfernt, ungefähr eine Stunde flussabwärts von San José. Es ist das schönste Gebiet des Regenwaldes, das ich jemals gesehen habe. Ein See, umgeben von wundervollen Hügeln inmitten einer vollkommen intakten Natur mit Palmen und Affen, die in ihnen leben. Bei der Schönheit dieses Ortes geht einem das Herz auf. Wir bekamen von der Regierung die offizielle Konzession, und die Gemeinde von San José erklärte es zu einem geschützten Gebiet zur Erhaltung der Natur und zur Entwicklung neuer ökonomischer Wege für die Regenwaldbewohner.

Zusammen mit einer Gruppe von interessierten und engagierten Leuten aus Kalifornien gründeten wir eine gemeinnützige Institution, die »Freunde von Chalalan«. Wir brauchten das Startkapital auf und errichteten »Das Chalalan-Projekt«. Es war das reinste Abenteuer! Eine Gruppe von Freiwilligen arbeitete mit den Ureinwohnern der Gemeinde und mit Wissenschaftlern, Planern und Ingenieuren zusammen, um ein »Ökodorf« aufzubauen. Unser Ziel war es zu beweisen, dass der Wald seine Bewohner mit allem versorgen kann, was sie brauchen, und ihnen sogar einen gewissen Wohlstand ermöglicht, wenn man ihn nur respektvoll behandelt. Wir versuchten zu zeigen, dass die vernünftige Nutzung erneuerbarer Ressourcen wesentlich lukrativer ist als die zerstörerische Ausbeutung nicht wiederherstellbarer Ressourcen. Deshalb errichteten wir in Chalalan eine biologische Forschungsstation, die die unglaublich reiche biologische Vielfalt von Pflanzen und Tieren untersucht. Die Ergebnisse stellten wir der örtlichen Gemeinde zur Verfügung, damit sie sie nutzbringend verwerten konnte. Wir bauten Blockhäuser im Amazonasstil für natur- und abenteuerorientierte Touristen. Wir steigerten die Produktion des örtlichen Kunsthandwerks, das Material aus dem Wald benutzte. Wir gingen zurück zur Natur und bewahrten die alten Traditionen, aber gleichzeitig machten wir einen großen Schritt in die Zukunft, indem wir unsere Chalalan-Gemeinde mit modernster ökologischer Technologie ausrüsteten. Sonnenkollektoren, Wind- und Wasserkraftwerke, biologisch abbaubare Waschmittel und so weiter.

Stellen Sie sich vor, wie die Kinder von San José nach Chalalan in die Schule gehen. Sie lernen ihre alte Sprache, ihre vergessene Mythologie, die Kunst, mit Pfeil und Bogen zu jagen, und sie gehen hinüber zur Forschungsstation und lernen dort Biologie und Informatik. Ein altes Sprichwort scheint besonders gut auf unsere Arbeit zu passen: »Wir haben das Land nicht von unseren Vorfahren geerbt, sondern von unseren Kindern geliehen.«

Es herrschte ein neuer Geist in San José, die Hoffnung auf eine bessere Zukunft. Und dadurch, dass dieses Pionierprojekt bewies, wie eine Gemeinschaft wachsen und sich selbst versorgen kann, konnte es den Weg in eine bessere Zukunft für viele andere Urwaldgemeinden überall in der Welt weisen. Allein in Bolivien wurden nach diesem Vorbild 120 Projekte ins Leben gerufen.

Ganz nebenbei war es das Ökohotel »Chalalan« und die Anerkennung der Uchupiamonas als ursprüngliche Eigentümer des Landes, die die Region des Madidi vor den Holzfällern und Bergbauunternehmen rettete, die bereits ihre Konzessionen in der Tasche hatten. Es war ein Wunder. Die verlassenste und vergessenste Gruppe von Ureinwohnern schaffte es, sich und ihr Land zu retten und die Welt zu inspirieren.

Während ich im Amazonasgebiet bei den Uchupiamonas lebte und Chalalan mit ihnen baute, war ich kein Eindringling mehr, sondern ein willkommener Gast. Nach einem Jahr der gemeinsamen

Arbeit nannten mich die Uchupiamonas »Wauqi« oder Bruder, und es sollte noch ein Jahr vergehen, ehe ich den Ehrentitel »Llajta Masi«, »einer von uns«, erhielt.

Es versetzt mich immer wieder in Erstaunen, dass mein jugendliches Abenteuer mein Leben so erfüllt und aufregend gemacht hat und dass ich dadurch die Gelegenheit bekommen habe, solche herausfordernden Projekte anzustoßen und weiterzuführen. Dafür werde ich immer dankbar sein.

Ende 2016 luden mich die Uchupiamonas zu einem dringenden Treffen ein. Wieder musste ich erfahren, dass mein Dorf, mein Volk und der gesamte Madidi-Nationalpark in Gefahr sind. Die Regierung von Bolivien hat beschlossen, an der Mündung des Río Tuichi, dem Eingang zum Madidi, das Wasserkraftwerk »El Bala« zu errichten. Der geplante Stausee würde einen erheblichen Teil der Region überfluten, die offiziell zu den Orten mit der größten Artenvielfalt des Planeten gehört.

An der Seite meiner Gemeinschaft werde ich unser angestammtes Land auch dieses Mal wieder verteidigen.

Ergreifende Begegnungen in spektakulären Fotos
Mit Schamanen und Stammesältesten ins Herz des Regenwaldes
York Hovest
Hundert Tage Amazonien
220 Seiten, ca. 200 Bilder
ISBN 978-3-86690-468-2
€ 49,99 (D)
www.nationalgeographic-buch.de
NATIONAL GEOGRAPHIC
York Hovest
HUNDERT TAGE AMAZONIEN
Meine Reise zu den Hütern des Waldes
NATIONAL GEOGRAPHIC
Abenteuer von Welt.
NG Buchverlag GmbH, Infanteriestraße 11a, 80797 München